衷心感谢国家社会科学基金项目（14BGL045）、福建省社科规划重大研究项目（2014JDZ034）和福建省一流大学建设计划"福州大学经济与工商管理学科群"项目（0490-50011006）对本书的资助。

Research on Risk Management-
Oriented Local Government
Debt Accounting and
Early Warning Mechanism

风险管理导向的地方政府
债务会计及预警机制研究

潘琰 等 / 著

中国财经出版传媒集团
经济科学出版社
Economic Science Press

　　近年来，地方债问题成为社会各界所关注的重大问题。中华人民共和国审计署 2013 年发布的审计公告显示，我国地方政府债务已从 2010 年底的 10.72 万亿元增加到 2013 年 6 月底的 17.89 万亿元，相当于 2013 年当年 GDP 的 33%；全国省市县三级政府负有偿还责任的债务余额已增至 10.89 万亿元，与 2010 年底相比增加了近 4 万亿元，年均增长近 20%。另据我国财政部公告，截至 2017 年 12 月末，全国地方政府债务总额虽然有所下降，但仍高达 16.47 万亿元。同时，随着 2017 年债券余额基数不断扩增以及置换工作接近尾声，虽与 2016 年地方债存续余额增长速度 120% 相比有所下降，但其 38.73% 的增长速度仍需引起高度重视。截至 2018 年 4 月末，全国地方政府债务余额尚存 16.6 万亿元。这一系列触目惊心的数字为管控我国地方政府债务风险敲响了警钟。然而，当前我国地方政府债务信息统计口径不一致、信息不对称、债务监管不到位等导致债务风险激增，如何规范地方政府债务信息源，改进地方债会计的信息披露，解决信息不对称问题？地方政府债务风险管理过程中究竟需要哪些会计信息？如何利用政府债务会计系统和预警机制，从信息源头管控地方债风险？以上均是会计理论界、债务会计信息使用者和准则制定机构共同关注的重要问题。

　　本书以政府债务管理的重要基础和薄弱环节——政府会计系统改革为线索，探讨风险管理导向的政府债务会计体系及风险预警机制，力求在理论框架、核算基础、确认计量和报告制度等方面体现研究的深化与拓展，推进与突破。应当说，研究地方政府债务会计及其预警机制所涉及的上述理论问题具有重要的学术价值。从实践角度来看，本书以地方债风险管理为背景，通过设计风险管理导向的地方债务会计系统及其预警机制，从债务信息源头全面识别与评估各类债务风险，力求为实现主动报告地方债风险、有效防范债务风险提供解决方案，并为破解经济社会发展中的债务问题提供理论指导和重要参考。

在结构安排上本书分为九章。第1章，绪论。阐述本书的研究背景、研究意义、文献综述、研究目的、研究内容、研究方法以及创新点。第2章，政府债务会计研究的理论基础。从政府债务存在理论、政府债务管理理论以及政府债务信息理论三个层次六个角度建立起政府债务会计研究的基础理论分析框架，为全面探讨政府债务会计提供理论依据。第3章，我国政府债务会计现状研究。运用问卷调查方法，确定债务会计利益相关者对我国政府债务信息的实际需求，为构建政府债务会计系统提供现实依据和实践基础。第4章，政府债务会计概念框架构建。系统探讨我国地方政府债务会计概念框架的构建问题，为设计债务会计系统提供重要理论基础。内容包括：政府债务会计定位、目标、信息质量要求、双会计主体、会计要素确立以及政府债务报告等基础问题。第5章，风险管理导向的地方政府债务会计系统设计。为实现全面管控地方债风险的目标，提出风险管理导向的地方政府债务会计系统（risk management oriented local government debt accounting system，RMO-LGDAS）的构想，详细论证如何应用RMO-LGDAS的7张报表识别债务举借、使用和偿还阶段的各类风险，实现地方债风险的主动报告。第6章，地方政府或有负债会计问题研究。对地方政府或有债务的确认、计量和报告进行研究，在分析政府或有负债的确认基础、确认条件和确认程序的基础上，探讨政府或有负债的计量和报告的相关问题。第7章，PPP与地方政府债务的关系研究。结合我国PPP的运行方式，对政府付费与可行性缺口补助形成的政府支出义务是否属于政府债务、政府负债进行研究，指出两类付费机制的支出义务均属于政府债务，并可能形成表内政府负债；也可能仅产生或有负债，待符合条件时应作为预计负债在表内确认。第8章，地方政府债务风险预警系统设计。设计了地方政府债务风险预警系统的总体框架，首次尝试将可拓物元理论引入地方政府债务风险预警中，并以 A 市为例，运用所构建的地方政府债务风险预警可拓物元模型对其债务情况进行实证检验。第 9 章，总结与展望。梳理本书的主要研究结论，结合研究过程中发现的问题提出未来可继续研究的内容。

经过理论分析和实证检验，我们得出以下结论：（1）风险管理导向的政府债务会计系统是地方政府债务最权威且重要的信息源，该系统能够提供全面且客观的地方债务会计信息，为地方政府债务管理奠定坚实基础。（2）风险管理导向的地方政府债务会计报告体系不但能提供地方政府债务信息，还是全面识别政府债务风险的重要工具。应用风险管理导向的地方政府债务会计报告体系的七张报表可以识别债务举借、使用和偿还阶段的各类风险。（3）单一的会计确认基础难以服务于受托责任与决策有用目标，更无法适应政府债务管理目标由"合规"管理向"绩效"管理的转变。政府债务会计系统需要建立收付实现制和权责发生制双轨并用制度：一方面，保留收付实现制的预算会计；另一方面，在财务会计系统中引入权责发生制，在明确各自目标的情况下完成政府债务预算会计与财务会计系统的衔接，以便实现政府债务公共受托责任与决策有用的目标。（4）政府债务会计概念框架是构建债务会计系统的重要理论基础，目前国内外尚未达成共识，亟须理论突破。风险管理导向的债务会计系统必须以政府债务会计概念框架为前提，本书构建的我国政府债务会计概念框架的内容主要包括：政府债务会计目标定位、双会计主体、债务会计信息质量特征、"二元结构"的会计要素以及政府债务报告等基础理论问题的讨论，既为深化我国政府债务会计研究提供重要参考，也为其实务改革提供理论依据。（5）政府债务会计是一个人造的信息系统，它源于信息使用者对政府债务会计信息的需求。政府债务信息提供和披露应以使用者的多元需求为导向，其信息内容与质量是债务信息市场供需双方利益和力量博弈的结果。目前，政府债务信息市场表现出债务信息供给与需求的不均衡。各级人民代表大会常务委员会、各级政府及其有关部门、社会公众和纳税人、证券监管部门、评级机构与债券投资者是政府债务会计信息的主要需求方和直接利益相关者，他们对政府债务会计信息的需求、获取能力和意愿越强烈，越有利于债务会计信息的披露。政府的偏好与利益行为选择会直接影响信息披露的内容与质量。(6) 地方政府或有负债是基于未来特定事件的发生可能导致资源流出政府会计主体的义务。政府或有负债本身充满不确定性，其发生概率、发生的时间与具体金额都取决于未来事项，人们需要获取的是其未来信息，做出的决策也是面向未来的。因此，或有负债的计量属性也应体现"未来"的影响因素，现值正好满足这一需要，其信息更有利于政府债务风险管控目标的实现。权责发生制是政府或有负债确认基础的必然选择。政府或有负债的计量要综合考虑风险、货币时间价值和未来事项等因素。针对不同的或有负债应选择不同的估值技术。(7) 本书结合我国 PPP 运行方式，对政府付费类 PPP 与可行性缺口补助类 PPP 形成的政府支出义务是否属于政府债务或政府负债进行探讨，提出这两类付费机制中的支付义务均属于政府债务，并且在满足政府债务会计相应确认条件时可能形成资产负债表内的政府负债，应同时纳入政府预算会计和财务会计框架，分别进行收付实现制和权责发生制核算；不满足表内确认条件时作为或有负债，或有负债随着时间的推移可能转换为预计负债在表内确认。(8) 风险预警机制的设计应对接政府债务会计信息系统，消除信息断层，保证从信息源到信息渠道的畅通。根据风险管理导向的地方政府债务会计理论体系，我们设计了地方政府债务风险预警机制，包括预警指标体系和预警模型的构建。风险预警指标体系包括债务规模风险，债务结构风险、债务偿债风险和外部风险 4 个一级指标，以及债务增长率、短期债务比、债务偿还率和财政赤字率等 18 个二级指标。预警模型则首次引入可拓物元理论和层次分析法进行构建，并以 A 市为例进行检验。

　　本书的主要贡献是：(1) 研究框架方面，提出"概念框架—会计系统—预警机制"的整合分析框架，相对以往政府会计领域缺乏从地方政府债务视角出发，并将其与政府地方债管理问题结合的研究，可以说是系统性更强的创新尝试。(2) 研究内容方面，我们聚焦政府地方债务会计体系构建和各关键节点与内容的深入讨论，提出新的见解，而非传统政府会计的某些改良，并从动态视角出发将全面风险预警机制纳入分析；进一步探讨了地方政府或有负债的确认、计量与报告问题，并从政府债务会计视角对 PPP 政府支付义务与地方债关系进行辨析，提出新观点。(3) 研究方法上，综合运用规范研究、问卷调查、深度访谈和实证研究等多种方法，梳理政府债务信息供需间的内在逻辑、构建政府债务会计概念框架与会计系统、论证检验可流动性资产与债务违约风险的关系、讨论地方政府或有负债、探讨地方政府债务风险预警机制等系列问题，这也是本书与以往单纯的定性或定量研究的不同之处。

本书受国家社会科学基金项目（14BGL045）、福建省社会科学规划重大研究项目（2014JDZ034）和福建省一流大学建设计划"福州大学经济与工商管理学科群"项目（0490-50011006）的资助。本书由潘琰教授负责总体框架设计、文稿修改和总撰定稿，参加项目研究和初稿撰写工作的有潘琰博士、吴修瑶博士、毛腾飞博士、朱灵子博士和周云硕士。希望本书能为丰富和推动政府债务会计理论体系的建构，为提供全面客观的地方政府债务会计信息、实现主动报告和防范地方政府债务风险贡献绵薄之力！

著者

2018 年 11 月于福州

目　录
Contents

第1章

绪　　论

本章是全书的开篇之论，主要阐述本书的研究背景、研究意义、国内外研究现状、研究方法、研究内容和创新点等，作为后续各章的导引。

1.1　研究背景与研究意义

1.1.1　研究背景

后金融危机时代，全球经济逐渐从萧条转向复苏，但这一过程中除了发展中国家之外，欧盟、美国、日本等发达国家和地区相继爆发严重程度不一的政府债务危机。欧元区频繁爆发的债务危机，凸显政府债务风险管控对一国经济的显著影响（拉曼，1982；罗西·弗朗西斯·摩尼，2011）。据统计，2013 年，美国中央政府债务占 GDP 的比重达73%，日本中央政府债务占 GDP 的比重更是高达247%。[①] 发达国家在庞大的债务泥潭中举步维艰，不但使本国经济复苏乏力，也让整个世界的经济形势前景堪忧。

---

① 人民网：《人民日报谈地方债：风险总体可控政府"家底"较厚》，http：//paper. people. com. cn，2013 年 11 月 4 日。

近年来，全国各级政府通过资金注入或土地出资等方式设立政府投融资平台公司，依赖发行"城投债"或银行贷款筹集资金，形成了巨额地方政府债务。尽管 2015 年全国的政府性债务负债率（41.5%）被控制在国际债务风险警戒线以下①，且财政部于 2015 年 5 月先后开展三次地方债置换计划，总规模达 3.2 万亿元②，但经济欠发达地区、中央转移支付薄弱地区的地方政府仍面临存量债务到期难以偿付的债务风险。可见，地方政府债务风险问题不容忽视。与此同时，国家相关部门密集出台有关规定和文件，如国务院办公厅于 2014 年 10 月出台《国务院关于加强地方政府性债务管理的意见》；此后不久，财政部、国家发展和改革委员会、人民银行和中国银行业监督管理委员会联合发布《关于开展地方政府存量债务清理甄别初步结果核查工作的通知》；2015 年 8 月十二届人大常委会第十六次会议表决通过《国务院关于提请审议批准 2015 年地方政府债务限额的议案》；2016 年 11 月 11 日《地方政府债务风险应急处置预案》的出台使地方债管理进入新阶段。该预案要求"建立健全地方债风险应急处理机制"，这为构建与规范地方债管理指明了方向。2017 年 1 月，财政部分别致函内蒙古、山东等五个地方政府及商务部、银监会，严肃问责部分县市违法违规举债、担保的行为③，并要求依法处理个别企业和金融机构违法违规行为，这也是财政部首次问责地方政府违规举债问题。此外，权威机构调查也显示，我国经济学家普遍认为地方政府债务风险已经成为中国宏观经济运行中面临的最大挑战之一，地方政府债务一旦失控，必将严重威胁我国的经济安全。因此，防控地方政府债务风险成为近年来最受关注的经济工作任务之一。

然而，当前我国地方政府债务信息比较混乱、信息不对称，且地方债管理的债务信息由政府预算、政府会计、政府审计等技术工具提供，无法真实反映政府债务存量、规模总体情况及其构成信息；现行的政府会计核

---

① 中国商务新闻网：《财政部：去年政府负债率 41.5%》，http：//www. sohu. com/a/77719169_275039，2016 年 5 月 27 日。

② 21 世纪经济报道：《财政部确认地方债置换额度 3.2 万亿》，http：//epaper. 21jingji. com/html/2015 – 11/13/content_25718. htm，2015 年 11 月 13 日。

③ 每经网：《中国财政部 1 月问责地方政府违规举债、担保行为》，http：//www. nbd. com. cn/articles/2017 – 02 – 20/1077629. html，2017 年 2 月 20 日。

算制度更不能反映政府债务的本质特征，与债务管理需求脱节；地方债预算管理的事前控制职能也相对薄弱，难以动态监控和全面评估地方债风险。因此，保证债务信息从信息源到信息传输渠道的全面通畅与完整是地方政府债务风险管理需要考虑的首要问题。规范地方政府债务信息源，解决信息不对称问题是防控地方债风险的根本途径。但是，作为风险管控基础的政府债务会计系统存在诸多缺陷和研究盲区，无法形成并提供与地方政府债务资金相关的过程与结果信息。如何改进和规范地方债会计信息提供和披露，设计好无缝对接的债务风险预警机制，深入发掘债务会计的风险控制职能等成为现阶段亟待解决的重要问题，更是防控债务风险的关键。

1.1.2 研究意义

地方政府债务会计系统及风险管控是当前亟待探讨，而研究又十分薄弱的议题。以往的研究虽揭示了现行地方债核算的部分问题，如核算内容范围不能反映政府债务总体规模与实际构成、政府举债情况没有被清晰地核算与反映、债务会计基础选择的困境、债务核算方面的局限等。但是，这些研究只是初步涉猎，缺乏系统的学理性探讨，具有实践指导意义的理论创新亟待提升。此外，针对债务会计的理论框架、系统要素等也存在许多研究难点和盲区。对于如何进行风险防控，存在研究视角单一，就部分风险谈管控，未见从债务信息源头展开全过程的债务风险分析，以及全面评估各类政府债务风险，形成有效解决方案的研究。另外，政府或有负债问题的研究还处在初级阶段，PPP 政府支付义务与地方政府债务的关系仍存在争议，等等。

因此，怎样规范地方政府债务信息源，改进地方债会计的信息披露，解决信息不对称；债务风险管理过程中究竟需要怎样的会计信息；政府或有负债怎样在政府会计系统中进行确认、计量与报告；近年兴起的 PPP 是否隐含政府债务风险；如何利用风险管理导向的债务会计系统，从信息源头管控地方债风险。这些问题是我国地方政府债务管理过程中不可回避且迫切需要探讨并做出理论回应的。

本书以政府债务管理的重要基础——会计系统改革为线索，探讨风险管理导向的政府债务会计体系及风险预警机制，力求在理论框架、核算基础、确认计量和报告制度等方面深化拓展研究，实现推进和突破。这些理论问题的研究具有重要学术价值。从实践看，本书可以为破解经济社会发展中的债务问题提供理论指导和重要参考，为有效防范债务风险提供解决方案，具有重要的应用价值和现实意义。

1.2 国内外研究现状

在广泛研究政府地方债相关文献的基础上，本节将分别从政府会计制度（准则）、政府债务会计与风险管理关系、地方政府或有负债会计、PPP政府性债务以及地方债风险预警等方面详细回顾梳理政府债务会计的研究现状，希望通过总结前人的智慧，发现问题、找准定位、寻求新建树。

1.2.1 政府债务会计研究

1. 政府债务会计研究现状

经检索，政府债务会计的研究多散见于政府会计改革的研究文献中，独立研究政府债务会计的成果十分匮乏。国际组织与政府会计改革的先行国关于政府债务会计的研究成果较集中地体现在政府会计制度或准则之中，其中，政府债务的核算基础又与权责发生制会计的改革密切相关。

（1）国际组织政府债务会计的研究进展。

20 世纪 70 年代起，新公共管理理论兴起，该理论强调在公共部门运用私人部门的管理技术以及引入竞争性的市场行为，重视产出、绩效与责任控制，接受管理部门以外的第三方监督是其理论的重要特点。邓利维（Dunleavy，1994）等和克里斯蒂安（Christiaens，2001）指出，新公共管理理论在政府会计领域的突出贡献是引入权责发生制的会计基础和综合财务报告。受新公共改革浪潮的影响，国际公共部门会计准则委员会（The International Public Sector Accounting Standards Board，IPSASB）

在 2005 年发布了 31 个以完全权责发生制为基础的《国际公共部门会计准则》（Internation Public Sector Accounting Principles，IPSAS）。IPSAS 是公共部门财务报告领域的最佳范本，它强调和鼓励所有政府与公共部门实体运用权责发生制会计基础的政府财务报告，权责发生制政府财务报告有助于改进政府受托责任，提高其财政透明度。IPSAS（2010）的第 1 号、第 19 号和第 25 号准则涉及债务会计的核算基础和负债的确认范围与标准。具体而言，在第 1 号财务报表的列报准则中将负债按流动性划分为流动负债和非流动负债，并按其流动性顺序列报。要求负债表内列报的信息至少包括应付税款和应付转移款、交换交易的应付账款、准备和金融负债等，或有负债和未确认的合同承诺需在附注中披露。第 19 号准备、或有负债准则中明确"准备"与"或有负债"概念，分别规定其确认和计量的原则与条件。第 19 号准则指出，"准备"若能可靠估计划分为负债，而"或有负债"不应属于负债范畴，但要求在附注中披露。IPSAS 指出，确认某个项目是否符合"准备"的定义需将第 19 号准则与决策树流程相结合，如图 1 - 1 所示。

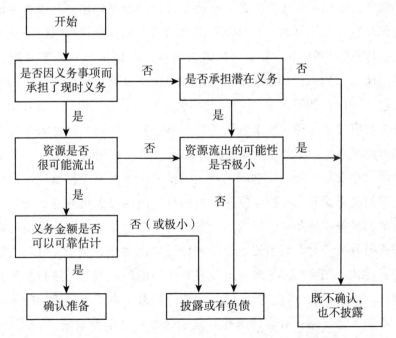

图 1 - 1 "准备"与"或有负债"确认的决策树

2010 年版的 IPSAS 在 2002 版 IPSAS 的基础上，增加了政府雇员福利的会计处理及披露的内容（即第 25 号准则）。此准则规范短期雇员福利、离职后福利、其他长期雇员福利和辞退福利四类福利，同时根据每一类福利的不同特点，第 25 号准则对每一类福利的确认和计量方法都作了单独规定。准则要求在雇员提供服务以换取未来支付的雇员福利时，应确认为负债。由于雇员福利会计处理的复杂性，第 25 号准则的会计实践处于初步引入阶段。

国际货币基金组织（International Monetary Fund，IMF）一直致力于在全球范围内推动各国建立良好财政管理体制，帮助各国提高财政透明度。IMF 将政府会计视为"财政政策的公认工具"，认为政府债务会计的作用是加强政府债务管理。在国际货币基金组织推动下，与政府债务会计有关的研究成果包括普雷姆詹德（A. Premchand）的《有效的政府会计》(1996) 和《财政透明度手册》。在《有效的政府会计》一书的第四章专门探讨了政府债务的内容、分类以及政府会计在债务管理中的作用。普雷姆詹德指出，关于政府债务的会计惯例过于简单，不能满足债务管理的需求。他强调会计系统在政府债务管理的重要作用，其表现为依靠政府债务会计系统可确定政府债务举借的需求以及履行准时偿还债务的义务。IMF 于 1998 年公布了《财政透明度良好做法守则》和《财政透明度手册》，《财政透明度手册》是《财政透明度良好做法守则》的解释性文件。IMF 于 2007 年对《财政透明度手册》进行了修订，旨在全面提供有关政府过去、现在和未来活动的可靠信息，并用于评估未来可能发生的财政风险。《财政透明度手册》指出，为提高财政透明度，政府除了提供以权责发生制会计基础的资产负债表反映政府全部负债，还应提供专门的政府债务报告披露有关债务信息，内容可以是政府证券、贷款和未清的债务存量及其偿债成本，在报告政府债务时应按到期前的剩余期限进行分类，对中期和长期债务的偿还情况做出说明。《财政透明度手册》建议，国家的一级政府应就或有负债的性质和意义进行报告并予以公开。或有负债包括直接或间接的政府担保。对于不可量化的或有负债，不确认为负债；对能够量化且在未来很可能需要政府做出支付的，应在补充报表中予以披露。

（2）政府会计改革先行国的政府债务会计研究进展。

经过多年努力，美国的政府会计改革取得较大成效，联邦政府与州地方各自采用不同的政府会计准则并独立发展。本书的研究对象是地方政府债务会计，因此，重点关注美国州与地方政府债务会计准则。政府会计准则委员会（Governmental Accounting Standards Board，GASB）从 1984 年到 2007 年共制定和发布了 3 个概念公告与 48 项准则公告。其中，GASB 概念公告阐述州与地方政府财务报告的目标、服务绩效报告以及一般目的的外部财务报告的方法。GASB 准则中的 16 项是一般准则（覆盖财务报告模式、会计和报告主体、财务报告元素、确认计量标准以及财务会计与预算之间的关系等内容）；其余的 32 项是具体准则，它们直接运用总准则来处理特定的主体或活动交易。这 32 项准则可分为四类：8 项关于企业、非营利主体及其活动的准则；13 项准则与雇员的报酬相关；5 项准则用于处理投资、保险等问题；6 项准则涉及各种资产与负债。在 GASB 准则中用于客观反映政府财务、债务状况以及债务风险的准则有三类：第一类是 GASB 关于各种交易、资产和负债的准则（见表 1－1），表内有关债务的项目都被确认为负债；第二类是 GASB 关于雇员报酬的准则（见表 1－2），这 13 项准则用于确认和计量公务员的报酬、延期报酬、养老金津贴和其他退休福利等；第三类是 GASB 关于投资和风险准则（见表 1－3），州与地方政府财务资源中很大一部分资产是以有价证券的形式存在，这 6 项准则的制定是为迫使政府对其投资活动和风险进行充分披露，以便使用者能够拥有评估有关风险的信息。

表 1－1　　GASB 关于各种交易、资产和负债的准则

GASB 准则	准则内容
第 7 号公告	公债提前转期导致债务废止
第 13 号公告	预定租金增长的经营性租赁会计
第 23 号公告	关于权益性债务偿还活动的会计和财务报告
第 42 号公告	资本性资产损伤和风险赔偿的会计和财务报告
第 48 号公告	应收账款和未来收入的出售和抵押，及主体内部资产和未来收入的转移

表 1 - 2   **GASB 关于雇员报酬的准则**

GASB 准则	准则内容
第 2 号公告	根据内部收入法规第 457 部分的规定采用的递延报酬计划的财务报告
第 31 号公告	某些投资和外部投资联营的会计与财务报告
第 32 号公告	内部收入法规第 457 部分递延报酬计划的会计和财务报告——GASB 第 2 号公告的废除和 GASB 第 31 号公告的修订
第 4 号公告	"雇主的养老金会计", FASB 第 87 号公告对州和地方政府雇主的适用性
第 5 号公告	公共部门雇员退休系统和州与地方政府雇主的养老金信息披露
第 12 号公告	州与地方政府雇主除养老金津贴以外的退休津贴的信息披露
第 16 号公告	对带薪休假的会计处理
第 25 号公告	固定收益的养老金计划财务的报告和固定缴费计划的附注披露
第 26 号公告	固定收益的养老金计划管理的退休医疗保险计划的财务报告
第 27 号公告	州与地方政府雇主养老金会计
第 43 号公告	除养老金以外的退休福利计划的财务报告
第 45 号公告	雇主对养老金以外的退休津贴的会计和财务报告
第 47 号公告	终止津贴的会计处理

表 1 - 3   **GASB 关于投资和风险的准则**

GASB 准则	准则内容
第 3 号公告	金融机构、投资(包括回购协定)和反回购协定的保证金
第 10 号公告	风险融资和相关保险问题的会计财务报告
第 28 号公告	有价证券出借交易的会计和财务报告
第 30 号公告	风险融资综合——对 GASB 第 10 号公告的修订
第 40 号公告	保证金和投资风险披露——对 GASB 第 3 号公告的修订

由美国 GASB 准则可以发现,州与地方政府债务会计核算范围不仅包括所有应付项目,还包括养老金负债、退休福利以及或有负债。陈立齐(2009)指出,GASB 准则要求除了在表内披露定量信息外,与政府债务有关的债务本金、利息、到期日与报告日等信息都需要在报表附注中加以披露。美国州与地方政府会计对政府债务的核算与确认比较全面,包括所有的流动负债和长期负债。克雷默和卡夏利(Kramer and Casciari, 2005)强调,GASB 要求对不能在表内确认的债务(如或有负债)进行充分披露,

这表明准则制定者为解脱政府受托责任的努力。关于雇员报酬的准则仍在不断地研究与修订中。现阶段，美国州与地方政府编制的综合财务报告已经能提供较为全面的有关政府债务方面的信息，帮助债务信息使用者评估地方政府债务状况以及风险。这个成果即使在发达国家也是不多见的。

（3）我国政府债务会计的研究进展。

目前，我国尚未建立政府债务核算与报告制度，政府债务会计研究还处于初步探索阶段。国内学者关于政府债务会计的研究主要集中在政府债务会计体系的构建和政府债务信息披露两方面。

在政府债务会计体系构建方面，杨亚军等（2013）在确认地方政府债务会计核算范围的基础上，提出采用双重会计基础，构建以风险管理为导向的地方政府债务会计系统。陈均平（2014）探讨政府债务的核算与报告问题，明确指出权责发生制应作为债务会计的核算基础，建议建立符合我国国情的政府会计规范体系，为地方债管理提供高质量的债务信息。

在政府债务信息披露方面，国内学者主要围绕债务信息披露的内容和方式展开讨论。朱军（2014）在总结发达国家政府债务管理经验的基础上，发现提高财政透明度的根本途径是改革会计制度并建立地方债务统计与报告制度。王鑫和戚艳霞（2015）结合政府债务的政府性与市场性特征，就政府债务核算与政府债务报告方面提出构建政府债务财务状况"全景图"的建议。陈梦根等（2015）在比较国际组织和英国、美国、加拿大、日本、中国的政府债务统计体系后，得出我国应加快建立和完善政府债务统计体系，同时需要建立定期披露政府债务信息机制的结论，而引进权责发生制是政府债务会计确认和计量其债务、提高政府债务数据质量的前提。陈志斌和陈颖超（2016）研究发现，政府会计通过地方债的披露、风险评价以及政府债券的发行三个层面发挥作用，有利于实现政府债务管理目标。姜宏青和于红（2016）基于政府治理理论构建多重分类的政府债务信息披露体系，研究表明，利用该体系有助于全面反映和监督政府债务管理过程，实现善治目标。万子溪（2017）认为应构建不同层次的政府债务信息披露体系，用于反映不同程度的债务风险。

2. 政府债务会计基础的研究现状

国内外学者关于政府债务会计基础的研究聚焦于会计核算基础和其应

用程度的选择上。国际学术界将政府会计的核算基础划分为四种：收付实现制、修正的收付实现制、修正的权责发生制和完全权责发生制。采用完全权责发生制已经成为全球权责发生制政府会计改革不可逆的趋势，但各改革先行国引进权责发生制的程度不同，改革进程与取得的实践效果也不同，都处于收付实现制到完全的权责发生制模式之间的某种状态。托雷斯（Torres，2004）、卡林（Carlin，2005）和格特（Gert，2006）研究发现，地方层面的政府会计改革过程中，各国引入权责发生制的层次、领域和深度存在较大异质性；罗恩等（Rowan et al.，2011）、威廉等（William et al.，2012）和内泽尔等（Nezir et al.，2013）的研究也表明，虽然权责发生制的应用程度不同，遵循 IPSAS 的程度也明显不同，但引进权责发生制的优先顺序表现出一致性，即地方层面要先于中央层面。

国内学者孙芳城等（2010、2012）建议政府债务核算基础采用修正的权责发生制，对某些会计事项可以保留收付实现制。王鑫和戚艳霞（2012）阐述并分析政府债务会计引入权责发生制核算基础的优化路径，以债务性质、重要性以及可计量程度的标准来确定权责发生制应用程度。陈纪瑜和陈静（2013）构建了政府债务会计改革技术经线与管理纬线的战略蓝图。在会计基础问题上，他们提出采用"会计基础三元化"。路军伟（2015）强调权责发生制实施层面的优先顺序，由于地方政府融资发债的迫切需求，相较于中央层面，地方政府在核算债务时应该并且需更快的引入权责发生制。杨亚军和刘勇（2018）强调实行我国地方政府债务会计的会计基础应是权责发生制和收付实现制并存。在推行权责发生制过程中，他们也认为应注意把握权责发生制的"程度"，要分步骤推行修正的权责发生制，这与潘琰和吴修瑶（2015）学者的观点一致。

1.2.2　政府债务会计与风险管理关系的研究

1. 关于政府会计与债务风险管理的关系研究

西方政府债务的风险管控研究源于 20 世纪 30 年代大衰退后的"政府债务新理论"。汉娜·波拉科瓦（Hana Polackova，1989）提出了著名的"财政风险矩阵"分析框架，将政府负债按直接与或有、显性与隐性两个维度分为四类（见表1-4），隐性负债概念的提出是防范政府债务风险方面研究的重大突破。她强调将财政风险内在化并提出向公众披露必须建立完善的权责发生制会计体系、预算体系和风险度量体系。风险度量的定量分析只有在权责发生制会计和预算体系的基础上才可实现，因为会计系统能够确认、计量、记录和报告所有政府负债（显性和隐性债务）情况，对其所承担的各种负债风险进行识别、评价且有效控制以将风险造成的损失降到最低。她从制度层面解释并建议国家应该通过立法要求政府定期披露财政风险信息来提高财政透明度。汉娜·波拉科瓦的研究使国外学者们逐渐意识到会计在风险管理中的作用，开始发掘债务会计的风险控制职能。艾伦·锡克（Allen Schick，1998，2002）在汉娜研究的基础上，重点讨论将财务报表和预算决策的方法纳入债务风险管理中。他的观点与汉娜一致，认为要控制财政风险首先应了解并查清负债项目，并承认政府的隐性负债；其次，他强调权责发生制会计制度是债务风险管理和防控的基本且重要工具，风险防控的最佳时机是在风险尚未发生前，而政府会计制度是把握这一时机的关键。

表1-4 财政风险矩阵

政府负债	直接负债（任何条件）	或有负债（特定条件）
显性负债 （法律或条约认同）	显性直接负债 国外和国内主权借款； 预算法规定的支出； 长期具有法律约束力的预算支出（公务员工资与退休金）	显性或有负债 为非主权借款以及向地方政府与公共、私人部门发行的债务提供的国家担保； 对外贸与汇率、外国主权借款以及私人投资的担保； 国家保险计划（对存款、私人养老基金、农作物、洪水、战争风险的最低回报）
隐性负债 （公众期望或迫于利益集团压力等"道义"责任）	隐性直接负债 公共投资项目的未来经常性费用； 法律未做规定的未来公共养老金、医疗保险以及社会保障计划	隐形或有负债 地方政府和公共或私人实体对非担保债务和其他债务违约； 清理私有化实体的债务； 银行债务违约（超出国家保险范围）； 非担保养老基金、就业基金或社保基金的投资失败； 央行债务违约； 环境破坏、救灾、军事融资等

资料来源：Polackova, H., "Contingent government liabilities: a hidden risk for fiscal stability", *Policy Research Working Paper*, 1989, P. 3.

国内学者刘尚希（2002，2004，2005）和赵全厚等（2011）按照汉娜的风险矩阵划分了地方债的类型，厘清了财政风险来源，提出切合我国实际的地方政府债务矩阵。同时，他们在财政风险矩阵框架下初步估算了我国政府债务的规模。邢俊英（2006）则明确债务风险管控的目标是将政府负债风险控制在萌芽状态以避免损失，而政府会计是其负债风控最基础且重要的技术工具。贾康等（2010）也采用汉娜财政风险矩阵估算我国地方政府债务规模和计算东部、中部和西部债务总额占 GDP 的比值，得出 2007 年地方债规模已超过 1 万亿元的结论。我国理论界应用较为广泛的是刘尚希等（2012）提出的我国地方政府债务矩阵（见表 1 - 5）。

表 1 - 5　　　　　　　　　　　我国地方债务矩阵

债务来源	直接债务（现时义务）	或有债务（未来义务）
显性债务（法律明确规定的或政府以各种形式承诺的债务）	地方政府债券； 外国政府或国际金融组织贷款； 国债转贷地方政府； 农业综合开发借款； 地方粮食等企业政策性挂账； 法定工资与养老金	对下级政府的债务担保； 对政策性贷款的贷款担保； 政府各部门融资机构不良资产； 政策性担保公司不良资产
隐性债务（政府职能中隐含的应由政府承担的债务）	社会保障资金缺口； 农村社会保障缺口； 公共投资项目未来的资本性和经常性支出	对金融机构支付危机的救助； 国有企业未弥补亏损； 拖欠企业职工和农民工的工资； 对自然灾害等突发性公共事件的救助

资料来源：刘尚希、赵全厚、孟艳等，《"十二五"时期我国地方政府性债务压力测试研究》，载于《经济研究参考》2012 年第 8 期，笔者稍做改动。

2. 关于资产负债表与债务风险管理的关系研究

财政的大规模赤字和金融危机的相继爆发，使国内外学术界开始关注国家和部门资产负债表对识别与评估债务风险的重要作用。

国外学者戈德史密斯（Goldsmith，1982）开创了国家资产负债表的研究，探讨国家资产负债表的五个用途，为美国政府编制综合和部门的资产负债表。比特（Buiter，1993）率先在财政账户中使用资产负债表管理方法，并将此方法应用到政府风险管理中。斯科特（Scott，1996）发现，新西兰政府开始尝试资产负债表方法来评估财政可持续性。威廉·伊斯特利（William Easterly，1999；2003）利用资产负债表方法评估哥伦比亚政府的财政状况和政府债务风险，在计算资产负债净值时考虑或有和隐性公共负债后，发现政府迫于赤字和累积的债务压力，会通过或有和隐性负债转移风险，从而彻底改变政府公共财政状况。艾伦等（Allen et al.，2002）提出资产负债表分析框架，研究政府资产负债与金融稳定及货币危机之间的关系，认为金融风险包括期限错配、货币错配以及资本结构错配。戈德史密斯等（Goldsmith et al.，2015）在考虑或有公共负债存在及变动的情况下，利用国家资产负债表评估美国政府的财政可持续性及政府债务的总体风险。

国内学者也开始注意到政府存量资产与债务的联系。沛龙和樊欢（2012）利用政府资产负债表将政府资产与政府债务风险联系起来，将政府"可流动性资产"看作保障政府债务顺利偿还的基础，并指出加强债务风险管理需要考虑或有债务的影响，才能对其风险有总体把握。同年，包括博源基金会组织和资助的马骏课题组、中国社科院李扬课题组以及中国银行曹远征课题组在内的三个课题研究组对中国政府资产负债情况及相关风险进行了调查研究。三个课题组虽然均编制了国家资产负债表估算政府资产和负债状况，并确认政府承受债务压力的程度，但关于政府资产、负债和净资产的结论各不相同。李扬课题组（2012）估算中国 2010 年主权资产净值在 20 万亿元左右，为正值且呈上升趋势，表明中国发生主权债务危机的概率比较低。① 马骏课题组（2012）和曹远征课题组（2012）则认为，中国政府债务具有不可持续性，发生债务危机的可能性较大。因为政府资产越多并不意味着债务风险越低，政府偿债能力主要取决于其存量资产可变现性与资产负债期限匹配性，而非仅依据净资产的正负值来判定。可见，学者们开始注意到政府存量资产与债务的联系。党的十八大之后，为建立权责发生制政府综合财务报告制度，进一步加强资产管理，地方资产负债表的试编工作紧锣密鼓地展开，国家希望能将地方债关进政府财报

① 李扬、张晓晶、常欣等：《中国主权资产负债表及其风险评估（上）》，载于《经济研究》2012 年第 6 期。

的"铁笼"。林忠华（2014）、汤林闽（2014）、孙晓羽等（2014）和张子荣（2015）等开始研究如何编制地方政府资产负债表，且对地方的资产与负债进行初步估算。马骏（2014）指出，地方资产负债表是地方政府建立债务风险预警体制和其在债券市场顺利融资发债的基础。王婕和孟凡达（2018）认为，政府债务的限额管理应结合政府预算，将其转化成余额管理。将一般债券和专项债券作为债务独立模块，分别设置债务偿付规划，在余额管理基础上设立地方债务上限，实现债务风险预警。

1.2.3　地方政府或有负债问题的研究

1989 年，世界银行高级顾问汉娜提出财政风险矩阵，对政府负债类型进行了创新性分类，首次对政府或有负债进行了定义，同时，其研究报告发现，当时对此类特殊的政府负债进行会计确认和报告的国家寥寥无几。汉娜对于政府负债分类的研究成果为后续诸多学者的相关研究奠定了基础。

早期对于政府或有负债的研究集中于对其形成原因与管理措施的讨论，而且相关观点大多零散分布于公共管理与财政学领域，当时的会计领域仅有少部分学者初步涉猎政府或有负债。

受到新公共管理运动的影响，政府会计改革进程推进较为迅速，政府财务信息的完整性与透明度愈发受到关注，私人部门的会计经验也开始得到公共管理领域研究者的重视。经济学家苏雷什（Suresh，1995）认为，或有负债是积累政府债务风险的主要源头，政府向外界提供的会计信息理应包括或有负债，从而提升政府会计信息的透明度。在此过程中，政府可借鉴私营部门的会计经验，对其资产负债表进行改良，考虑将或有负债纳入政府资产负债表的可行性。经济学家艾伦·锡克（Allen Schick，1999）提出以下方法以促进或有负债的披露：（1）在政府预算附表中载明负债的背景信息；（2）针对该特殊负债编制特别预算；（3）收付实现制的预算中应体现或有负债；（4）在收付实现制预算中应该反映或有负债的成本。塞尔瓦托·舒阿佛坎普（Salvatore Schiavo-Campo）和丹尼尔·托马西（Daniel Tommasi）联合撰写的《公共支出管理》（2001）发现，很多国家已将政府或有负债作为政府会计改革的关键一环，意识到对该特殊的政府负债应建立并完善相关会计核算与报告制度。他们对于制度改革内容达成的共识主要体现在：（1）将或有负债纳入预算并进行解释说明；（2）本年度应对上年形成负债的事项进行调查；（3）采用权责发生制对或有负债进行确认；（4）建立并完善或有负债的报告与披露制度，至少应在政府财务报告的补充解释中予以体现。

在实务界，政府会计改革先行国针对政府或有负债的会计处理做出了不懈努力，形成了一些有参考价值的做法和经验。例如，哥伦比亚和委内瑞拉两国的资产负债表中就反映了或有负债信息；澳大利亚与新西兰政府还对或有负债计提了偿债准备金，并将准备金纳入财务报表予以反映。在或有负债的计量方面，意大利与美国核算了政府担保形成的或有负债未来财政成本的净现值，并纳入预算拨款的考量范畴。为了在计量过程中实现更高的相对准确性，美国政府引入金融衍生工具的定价技术，同时完成了或有负债较为详细的分类，并将这些信息向外界披露。

1989 年或有负债概念的提出，也推动了国内相关研究的展开。与国外研究类似，国内研究早期也主要围绕政府或有负债的内涵、我国或有负债的总规模与构成分析、形成原因及其影响后果展开，后来逐步拓展到一般性的防控措施方面。

阳志勇（1999）指出，政府或有负债既有合同、法律等引起的债务，也有出于道义责任、为维护社会稳定而需由政府承担的可能债务。刘尚希、郭鸿勋、郭煜晓（2003）则认为政府或有负债是政府对企业、下级政府等主体提供的显性和隐性的担保与保证，其本身是中性的，可能具有正面作用，也会带来负面影响。夏琛舸（2003）分析了政府或有负债的基本构成，主要包括政府各类特殊贷款担保、降低金融体系震荡的支出义务等。

相对于国外政府或有负债研究，国内对该负债的会计讨论较少，而且通常是在一些政府会计改革的研究中附加提及。

孙静玉（2015）发现，国内地方政府或有债务余额的未来偿还情况呈倒"U"型，因此提出下一阶段地方政府或有负债的监控将是地方债风险管理的重头戏。应益华（2011）提出，提供或有负债信息应作为政府会计的目标之一，这主要是考虑到或有负债是影响财政风险的重要因素。可见国内学者已经意识到了政府或有负债的重要性。

对于或有负债是否能进入政府资产负债表存在不同看法。王庆成（2004）综合考虑了当时国内各方面因素后提出，当时对或有负债进行会计确认是不合适的，而应采取政府财务报表附注披露的策略。陈红、黎锐（2015）认为，政府或有负债应作为表外负债，根据其计量难度的高低选择不同的计量属性（历史成本、现行成本、可变现净值与现值）进行计量。谭建立、范乐康（2016）则借鉴我国企业会计准则的思路，将或有负债分为可在表内确认和无法入表两类，满足相关确认条件的确认为预计负债，否则只能在表外披露。另外，张琦、王森林、张娟（2010）认为，权责发生制基础是政府会计改革的关键，该会计确认基础有助于充分揭示各类债务风险。

针对政府或有负债的计量，平新乔（2000）认为应根据或有负债的发生概率来计算可能发生的相应成本。刘小芳（2012）指出，应综合评价预计负债发生的可能性及其对财政的影响，基于此得出预计负债金额。肖鹏（2010）认为可采用现值计量应付未付的社保基金款。郭煜晓（2018）重点探讨了或有负债的量化问题，分析了现值法和期望现金流方法用于计量或有负债的利弊，他建议以期望现值方法来确认和计量政府或有负债与预计负债。

在政府或有负债的报告和披露方面，唐龙生（2001）提出应通过充分的会计信息披露来强化政府对于负债发生的预测能力。安秀梅（2002）指出，我国应建立政府负债信息公开体制，定期对外公布除保密内容以外的信息。王雍君（2004）提出，或有负债报告是政府财务报告的必要组成部分，或有负债的报告主体包括政府整体和机构部门，报告形式可以是报表附注、财政风险报告书等。王瑶（2007）建议政府或有负债的披露应遵守重要性、谨慎性和成本效益原则。

国内对于披露方式的研究较为丰富。佘定华、汪会敏（2011）认为，政府或有负债的披露方式包括表内和报表附注两类。表内披露需解决确认与计量的问题，在当时的理论与技术条件下，无法做到完全的表内披露，因此应采取表内披露与附注披露相结合的方式。由于政府或有负债的构成内容相对复杂，部分或有负债无法准确计量，这部分负债可采取非货币形式在附注等补充资料中加以合理说明。孟森（2014）总结了政府或有债务信息的四种主要披露方式：（1）财务报告，可按项目或政府机构划分；（2）编制专项报告，对重要的、可计量的或有债务进行单独披露；（3）表外披露，包括对财政影响的估计、时间或现金流出的不确定性、补偿的可能性等的合理说明；（4）编制风险解释表，对风险进行评级，并和以前年度比较。

关于政府或有负债的具体披露内容，张国生（2006）指出应包括对负债影响后果的估计、对不确定性和补偿的可能性的评估，除非有充分证据表明或有负债转化为直接负债的可能性极小。另外，他还指出政府应编制或有负债表，并且显性与隐性两类或有负债应该分栏列式。陈均平（2010）认为，政府的贷款担保义务是或有负债的主要披露内容，具体需披露或有负债的成因与构成，导致政府资源流出的不确定性以及预计产生的影响；若相关影响无法预计则应列出明确理由。

1.2.4　PPP 政府性债务的相关研究

目前，论述 PPP 本身是否蕴含政府性债务风险以及具体风险来源的文献较少，研究主要涉及：一是对于 PPP 相关的政府性债务的存在与内涵以及风险来源的认识；二是如何对 PPP 政府性债务风险进行防范与管理的初步探讨。

1. PPP 政府性债务的内涵与有关风险来源

面对近年来我国形成的 PPP 热潮，有学者提醒应谨慎运用 PPP，尤其需要保持清醒的认识，因为 PPP 可能招致新的政府债务风险。基于汉娜提出的财政风险矩阵对于政府性债务的分类，学者们对于 PPP 可能产生的政府性债务的类型与内容进行了探讨。吉富星（2015）认为，从 PPP 项目的类别看，涉及政府购买或补贴的 PPP 会产生政府性债务，但其并未说明此类债务的性质。马恩涛和李鑫（2017）指出，PPP 相关政府债务的形式既包括直接债务，也包括或有债务，后者主要来源于政府为 PPP 提供的隐性担保（张德勇，2016）。

对于 PPP 项目而言，由于社会资本的资产盘子、信用等级等问题，获取融资的难度较大，政府各种形式的"支持"分担了项目的部分风险，成为推进 PPP 项目开展的"东风"，也是吸引社会资本参与的根本动力之一。在 PPP 中，政府承担的合同约定或推定的各类承诺、担保、补贴和救助等属于政府的或有负债或隐性负债。例如，PPP 投资失败造成项目公司债务危机或项目公司由于道德风险、逆向选择而主动违约可能引发公共风险，政府作为社会主体必须维护社会稳定，从而应承担起相应的救助责任，这种推定、道义上的责任属于政府隐性负债（吉富星，2015）。

国外一些政府很早就开始推行 PPP 模式，如 PPP 发源地英国于 1972 年就通过 BOT（Build-Operate-Transfer）建设红磡隧道。国际上不少国家为推广支持 PPP，政府担保和补助等"援助举措"是十分常见的。例如，加拿大就专门成立了 PPP 基金为项目提供无偿补助、有偿补助、贷款和担保等。因此，相较于国内，国外理论界与实务界更早地认识到 PPP 可能引发政府性债务风险，并且相关研究集中于对政府担保等形成的政府或有债务及其风险防范进行分析（M. A. Rashed and F. Faisal，2013）。国际货币基金组织发表的工作论文提到，虽然为了促进基础设施建设，政府对引入社会资本参与的公共基建项目进行担保可能难以避免，但诸如印度尼西亚、泰国和马来西亚政府对或有债务（主要指政府担保）的滥用进一步恶化了当时国家经济危机的态势（E. Currie，2010）。PPP 虽然能够作为缓解当期政府支出压力的"缓冲垫"，但 PPP 不能滥用，否则由于 PPP 相关的或有及隐性债务风险暂时无法通过会计上的资产负债表来反映，可能蕴含大量债务风险，在中长期对财政支出造成沉重负担（Ana Corbacho and Gerd Schwartz，2008）。

近几年，由于地方政府债务性问题受到我国政府和学术界的广泛关注，而 PPP 模式通过吸引社会资本的力量能够部分缓解地方政府的资金短缺问题，在基础设施建设领域尤为明显，因此 PPP 一时间被外界公认为是化解地方政府债务风险的有力举措之一。在这种形式下，一些专家学者发表谨慎对待 PPP 的观点，尤其强调应防范"伪 PPP"或"异化 PPP"。除了上述 PPP 相关的或有及隐性负债的一般性论述，"伪 PPP"或"异化PPP"问题成为国内 PPP 政府性债务风险的研究重点之一。

国家金融与发展实验室银行研究中心主任曾刚（2017）指出，PPP 的定位应该是更高效的"公共产品的综合管理模式"，而不能异化为纯粹的融资模式，我国当前发展阶段的 PPP 运作却出现了这种异化。孙玉栋和孟凡达（2017）采用案例研究法，分析了某县供水 PPP 项目，指出国内某些 PPP 的实际操作偏重融资功能而偏离了政策的本质初衷，为化解地方债而开展 PPP 容易出现"伪 PPP"项目，此类 PPP 仅是将债务风险后置，但用于偿债的政府支出责任并未减少，且短期内被隐性化了，风险更加不易察觉。

"伪 PPP"中引发理论界与实务界重点关注的是"明股实债"类 PPP，它是政府性债务风险的另一源头。政府主导的 PPP 产业投资基金是"明股实债"的典型表现之一（姜威，2017），由于地方政府作为投资于 PPP 项目的子基金的劣后方，其名义上的股权投资资金实际上却属于债权投资；另外，财政安慰函或担保函、"抽屉协议"以及回购安排承诺都是"伪 PPP"的"惯用伎俩"，无形之中累积了财政风险（易永英，2017）。虽然有关机构通过《国务院关于加强地方政府性债务管理的意见》、《中国银监会关于银行业风险防控工作的指导意见》以及《关于进一步规范地方政府举债融资行为的通知》，严禁金融机构提供融资时要求地方政府违法违规提供担保，也不允许地方政府及其所属部门提供任何形式的担保函、安慰函、承诺函等，但通过财政部公开的通报资料来看，一些地方仍存在违法违规举债问题。例如，通过信托产品进行融资的过程中向信托公司出具承诺函，为项目相关投资公司提供担保。

另外，值得关注的是，政府和社会资本方共同成立的 PPP 基金以及 SPV（Special Purpose Vehicle）公司的"不并表"现象，会造成债务风险的监管不全面，从而成为政府性债务风险的来源之一。以 SPV 公司为例，一方面，由于实业资本为了方便融资，希望优化自身的资产方负债结构，避免过高的负债率，一般尽量选择不合并 SPV 公司的报表；另一方面，由于当前的政府会计准则尚未完善，政府暂未编制合并报表，于是也未将 PPP 项目中的 SPV 公司纳入合并报表，"不并表"一定程度上阻碍了对 SPV 公司的债务监管（姜威，2017）。

2. PPP 政府性债务风险防范对策的研究

现有研究对于 PPP 政府性债务风险的防范对策主要包括以下方面：

（1）从 PPP 项目本身出发，分析如何规范、改善项目的运作管理，如 PPP 项目的前期论证筛选、审批、运营模式的选择、退出机制的完善等；（2）站在政府的角度讨论完善风险分担机制的设计、合同体系的激励机制设计等；（3）完善 PPP 政府性债务的相关监管。例如，将 PPP 或有债务管理纳入特定财政管理机构的工作任务当中；将 PPP 项目支出责任按照分类管理，即按照项目资金来源的性质（项目资金由使用者付费或政府性基金等途径提供），判断是否将 PPP 项目纳入预算管理、纳入预算的种类（一般公共预算或基金性预算），以及相应的项目支出责任归属的债务种类（一般或专项债务）。

吉富星（2015）从顶层设计的完善、PPP 法律与运行机制的健全、PPP 项目责任分类纳入政府债务与预算管理、监管框架的构建等对 PPP 相关的政府性债务管理提出建议。孙玉栋和孟凡达（2017）提出应将 PPP 项目定位侧重于提高公共服务的绩效与质量，而非将项目融资作为唯一目的；完善 PPP 相关立法，避免政出多门；规范 PPP 项目审批，慎重安排政府补贴；优化 PPP 的外部环境；妥善设计 PPP 退出机制。

除了上述对 PPP 政府性债务风险的一般性防控对策进行研究，学者们还专门针对 PPP 政府或有债务风险及其防控进行了探索。早期就有国外学者提出可引入企业风险管理框架（Irwin，1997），对 PPP 蕴含的政府或有债务风险进行识别、量化与衡量，进而得以对政府的风险承受能力实施评估，并依据评估结果制定风险应对措施。

部分财政学领域的专家主要关注 PPP 政府或有债务对财政可持续性造成的负面影响，在财政管理层面建议通过财政决策机构的集中、成立债务管理办公室等提升或有债务管理的效率和效果，从具体措施层面建议财政承兑应该设定最高限额，另外可以向政府担保的受益者收取相应费用（Cerbotari，2008）。另外，学者们也为推广国际上各种颇具参考价值的 PPP 政府或有债务管理的理念做出了不懈努力。拉希德等（Rashed et al.，2012）与亚洲开发银行（Asian Development Bank，ADB，2016）等分别对斯里兰卡和菲律宾 PPP 政府债务风险管理框架进行了经验总结。马恩涛和李鑫（2017）选取介绍了智利、秘鲁、南非以及土耳其的 PPP 政府债务相关的制度设计、债务监督与评估、预算、会计以及披露和报告经验。进一步地，马恩涛和李鑫（2018）又总结了澳大利亚、菲律宾和巴基斯坦三个国家的 PPP 政府或有债务管理经验，包括债务管理制度框架、担保限额、信息披露及会计准则等方面，为我国 PPP 政府或有债务风险管理提供了参考。

1.2.5 地方债风险预警研究

针对地方政府债务风险预警，国内外已有一些讨论和做法。在国外，普遍的做法是就预警指标设置风险值或风险区间，如果指标超过该风险值或风险区间则该指标进入相应的风险等级。如政府负债率，《马斯特里赫特条约》将其风险临界点设定为 60%，国际货币基金组织的参考值为 90%~150%。还有一些国家和地方政府将风险预警上升到法律层面，如美国俄亥俄州的《地方财政紧急状态法》（1979 年通过，1985 年修订）设定的财政赤字规模为不得超过财政收入的 1/12；新西兰《财政责任法》（1994 年）规定地方政府债务率临界点为 150%，资产负债率临界点为 10%，利息支出率临界点为 15%；澳大利亚联邦宪法规定地方政府的借款预算额度和实际分配额度以及借款实际额度和预算额度均应小于政府部门收入的 2%，非金融部门除外；巴西参议院 78 号法案将地方政府担保债务率和新增债务率临界点分别设定为 22%、18%，州政府的债务率和市政府的债务率临界点分别为 200%、120%。从这些设定的风险临界值可以看出，国外的预警只是倾向于把握债务规模，事前控制债务风险，预警方法也只是简单对比。此外，虽然不少国家已经通过立法的形式对地方政府债务进行预警，但做法各异，指标不同，指标的临界值设定更不一样，对如何预警地方政府债务风险尚未形成统一的做法和权威方案，因此在对我国地方政府债务风险进行预警时，简单直接地采用国外做法是不科学的。近几年国内有关地方政府债务风险预警研究的成果逐渐丰富，集中在预警指标体系构建和预警方法的选择上。在指标体系构建上，学者们选取的视角主要有：从债务总量和结构角度（王晓光等，2005）；从长短期偿债能力角度（裴育等，2006）；从直接和间接负债角度（谢虹，2007）；从借债、用债、偿债角度（考燕鸣等，2009；许争等，2013）；从债务内部结构和外部负担角度（缪小林等，2012）；从经济、政治和社会角度（金荣学等，2013）；从地方政府负有偿还、负有担保和其他债务角度（刘纪学等，2014；王桂花等，2014）。分析发现，在学者们构建的风险预警指标体系中，部分指标被采用的频率较高，如偿债率、债务依存度、债务负担率等。然而，在现有研究中，学者们很少对地方政府债务风险预警指标体系的构建过程有明确说明，随意性较大。此外，学者们构建的指标体系也存在一定的差异，如果只是简单"拿来主义"，那么预警结果很容易与实际情况不符。另外，由于地方政府债务数据的获取较难，因此很多学者在构建指标体系时往往没有包含隐形和或有负债指标。

关于债务风险预警方法和预警模型，现有研究已涉及的有：模糊评价法（王晓光等，2005；许争等，2013；卿固等，2011；赵树宽等，2014；张金贵和许逸岑，2016；姜宏青，2017）；合成指数法（刘星等，2005；考燕鸣等，2009；章志平，2011；王振宇等，2013；杨志安等，2014；刘纪学等，2014）；因子分析法（缪小林等，2012；廖家勤等，2015；朱文蔚等，2015；杜思正，2017）；KMV模型（王俊，2015；马德功等，2015；王学凯等，2015；张子荣，2015；刁伟涛，2016）；神经网络法（洪源等，2012；谢征等，2012）；混沌理论（高英慧等，2013）；熵模型（王桂花等，2014）；TOPSIS法（李斌等，2016）；主成分分析法（张小锋，2018）；层次分析法（宋良荣等，2018）。其中，模糊评价法虽然考虑到债务风险的模糊特征，但其不足之处在于主观性过强。合成指数法和因子分析法将预警指标与债务风险之间的关系固化为理想的线性关系，忽略了债务风险的复杂性和动态性，且无法了解各预警指标的风险状况，针对各指标的管控更无从谈起。KMV模型是金融领域用于衡量信用风险的一种动态模型，该模型要求能够适时地掌握地方政府债务和偿债资产的详细信息，在目前政府债务会计信息尚不完善的情况下，运用该模型进行预警的难度较大。此外，该模型还隐含着这样一种假设：在信息不对称情况下，不存在道德风险，而李腊生等（2013）认为我国地方政府债务本质上不存在经济上的违约风险，却存在一定程度的道德风险，因此运用该模型的科学性值得商榷。神经网络法对处理非线性问题能力较强，但其对样本数据的要求较高，在当前缺乏充足的地方政府债数据的情况下，运算将无法进行。

此外，混沌理论、熵模型、TOPSIS 法、主成分分析法、层次分析法等也被学者所提及，但这些大多是理论层面的简单介绍，科学性和应用性如何不得而知。

1.2.6　文献述评

由上可见，国内外针对政府债务会计相关的研究均取得了一些进展，为我们进一步探讨政府债务会计提供了有价值的线索和研究基础。但是，地方政府债务会计系统本身的研究仍十分薄弱。以往的研究虽揭示了现行政府债务核算的部分问题，如核算内容范围不能反映政府债务总体规模与实际构成、债务会计基础选择的困境、债务核算方面的局限等，但诸多问题只是初步涉猎，缺乏系统的学理性探讨。关于债务会计的理论框架、系统要素等也还存在许多难点和研究盲区，具有实践指导意义的理论研究亟待强化。关于政府债务风险管理的早期文献，或从宏观制度层面进行定性分析，或围绕财政收支进行初步的定量分析，单纯就债务谈风险，尚未见从债务信息的源头出发，孤立了政府债务会计与债务风险管控的关系。因此，国内外学者们开始将资产负债表和债务会计信息纳入政府债务风险管理的研究体系予以考虑，在分析政府债务风险和宏观经济的联系时加入会计思想。国内外学者们一致认为，权责发生制会计制度是债务风险管理和防控的基本且重要工具，完善政府会计信息披露制度是防范政府债务风险和维持公共财政可持续发展的关键。政府债务风险管理目标的实现取决于债务会计提供负债的信息质量。倘若没有一套能提供我国地方政府债务信息，有助于评价地方政府财政风险的地方政府债务会计系统，所有的"灵丹妙药"都只能是"画饼充饥"。如何将债务会计信息纳入政府债务管理的研究框架，以及深入挖掘债务会计的风险控制职能成为现阶段亟待研究的重要议题。

政府或有负债研究方面，我们发现国外学者走在本领域的前沿，但研究对象通常是中央政府；国内学者对于地方政府层面的或有负债研究相较国外更加丰富，并合理地考虑了国情因素。目前，国内外关于政府或有负债的研究在以下方面基本达成共识：（1）应逐步引入权责发生制作为政府会计要素的确认基础，或有负债的确认也概莫能外；（2）只要符合负债的确认标准，无论是隐性还是或有债务均应纳入核算；（3）负债要素的会计科目亟待丰富与完善。不过，现有研究对以下问题仍存在分歧：（1）对于新增负债类会计科目名称的设定，国内外出现了各式各样的命名方法；（2）政府或有负债的报告与披露方式，尤其对于显性或有负债，究竟应进行表内确认还是仅作为报表附注披露的一部分未有定论；（3）或有负债计量属性的选择方面，合适的计量属性是什么，是选择某类计量属性还是结合采用多种计量属性均未得到确切答案。

我们还发现，国外相关研究主要关注政府担保、承诺等形成的政府或有负债对于财政的影响，进而探讨或有负债风险的防范；国内对于 PPP 债务风险的关注集中于防控"明股实债"等变异 PPP，也有部分学者开始将国外的 PPP 或有负债管理经验引入我国的 PPP 模式中。但是理论界与实务界对于 PPP 和地方政府债务的关系并未厘清。近两年新媒体平台出现关于 PPP 中的政府支付义务是否会产生政府债务以及相关债务性质的争论，观点较为零散，一些观点存在明显问题。鉴于 PPP 和地方政府债务关系的界定关系到 PPP 相关政府支付义务是否应该纳入政府会计系统处理，以及如何恰当地处理，相当于该领域研究的"逻辑起点"，十分重要。因此，本书将运用政府会计理论，尤其是债务会计理论，对其进行进一步深入讨论。

2015 年是我国政府会计快速发展的一年，《政府会计准则——基本准则》和《政府综合财务报告编制操作指南》为我国政府综合财务报告和债务会计研究提供了坚实的理论基础。《政府会计准则——基本准则》（以下简称《基本准则》）从会计制度层面为债务会计系统的建立提供理论依据，《政府综合财务报告编制操作指南》对《基本准则》规定进行细化，提供地方政府债务信息披露的基本路径。但是关于政府综合财报信息的分析和应用问题仍处于初步探讨阶段。债务风险管理过程中究竟需要怎样的会计信息？如何发掘会计的风险控制职能，控制债务风险？以上问题是学术界需要探讨并做出理论回应的。

另外，目前国内外尚未有对政府债务会计概念框架与系统构建问题的理论研究，缺乏将债务会计信息纳入地方债管理研究框架的深入探讨。

为有效利用债务会计信息进行政府债务风险管理，控制债务风险，本书希望充分关注我国新兴加转轨的具体国情和制度安排，提出风险管理导向的地方政府债务会计及预警机制研究，以政府债务管理的重要基础——会计系统改革为线索，探讨风险管理导向的政府债务会计体系及风险预警机制，为地方政府债务管理奠定坚实基础，为有效防范债务风险提供解决方案。

1.3 研究方法与研究内容

1.3.1 研究方法

我们采用理论研究与应用研究相结合、定性分析与定量分析相结合的方法进行，希望将后续各章相关主题的研究置于较规范的研究范式之中。具体而言，采取的主要研究方法有：

（1）文献研究。经典理论和文献研读是文献研究的主要内容。通过全面、细致的文献研究，希望为后续各专题的讨论，为债务会计概念框架、会计系统和预警系统的构建奠定坚实的文献与理论基础。

（2）规范研究。根据研究主题性质，运用规范研究、比较研究等方法进行理论探讨，如构建政府债务会计概念框架中债务会计目标定位、会计主体选择、信息质量特征与报告；或有负债会计、PPP与政府债务的关系，还有相应的对策研究与分析论证、实证假设的理论支撑分析等。

（3）问卷调查和深度访谈。通过设计政府债务信息现状调查问卷并进行样本选择与处理调查数据，调查债务会计利益相关者对我国政府债务信息的实际需求，为构建政府债务会计系统提供现实依据和实践基础。

（4）实证研究。通过实证研究检验政府可流动性资产与债务违约风险的关系；尝试运用物元理论基本模型以及层次分析法构建地方政府债务风险预警可拓物元模型，对地方政府债务风险进行预警；以A市为例，运用设计的地方政府债务风险预警系统，对其债务风险状况进行实证检验等。

1.3.2 研究内容

本书共分为 9 章，具体内容如下：

第 1 章，绪论。首先，提出研究背景与研究意义；其次，从政府债务会计研究、政府债务会计与风险管理关系研究、地方政府或有负债会计、PPP 政府性债务以及地方债风险预警等方面对已有研究成果与研究进展进行回顾与述评；再其次，介绍研究方法和研究内容（各章节安排与研究思路）；最后，阐述本书创新点。

第 2 章，政府债务会计研究的理论基础。本章从政府债务存在理论、政府债务管理理论以及政府债务信息理论三个层次六个理论多角度出发，尝试建立政府债务会计研究的基础理论框架，为全面研究探讨政府债务会计提供理论依据。政府债务的存在理论从理论层面论述并解释地方政府的举债行为以及政府债务存在的原因。存在理论界定了政府举借债务的理由以及债务资金的用途（资本化支出）。政府债务管理理论则从管理的角度阐述如何利用风险管理程序与先进会计技术合理有效地管理政府债务。政府债务信息理论阐述政府债务信息的披露需以政府债务信息用户的多元化需求为导向。

第 3 章，我国政府债务会计现状研究。本章在阐述政府债务信息市场供给问题的基础上，运用问卷调查方法，探讨研究我国政府债务信息的需求状况。通过专门设计的政府债务信息现状调查问卷，应用实证研究分析问卷调查的数据结果，确定债务会计利益相关者对我国政府债务信息的实际需求，深入剖析债务信息使用者对债务信息的满意程度、披露期望、获取债务信息的行为意愿以及债务会计改革动因等，为构建政府债务会计系统提供现实依据和实践基础。最后，本章引入制度变迁理论框架阐述政府债务会计改革的内在动力机制，从理论层面分析政府债务改革的关键驱动因素以及不同驱动因素对改革效率与结果的影响，合理定位债务会计改革取向。

第 4 章，政府债务会计概念框架构建。本章在探讨国际政府会计概念框架基础上，开展政府债务会计框架研究，尝试系统构建我国政府债务会计的概念框架，目的是为设计债务会计系统提供重要理论基础。本章构建的政府债务会计概念框架的内容包括：政府债务会计定位、目标、信息质量要求、双会计主体、会计要素确立以及政府债务报告等基础问题。其中，以债务会计信息使用者的需求确定政府债务报告的目标，"双会计主体"与"二元结构"会计要素的确认是研究与构建政府债务会计概念框架的重点，希望政府债务会计概念框架的研究为我国政府债务会计改革提供理论指引。

第5章，风险管理导向的地方政府债务会计系统设计。为实现全面管控地方债风险的目标，本章设计了风险管理导向的地方政府债务会计系统，并详细阐述如何应用风险管理导向的地方政府债务会计报告体系的7张报表识别债务举借、使用和偿还阶段的各类风险，实现地方债风险的主动报告。其中，应用债务余额情况表和一般债券/专项债券发行情况表识别债务举借阶段的总量风险与合规风险；应用政府的资本资产情况表、政府的基本建设类项目收入支出决算表和项目收入费用表识别债务使用阶段的项目风险；应用可流动性资产负债表和政府债券到期明细表识别债务偿还阶段的违约风险。最后，本章设计与构建风险管理导向的地方政府债务会计系统，论述风险管理导向的"双轨制"地方政府债务会计系统的基本原理及其"双轨制"下两个系统的要素生成、定义以及要素的确认计量。

第6章，地方政府或有负债会计问题研究。本章围绕地方政府或有债务的确认、计量和报告问题展开。首先，探讨或有负债的确认问题，包括确认基础、确认条件和确认程序；其次，着重分析一系列计量问题，包括计量的对象、属性、影响计量的各种因素等，并讨论了计量的理论与方法。最后，对地方政府或有负债报告的相关问题进行论述，针对我国政府或有负债报告给出建议对策。

第7章，PPP与地方政府债务的关系研究。本章结合我国PPP的运行方式，从《政府会计基本准则》中政府负债的定义出发，对政府付费与可行性缺口补助形成的政府支出义务是否属于政府债务、政府负债进行研究，指出两类付费机制的支出义务均属于政府债务，并可能形成表内政府负债，也可能仅产生或有负债，待符合条件时作为预计负债在表内确认。最后，是我们的延伸性思考和对防范PPP运营所蕴含的地方政府债务风险的对策建议。

第 8 章,地方政府债务风险预警系统设计。本章设计地方政府债务风险预警系统的总体框架,运用可拓物元理论和层次分析法构建地方政府债务风险预警模型,并以 A 市为例,运用所构建的地方政府债务风险预警可拓物元模型对其债务情况进行实证分析。

第 9 章,总结和展望。概述本书主要研究结论,然后结合研究过程中存在的问题提出未来可进一步研究的内容。

1.4　创新点

本书的创新点主要体现在以下三个方面。

1.4.1　研究视角和研究框架创新

本书基于债务风险管理和政府债务会计相关理论,提出在政府债务会计概念框架下设计风险导向的地方政府债务会计系统与预警机制,探讨"债务信息源—信息传递—风险管控"的内在互联关系,消除以往研究未能涉猎的债务信息断层,实现全流程的债务风险管控,研究视角有创新。相应地,"概念框架—会计系统—预警机制"的整合分析框架和研究路径相对于以往零散单一、相互割裂的政府会计或地方债管理研究而言,为其内在有机结合的系统研究提供了新思路。从会计系统与债务预警的联动机制出发,首次从动态视角探索分析债务会计系统与债务预警机制的联动作用:由政府债务会计系统提供全面的量化债务信息,在此数据源基础上通过所构建的地方政府债务风险预警模型实现预警。从债务会计基本理论构建到应用层面探索是更强调系统性的创新尝试,对形成我国政府债务会计领域的深层次的系统的新认识有所贡献。

1.4.2　理论创新

通过对本书所涉及的重要问题的系统阐述、深入剖析和系统论证,提出一系列新的理论观点，丰富和发展了地方政府债务会计的理论研究成果。

第一，本书聚焦地方债务会计体系的构建而非传统政府会计的部分改良，系统探讨如何构建政府债务会计概念框架的基本理论问题，如深入讨论了政府债务会计的目标、双会计主体、债务会计信息质量特征、"二元结构"的会计要素以及政府债务报告等基础理论问题，为设计债务会计系统奠定重要的理论基础，丰富了政府会计的理论宝库。

第二，在现代风险管理理论的指导下，本书构建了地方政府债务会计体系，尝试设计风险管理导向的地方政府债务报告体系，并讨论如何应用风险管理导向的地方政府债务报告体系中的系列报表来识别并防控"借、用、还"各阶段的债务风险。开拓了政府会计和债务管理融合应用的理论研究，为地方政府债务会计在债务管理中的应用提供理论依据和新的重要工具。

第三，鉴于政府或有负债的研究还处于初级阶段，国外政府或有负债的研究主要集中于中央层面，本书结合我国地方政府会计的发展现状，结合 2018 年国际会计准则理事会（International Accounting Standards Board，IASB）新发布的财务报告概念框架对政府或有负债计量特征进行分析，对地方政府或有负债的确认、计量与报告进行了较为系统的进一步讨论。

第四，与 PPP 结合的研究。以往研究集中讨论的是如何运用 PPP 化解地方政府债务风险，我们关注的则是 PPP 本身是否也会形成地方政府债务风险。同时从政府债务会计视角，考察 PPP 政府性债务问题，对 PPP 政府支付义务的性质进行界定，厘清 PPP 与地方政府债务关系，提出 PPP 政府性债务风险防范的新对策，进一步拓展了政府债务会计理论的运用范围。为政府参与 PPP 运作的相关研究提供了重要的理论补充。

第五，本书提出了风险管理导向的地方政府债务会计理论体系，设计了地方政府债务风险预警机制，包括预警指标体系和预警模型的构建。我们从债务规模、债务结构、债务偿还和外部环境四方面，构建了兼具系统性和完整性、重要性和针对性的地方政府债务风险预警指标体系，避免了以往研究中预警指标体系构建重复性和随意性等问题。同时，首次尝试将可拓物元理论引入地方政府债务风险预警之中，有效解决了风险预警的模糊性、多样性和不相容性问题。

1.4.3 研究方法创新

本领域原有的零散研究多采用定性研究的方法，由于数据获取方面受限，政府会计领域的实证研究可谓凤毛麟角。根据研究问题的性质和需要，本书综合应用多种方法。一方面，应用规范研究方法进行文献研究、政府会计概念框架研究、债务报告体系与各国债务会计现状和我国债务会计系统等的分析构建等研究。另一方面，利用问卷调查方法、深度访谈等方法，分析我国政府债务信息的供需现状，梳理其间存在的内在逻辑链条；构建回归模型，运用经验数据实证检验可流动性资产与债务违约风险关系，为构建政府债务会计系统提供可靠的现实依据；为使风险预警机制的设计更加严谨，尝试采用可拓物元理论和层次分析法构建地方政府债务风险预警模型，并通过定量研究验证风险预警模型的有效性和普适性。

1.5　本章小结

本章首先阐述了本书的背景和意义，然后对国内外相关研究进行梳理和述评，包括政府债务会计研究、政府债务会计与风险管理关系研究、地方政府或有负债会计研究、PPP 政府性债务相关研究以及地方债风险预警研究，并阐述本书的主要研究方法、研究内容以及创新点，为后续章节奠定基础。

第 2 章

政府债务会计的理论基础

研究政府债务会计问题不能局限于某一视角，而应从理论层面多角度系统考察整个政府债务问题，分析各部分之间的内在联系，如政府举债理由、债务资金用途、发行债券行为、利益相关者债务信息需求以及权责发生制政府会计等。因此，本章探讨政府债务会计研究的理论基础，从政府债务存在理论（公共产品理论与财政分权理论）、政府债务管理理论（风险管理理论与新公共管理理论）以及政府债务信息理论（信息需求理论与信息不对称理论）三个层次六个理论视角共同建立政府债务会计研究的基础理论框架，为全面研究政府债务会计问题提供理论依据。

2.1 政府债务存在理论

2.1.1 公共产品理论

1. 公共产品

公共产品理论是正确处理政府与市场关系、合理配置市场资源、构建公共服务市场化的公共财政基础理论。该理论将满足社会需求的社会产品按商品属性划分为私人产品与公共产品。私人产品是指满足个人需求的产品，其价格由市场供求关系决定。保罗·萨缪尔逊（Paul Samuelson，1954）在《公共支出的纯理论》中首次提出公共产品的定义，即一种能够满足社会公共需求的产品或劳务，且不会因个人的消费而影响或减少市场上其他消费者消费的特殊产品。蒂鲍特（Tiebout，1956）在《一个地方支出的纯理论》中提出地方公共产品的定义，指出因部分公共产品具有区域性，只有居住在特定地区的人可以消费，个人以迁居的方式享受与消费此类产品。詹姆斯·布坎南（James Buchanan，1965）在《俱乐部的经济理论》中拓宽公共产品的概念，认为只要是由集体组织提供的产品、物资或劳务，便可称为公共产品。理查德·马斯格雷夫（Richard Musgrave，1969）对公共产品概念进一步延伸，界定公共产品是一种消费者之间没有"竞争性"的产品，至此公共产品兼具了非排他性与非竞争性的双重特性。其中，公共产品的非排他性强调，个人对公共产品进行消费时，无法排除他人消费此类产品；非竞争性则是指供给公共产品的成本不会因为消费者数量的增加而改变。以上两个特性是区别私人产品与公共产品的重要标志。

萨缪尔逊与布坎南关于公共产品的定义各有侧重。前者强调公共产品的商品属性，即以是否具有非竞争性与非排他性的特性作为划分标准来定义公共产品。正是因为以上两种特性造成公共产品生产成本过高，必须由政府提供。而后者则认为公共产品是由其供给主体与决策机制所决定的，出于政治伦理考虑表明公共产品"应该"由政府提供。尽管他们对公共产品概念特性讨论的出发点表述不同，但公共产品基本属性与观点认识是相同的。

2. 公共产品属性决定政府举债

由于公共产品的基本属性是非竞争性与非排他性，在市场供求机制下无法产生交易成本也不能提供此类产品。政府为履行其公共受托责任，以其收入作为资金来源支持公共产品的供给安排，以实现提供公共产品职能。但是，政府提供公共产品和服务的支出与财政收入存在严重的规模不匹配问题。

事实上，就政府财政支出性质与范围而言，公共产品的供给与生产是政府财政公共支出的另一种表现形式。同时，政府提供公共产品方式也与市场结合的方式各不相同。政府从社会福利角度出发介入公共产品市场，在供给公共产品时需要以政府与市场共同分担为原则。例如，经常性支出由税收财政资金或行政收费承担；对于公共产品支出（资本性支出），因金额巨大、具有建设周期长与跨期收益性等特点，则选择发行政府债券（长期债券）的债务资金支付颇为合理。其中，债务偿还资金来源项目长期收费以及进行税收分成，这样使公共产品的筹资成本在消费者以后的受益期间进行承担与分摊，提高地方公共产品的供给效率，避免"搭便车"行为发生。

因此，在政府依靠财政收入提供公共产品却不能满足供给的情况下，根据公共产品受益期长，符合资本性支出的特征，需要政府坚持与市场共同分担原则，通过举债提供公共服务，发行债券的筹资成本可分摊到资本建设结束后的各个受益期，有助于减轻本地区居民的当期税收负担，也有利于政府在公共产品市场选择恰当方式提供有效率的供给水平。公共产品理论为地方政府发行债券解决其公共产品供给不足问题提供了理论依据。

2.1.2　财政分权理论

1. 财政分权理论

财政分权是指为使地方政府提供更好更多的公共服务，中央赋予地方政府一定的税收权力和支出责任，允许其具有自主决定预算支出规模与结构的权力，以制定更符合本地区居民需要的地方财政政策。从 1950 年开始，财政分权理论得到发达与发展中国家的重视，被其视为地方政府挣脱中央计划束缚，走上自我持续增长道路的重要途径。

财政分权理论的代表人物是蒂鲍特（Tiebout）、马斯格雷夫（Musgrave）和奥茨（Oates），该理论也被称为 TOM 模型。财政分权理论研究的焦点是中央政府和地方政府资源的配置效率问题，即中央与地方在提供公共产品中的效率和分工。蒂布特在《一个地方支出的纯理论》（1956）中以构建的地方政府模型，提出"以脚投票"理论。他认为，资源配置政策应根据各地居民的偏好不同而有所差别。因为居民可以在不同地区或社区间自由流动，通过公共产品与税收的最优组合确定对自己效用最大化的地区和政府。居民会根据当地政府提供其需要的公共产品的效率选择无成本地迁移聚居到能更好满足他们偏好的地区。各地方政府间提供公共产品的竞争更有利于资源的有效配置，实现帕累托最优，以及提高社会福利水平。

马斯格雷夫（Musgrave，1959）考察了中央和地方政府的职能划分，指出中央政府和地方政府之间在实现公共品供给效率和分配方面的分权是必要且可行的，这种分权通过赋予地方政府相对独立的权力，以税收的方式在各级政府间进行分配，从而实现分权。奥茨（Oates，1972）的分权定理表明，地方政府相对于中央与居民的关系更紧密，更能把握当地居民关于公共产品的效用与需求。在提供同样公共产品的条件下，与上级政府相比，由下级政府提供公共品效率更高。

根据财政分权理论，可以发现优化资源配置与稳定当地经济是政府的重要任务。政府依靠提供公共产品履行其公共受托责任，但是公共产品的受益范围在地理区域与受益期间上具有一定差异性。与中央政府相比，地方政府更贴近、更能准确了解本地区居民的真实需求，所以中央政府与地方政府关于居民需求或偏好表现出信息不对称，地方政府更具有信息优势。因此，中央通过财政分权赋予地方政府提供一定区域内公共产品的权力，从而实现帕累托最优。

2. 财政分权对地方政府债券举债的影响

市政债券称为地方政府债券，属于地方政府债务。市政债券最早源于1820年的美国，是美国州、市与县等各级地方政府因当地经济建设发展要求与政府资金短缺需求，按照法律规定向全社会发行的一种有息债务凭证。之后，市政债券作为地方政府筹集公益性或准公益性项目建设资金的一种手段在全球范围内盛行。

事实上，政府发行债券是地方对其税收收入的一种跨期安排，也是附加于财权与税权的权力，这种权力在财政分权制度中的表现形式为市政债券制度。事权、财权以及举债权的匹配关系是财政制度的核心，而市政债券制度涉及中央对地方政府"主体性"的确认问题。经文献检索发现，国内外学者普遍认为，赋予地方政府发行债券的权利，是在财政分权制度与分税体制下确保地方政府提供公共产品与履行其公共职能的必然选择，采用发行市政债券方式筹集城市基础设施等建设资金，有助于缓解地方政府财政压力，弥补财政缺口。

财政分权理论指出，中央政府应重点提供直接关系国计民生与国民经济发展的全国性公共产品，地方政府则负责提供满足当地居民多元化需求的公共产品，从而提高全国与地区资源配置的效率。中央和地方财政应具有独立性，且地方政府需要以相对独立的财政收入来保证事权的行使。分税制以来，我国一直处于中央与地方事权与财权不对等的状态，表现为财权层层上缴，事权逐级下放，地方政府提供公共服务的支出不断扩大（事权呈扩大趋势），地方支配的财政收入却不断缩减，从而形成财政缺口。地方政府因事权与财权的矛盾普遍陷入财政资金缺口不断扩大，债务压力不断增加的困境。分税制改革后，我国地方政府财政收入比例不断下降，然而，在全国财政支出中地方财政支出的比重却超过70%。分税制改革看似扩大了地方的经济决策与财权，调动了我国各级政府的积极性，但从地方与中央财政收支比例可以发现各级政府的财权与事权已经出现了严重失衡。在财权与事权不匹配的体制下，当地方政府出现财政储备不能达到解除财政受托责任的需求，地方必须寻求新的途径募集财政资源以弥补财政缺口。发行债券融资则是地方政府为社会公众提供公共产品、获得财政资源以及化解财政收支压力的一种重要方式。

2.2　政府债务管理理论

2.2.1　风险管理理论

1. 风险的定义

关于风险的概念，学者们的定义各不相同，但总体而言，风险是指未来结果的不确定性。最早的风险定义是由威利特（Willett，1901）提出的，他指出风险是不愿发生的事件发生的不确定性的客观体现。奈特（Knight，

1922）则认为，风险是一种可测度的不确定性，正是由于这种不确定性因素的存在，可能导致某些收益损失。可见，不确定性是风险的核心属性。根据有无概率分布，可将不确定性分为有概率分布的不确定性与没有概率分布的不确定性。现代风险管理理论认为，前者是风险的来源，因为通过运用科学的方法我们可以判断其发生的可能性；后者由于无法预测，因此被现代风险管理排除。另外，从不确定性可能导致的结果看，也有两种性质的不确定性：一是可能带来某些收益的不确定性；二是导致损失的不确定性。现代风险理论指出，不确定性既是风险的来源，也是收益的来源。涵盖两种不确定性（有利结果和不利结果）产生的风险在现代风险理论中被认为是财务性风险。例如，进行投资活动时需考虑的风险和收益对称。而只产生不利后果的不确定性叫做纯风险。本书对风险的理解是未来发生损失的不确定性或灾害事件发生的概率或可能性，其中，不确定性与损失是风险的两个主要特点。

2. 风险管理理论

风险管理理论源于 20 世纪初，亨利·法约尔（Henri Fayol，1962）首次在《工业管理与一般管理》一书中提出风险管理概念思想，并将其引入企业经营管理。随后，布朗（Brown，1921）提出处理风险的两种方法，即风险排除与风险转移。20 世纪 30 年代的美国经济危机与大萧条成为风险管理理论的发展契机，经济学家开始思考与关注风险。他们认为可以采取一些科学管理方法，事前对风险进行识别、衡量和控制，以较少的成本将风险导致的各种不利后果，甚至灾难性后果降低至最低水平。1931 年，美国保险与风险管理委员会（Insurance and Risk Management Council，AMA）提出了风险管理，并对保险领域的风险管理系列问题进行了研究探讨，至此形成了风险管理的基本构想。AMA 对其定义的界定是一个对风险因素的系统识别和评估的形式化过程。随后较完整的风险管理体系与制度逐渐形成。随着概率论和数理统计科学的发展和普及，风险管理也由一门经验定性研究走向定量与定性结合的科学，其研究也越来越趋向专业化和系统化，形成了自己的一套知识体系。由此，风险管理成为管理科学的独立学科，同时也是现代管理学的重要分支。2004 年 9 月美国反虚假财务报告委员会下属的发起人委员会（The Committee of Sponsoring Organizations of the Treadway，COSO）发布《企业风险管理整合框架》，2017 年 9 月发布了修订的《企业风险管理：整合战略与业绩》，使风险管理应用理论更趋完善，也为其他部门和行业的风险管理提供了理论参考。

各国学者对风险管理的定义各不相同，有的学者认为风险管理是一种方法，有的学者则认为是一个管理过程。但是他们对风险管理最终需要解决的问题的意见是统一的，即将不利后果或不确定的影响降至最低。被引用率较高的是威廉姆斯和海因斯（Williams and Heins，1965）的研究，他们归纳了前人的不同见解。本书认为风险管理是指：各经济主体运用一系列度量、评估和应变策略等技术手段或各类监控方法措施，规划统筹各类活动、安排整合主体有限资源，通过风险识别或评估等程序将事件的不确定程度或损失降至最低的过程。该定义包含以下五点：（1）风险管理活动发生在有风险的环境之中；（2）风险的管理行为是需要采用一系列科学的方法或一定的评估控制程序进行的，其中风险评估与度量量化的过程是风险管理的难点；（3）风险管理也是管理活动的一种，涉及计划、组织、指挥、协调和控制等管理手段或职能；（4）风险管理的最终目标都是要将事件的不确定性降至最小；（5）良好的风险管理是一系列排列优先次序的过程。即通过度量评估方法测算估计损失与发生不好事件的概率，对损失大小或事件发生可能性进行优先顺序排序，使最可能发生、不确定性程度最高和损失最大的事件得到优先处理，不确定程度较小的事件押后处理。其中，风险管理的两个核心问题，一是确认事件优先次序，二是损失或不确定性的估值计算。良好的风险管理过程如图 2 - 1 所示。

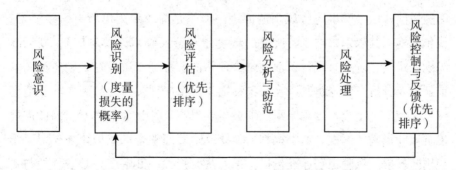

图 2 - 1　良好的风险管理过程

如图 2 - 1 可知，良好的风险管理是一个循环过程，一般情况下管理流程从风险意识开始到风险的控制与反馈结束。但当风险处理或实施发生变化，则随着新情况的变化，新风险信息需要被反馈给风险管理者，他们应及时对新的风险进行重新识别估计，这样又回到一般情况风险管理的流程。总的来说，良好的风险管理应当是个不断更新的动态过程，最终目的是实现风险管理目标。

在现实的管理实践活动中，优化过程以及权衡风险和发生不良影响可能性两者的权重是风险管理的决策难点。目前，风险管理普遍应用于公共部门、营利组织，甚至家庭个人资产管理等方面。风险管理的系统理论和方法更多运用在银行和保险行业、信息技术行业等。风险管理结合其他领域的理论，如安全系统工程理论，将其研究成果应用于大型工程项目管理、药品生产监管行业等；又如风险管理理论与云模型、信息熵、灰色系统理论、层次分析法等结合应用于风险预警、风险评价、风险分析和风险决策中（如煤矿安全预警模型的构建、中国城市网络规划风险评估、隧道环境中相邻建筑物的风险评估、风险投资决策研究、企业技术创新风险度量等）。

3. 风险管理基本程序

风险管理的基本程序一般包括风险识别、风险评估和风险控制三个步骤，如图 2 - 2 所示。

（1）风险识别。风险识别作为风险管理程序的起点，是指各经济主体在风险事故发生前，对风险的来源或性质进行判定、鉴定与分类的过程。风险识别阶段的核心问题是，确定在某种客观条件下是否存在风险，存在哪些风险，以及产生这些风险的原因。而不是简单地列出所有风险要素，或单纯地对其识别归类。若所处的环境越复杂（领域涉及越广），则风险识别的难度也越大。风险识别是风险评估的前提与基础，在识别各类风险前还需要分析与确定诱发风险的各种因素。由于诱发风险的因素涉及范围较广，应当基于成本效益原则识别最重要且相关性最大的因素。因此需要确定风险识别的标准。本书根据 COSO 风险管理整合框架理念来界定风险识别的标准。风险识别标准包括：①合法合规性；②资产完整安全性与资产的效率效果；③财务报告的可靠性。根据设定的标准，组织可采取后续

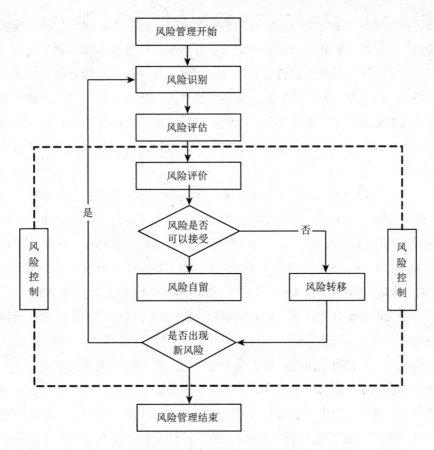

图 2 - 2　风险管理的基本程序

风险管理程序。如果评估结果显示：经济体行为合法合规性高，资产安全完整且资产配置合理利用率高，财务报告可靠性也高，则该实体的风险越小，发生损失可能性也越小。风险的识别是动态反复的，是一个随条件变化持续不断地进行辨识的过程。当客观环境条件发生变化，或产生新的风险，若不能及时地重新识别风险，则风险管理就变得无效。

国内外关于风险识别的方法有很多，其中采用比较多的是专家调查法、失误树分析方法、资产财务状况分析法与生产流程图分析法等。①专家调查法：在调查对象与范围确定的情况下，采用直接或间接咨询方式将可能面临的风险一一列出，向专家征询意见，确定风险分类与其标准。专家的选取应做到涉及领域尽可能广泛且具有代表性。②失误树分析方法：是以图解的方式来呈现事件损失发生前各类失误事件的情况，或利用图解分解引起事故风险的原因，发现并确定哪类失误的损失风险发生的可能性最高。③资产财务状况分析法：即风险管理者依据经济实体的财务报告或财产备忘录等相关财务资料分析其财务状况，并进行实地调查研究，确定即将发生的风险与其后果影响。④生产流程图分析法：将生产工艺的全部加工过程用流程图的形式表示，以便对风险可能出现的环节进行逐一项排查，找出风险出现的工艺加工环节并分析其原因，描述其可能产生的影响与后果。

（2）风险评估。风险评估是风险管理的第二步也是最核心的步骤，它是指风险事件发生前后对事件本身可能给人们各方面造成的损失或影响程度进行量化的过程，其中，又分为风险估计和风险评价程序。因此，风险评估的实质是"量化"风险发生的可能性与影响。即度量测算损失幅度与事故损伤的可能性。前者代表事件可能发生的概率或是遭受的损失程度，后者则表示若该事件已发生其后果如何。而风险评估程序就是利用一系列方法和理论解决风险评估，其实质是基于历史数据与资料对"未来"量化风险过程。通过科学的理论与决策方法量化计算风险发生的概率或事件的负面影响程度，同时从损失性质、范围与时间综合估算特定条件下发生风险所带来的损失程度。量化方法不同则风险估计结果也不同，目前尚没有一个绝佳的量化方法。而风险评价实质是评估风险可能发生的严重程度或危害程度，即依据风险识别阶段制定的标准与风险估计结果，排列优先次序后确定严重性风险，风险评价结果是处理与防范风险的决策依据。

风险评估方法应定性与定量方法相结合，如基于风险因子的风险评估，基于风险损失的风险评估与基于风险机理的风险评估等。①基于风险因子的风险评估是从风险影响因子的危害性、承灾体的脆弱性（易损性）以及风险管理部门应对风险的能力等角度出发，构建相应的风险评估指标体系，然后利用相应的模型计算风险等级，实现对风险对象的评估。基于因子的风险评估可以分为单一风险指标评估与综合风险指标评估两类。单一风险指标评估是指对风险因子导致风险发生程度的评估，根据待评估对象的特点选择评估指标，然后对风险进行评估；综合风险指标则是在前者的基础上，综合考虑承灾体的脆弱性及风险管理部门的风险管理能力等多个方面对风险对象进行评估。②基于风险损失的风险评估是通过衡量实际收益与预期收益的差异程度实现的，即收益随机波动为负的程度。因而基于风险损失进行风险评估就是对收益的概率分布进行拟合的过程，主要包括三个环节：确定收益的波动值、把握收益的概率分布特征及计算收益损失概率，概括为剔除趋势、拟合分布和度量风险。③基于风险机理的风险评估主要是将风险看作一种未来与某些不利事件相关的情况。通过这个概念框架能够将风险表示为情景、情景概率和情景结果的三元组合集，再通过情景制作、情景演练、情景结局和情景综合四个步骤完成对风险的评估。

（3）风险控制。风险控制是指依据风险评估结果，采取适当的措施（策略和手段）降低损失（或增加收益），将风险控制在可接受的范围内，它是应对风险策略的具体实施途径与程序。在得出风险评估结果时，风险管理人员应采取行动，同时确保行动能够及时得到贯彻，使控制活动得以顺利实施。在选择控制活动时，需要考虑以下两点：一是成本和风险控制效果的平衡，即需要管理者找到发生风险控制措施费用的最小值与降低风险的平衡点，如果无限制地采用控制措施，不将组织风险承受力纳入考虑范围，则降低风险的效果甚微。二是能够及时根据风险环境变化提出相应的策略并贯彻适时的控制活动。控制活动不是一经确定就不做改变的，而是要随着环境情况的改变或识别出新的风险，适时制定新的控制程序，做到及时发生、及时执行，针对不同情境选择不同的风险控制活动。与此同时，确保控制活动触及和贯穿风险策略制定时确定的所有部门与层级之中。

风险控制的方法包括风险自留、风险转移以及风险分担。①风险自留，又称风险承担，它是指一旦确认损失发生且在可承受范围内，组织可以通过组织内可以支付的任何资金或资产变现的形式进行交易。其中，风险自留又包括无计划自留和有计划自我保险。前者的行为发生在风险损失产生后，从经营收入中支付或作出相应的资金安排。无计划自留的缺点是若实际损失超过预计损失，则可能让组织陷入资金断裂的境况。后者发生在风险损失发生之前，可以通过建立风险预留资金或基金的安排弥补风险发生后的损失。②风险转移，是指利用（或签订）契约，将自身部分或全部风险转移给他人承担以降低自身风险损失的控制方法。其实现形式主要是合同与保险。③风险分担，是指受托人与受益人共同承担风险的一种风险管理策略，常用于信托公司在风险管理中正确处理信托当事人各方利益关系的一种策略。风险分担主要是通过合同结构和合同条款实现的。风险发生时，合同双方按照合同约定分别履行各自义务，共同承担风险，从而实现既发风险的现实分担。其中，风险分担的目的是为了减少风险发生概率，降低风险发生后造成的损失和风险管理成本；同时，合理分担项目各方的职责与权利，从而达到各项目参与者互惠互利、实现共赢的目标。

2.2.2　新公共管理理论

1. 新公共管理推动政府转型

自 1970 年起，英国、美国、新西兰等西方发达国家的公共部门针对传统行政模式重结构与过程、行政权利集中等缺陷，掀起"重塑政府、再造公共部门"的"新公共管理运动"（new public management，NPM）的改革浪潮，随着改革不断深化，改革运动遍及发展中国家，进而扩散到全世界。其中，新公共管理理论是以现代经济学与公司管理理论方法为理论基础，强调新型公共行政的管理模式，重视绩效与产出结果，从私人部门引进市场竞争机制与先进的管理技术，达到优质高效管理公共部门的目的。新公共管理运动是由经济危机以及社会矛盾激化所引起的，掀起改革运动的导火索是旧的公共行政模式无法适应新型信息技术发展与信息时代。新公共管理理论对全球各国的政府管理与转型产生了极其深远的影响，指导着政府部门的转型与改革，至今世界范围的新公共管理改革都未曾停止。

新公共管理理念和管理模式在全世界范围内快速推广，其运动的核心思想与改革实质是市场化取向。市场化取向包含两层含义。一是政府职能定位面向市场。政府依据市场经济的要求将所有管理职能与社会事务重新定位并划分模块，部分管理职能或社会事务模块面向市场推向社会，交由市场机制中专业的经济组织去管理，由原先的直接管理逐步转变为间接管理，从而专注政府所擅长以及必须管理的领域，使政府负担减轻，缩小政府规模并精简政府人员。通过采用市场经济中的竞争机制，在限定的范围或领域允许私营企业或部门进入公共服务领域，改变之前政府提供公共服务的垄断地位，特别是基础建设行业，这有利于减轻政府的财政负担，缓解政府基础建设资金短缺的问题，有助于提升公共服务的质量与效率，产生良好的社会与经济效益。二是政府使用社会资源结果的市场化。政府从原来的过程管理转移到以绩效为导向的结果管理上，政府管理不再只是关注管理行为的合法与合规性，而是重视政府整体管理的绩效。通过引入市场机制中先进的管理理念与技术，如目标管理、项目管理、全面质量管理以及绩效评估等，改变政府管理与使用社会资源的效率和效益。其中，发达国家财政管理改革取得的成效尤为明显。各国的财政管理由原先重视财政投入转变为关注政府财政活动的产出与结果效益。同时，政府部门通过分权提高组织整体绩效，因为提倡权利分散化被认为是高绩效组织的重要特点，需要将权力与责任授权给较低级别的政府，以此激发较低级别政府工作人员的创造力与适应力，从而激励政府人员更有效率地完成政府工作，降低行政成本。市场化取向的两层含义，前者回答了政府应当"做什么"，后者则关注政府应该"怎么做"。

可见，新公共管理理论的产生，使管理理论不再局限于私人部门，已跨越到公共部门，打破原有界限，成为公私领域的管理理论。由于新公共管理是政府或公共部门从市场经济中引进的一种新管理方式，该理论提倡的是：重视生产管理的效率效果，关注管理效率与政府服务质量等绩效结果，视公众为"客户"，以"顾客"为导向，引入市场机制，而不再是垄断官僚化的管理模式，构建服务导向、分权管理模式的新型政府。新公共管理理论引发的系列改革活动其实质是对政府管理活动的变革。改革活动从政府行为主体开始，是政府管理理念与政府行为模式的转变与优化，由原先的"行政化政府"向"市场化政府""服务型政府"转变。

2. 新公共管理促进权责发生制政府会计改革

自 20 世纪 90 年代起，在新公共运动改革浪潮的冲击下，西方发达国家公共管理领域的政府会计因引进企业会计的先进管理技术与方法——权责发生制，掀起了政府会计领域的新公共管理运动的热潮。政府会计领域的新公共管理运动在全世界范围内如火如荼地开展是源于国际组织与发达国家对权责发生制会计改革的良好预期，即权责发生制会计能够促成良好公共治理的实现。

　　经济合作与发展组织（Organization for Economic Co-operation and Development，OECD）指出，良好的公共治理应具备以下特征属性：（1）通过披露政府相关的系统报告提升透明度，实现过程与结果公开化；（2）实现公共受托责任，让公民纳税人参与政府决策制定过程与公开活动，公共部门有效接受公民监督；（3）对国内与国际环境变化做出回应的能力，包括回应的及时性与灵活性；（4）预测评估未来的能力，合理预期并制定政策规划；（5）保证推行法律制度的公正性、透明性与正直性。

　　基于新公共管理理论，OECD 认为，为提升财政透明度，必须建立透明的政府预算与会计制度，重新配置预算资源，实行预算绩效管理，赋予财政机构更大独立性，引入权责发生制会计基础。OECD 表示，在提出的治理方案中引入权责发生制会计基础是健全其他制度的基础，应将其作为政府财政管理的信息支持系统。原因包括两个方面。一是重视代际公平与政府未来承诺。要求确认包括政府债券、养老金与社会福利公共保障在内的显性、隐性以及或有负债，以此为基础明确政府债务负担对财政可持续性与代际公平影响。但以上负债确认的基础必须是权责发生制，否则无法确认核算显性、隐性以及或有负债。权责发生制会计基础遵循经济资源流动观，符合资源会计计量的特点，不仅核算当期财务资源，还需记录报告政府具有经管责任的经济资源与负有偿债责任及义务的负债。所以，只有政府会计系统采用权责发生制才能保证代际公平的实现。二是新公共管理改革的一项重要任务是转变政府管理模式，从资源投入的合规性管理转向产出结果的绩效管理。转变管理模式需要应用企业的绩效预算方法。绩效预算是以结果产出为导向，将绩效与预算资源的投入相联系，构建量化的绩效指标体系，分析投入、成本与产出效益，从而制订资源配置方案。实现绩效预算核算的前提是应用追踪政府产品与服务成本技术的权责发生制会计系统。

　　为了促进新公共管理改革，英国政府要求公共部门和私人组织之间财务信息具有可比性，并提供更多的政府资源损耗信息，从中央层面自上而下开始实施以权责发生制为基础的资源会计改革。新西兰与澳大利亚政府为提高管理公共资源的效率、效果与责任，更好地实行公共受托责任，进行了权责发生制政府会计改革。美国州与地方政府要求向以受托责任为主的绩效管理转变，实施了权责发生制会计改革。马蒂（Martí，2006）和碧娜（Pina，2009）等实证研究发现，益格鲁—撒克逊国家（如英国、瑞典和美国等）的权责发生制改革实践不管在政府预算还是财务报告的应用领域都处于世界领先地位。71%的欧盟国家已经要求在政府财务报告中披露年度预算和执行信息；大多数欧洲大陆国家（如法国、德国以及意大利等）也逐步引入越来越接近私营企业的会计科目表，但披露的年度报告通常低于私营企业会计标准。贝兰卡等（Bellanca et al.，2013）和克里斯蒂安等（Christiaens et al.，2013）研究表明，欧盟成员国在引入权责发生制的层次、领域和深度方面的实践存在较大异质性，且在现行21项权责发生制《国际公共部门核心会计准则》的遵循程度上也明显不同。

纵观全球权责发生制会计改革与实践，我们发现政府为实现管理模式由重视资金使用的合法合规性向以受托责任为主的绩效管理转变，都进行了引入权责发生制的政府会计领域改革。因为只有权责发生制才能全面记录公共经济资源的消耗和进行政府成本核算，反映政府资产与负债的存量结构及流量、反映管理绩效，强调公共部门资金占用价值和政府服务成本。另外，虽然各国都在进行权责发生制会计改革，但权责发生制的应用程度却各不相同。像欧洲大陆国家仅将权责发生制会计作为附属信息追加到政府会计信息系统中，而不是取代原有的会计核算基础。这是因为政府财务报告目标定位在权责发生制程度的选择中发挥关键作用，决定了会计核算对象（范围）的选择与权责发生制应用程度。例如，欧洲大陆国家的政府财务报告目标要求预算的合法目标与绩效目标并存，但预算控制的合规性又始终处于财务报告目标首位，因此，欧洲大陆国家是在不改变收付实现制核算基础的情况下实行权责发生制改革。

受新公共管理思潮的影响，我国政府会计也进行了权责发生制改革，建立起了以权责发生制为会计基础的政府综合财务报告制度。以收付实现制为核算基础的决算报告制度已经满足不了现代财政制度的建立与财政长期可持续发展的要求，因为收付实现制无法科学且全面地反映政府资产负债和成本费用，不利于政府资产绩效的管理，以及政府行政成本与其运行效率的核算，这严重阻碍了国家推进治理现代化的进程。所以，我国将权责发生制政府综合财务报告制度建设作为建立现代财政制度的重要任务。2014年 8 月《中华人民共和国预算法》（以下简称新《预算法》）出台，将权责发生制的核算基础入法，形成刚性法律约束，标志着我国在加快建立全面规范、公开透明的现代预算制度方面迈出了坚实的一步。新《预算法》中，确立了预算管理的三个目标：一是要实现财政的可持续性；二是对资源进行合理配置；三是进行绩效评价，明确投入产出关系。权责发生制政府综合财务报告制度建设体现并契合了我国预算管理目标的定位。会计确认基础服务于预算管理目标，使政府综合财务报告能够反映政府的财务状况、债务总体规模与具体构成状况，并对地方政府的清偿能力进行合理评估，保证财政的可持续性。预算管理目标还标志着政府目标由"合规"向"绩效"管理的转变。这个转变也表明了我国政府财务报告改革的趋势：报告模式越来越企业化，对绩效信息披露的要求更多，强化了受托责任的绩效化，加强以权责发生制为会计基础的政府会计系统的建设。通过以权责发生制为会计基础能够更真实地反映政府的运营成本，掌握政府服务成本，对各种资源进行优先排序，合理配置资源和不断提高公共资源的使用绩效。从重视政府资产资源取得和使用的合规性转向强调政府行政成本的有效管控、公共资产占用价值和资源利用效率，提高资产管理能力，区分政府显性、隐性和或有债务，明确政府承担的债务规模与结构以及偿还能力等信息。

2.3　政府债务信息理论

2.3.1　信息需求理论

1. 信息需求与会计信息需求

需求的定义源于心理学，是指生物体满足需要的过程。而管理学中的需求定义是针对个体购买某个商品的意愿与能力的一种欲望表现。会计信息需求属于需求定义子集中的一部分，是会计信息用户了解与使用会计信息意愿的一种倾向。由定义可知，会计信息需求受到主客观因素的制约：

一是主观因素，信息用户收集与使用会计信息的主观意愿；二是客观因素，在信息供给方提供的会计信息范围内，信息用户使用与分析理解会计信息的能力。即使有很强烈的会计信息需求意愿，无法理解与分析财务报告信息的经济含义也无济于事。一般情况下，会计信息需求的产生源于两个因素。(1)提高经济决策的合理性。信息用户以财务报告披露的财务状况、经营成果及现金流量变动等信息为基础，掌握组织盈利水平和风险状况，对其未来整体的经济状况、投资与偿债能力进行合理预期，以此做出理性的经济决策。合理的经济决策是会计信息披露的驱动因素。(2)评价受托责任的履行。政府受托管理责任是指作为公共资金的提供者，关心政府（受托管理者）在使用公共资金时的合法性、效用性与公平性，受托管理者有责任与义务对公共资金使用的效果进行解释与说明，以解除其承担的公共受托责任。其中，政府会计是实现政府公共受托责任的一种重要机制，通过披露的政府财务会计信息评价其受托责任的履行情况。

2. 政府债务会计的信息需求

不同的会计信息需求主体的信息需求不同且多元化，其影响力与差异性决定着会计信息供给方的信息披露内容。例如，立法机构作为政府债务信息市场中的重要信息需求方，它是地方政府预算与决算结果的审批者，对与债务相关的预算执行结果的信息需求程度极高，且立法机构对信息供给方可施加直接或法律强制影响，因此，他们的会计信息需求对信息供给方的影响程度较高。而债权人和评级机构基于债务会计信息有评估政府债券风险与投资决策的需求，对政府债务信息需求的程度也很高，但与立法机构相比，这类需求主体的影响力程度显然没有立法机构强势有效。

信息需求理论表明，任何一个系统的产生与发展都是以是否满足某种基本需求为评价标准的。作为一种人造的信息系统，政府债务会计的产生也源于信息使用者对政府债务会计信息的需求，且受需求者知识结构、认知能力与技术水平的制约。一方面，信息需求者的知识结构与认知能力决定其会计信息需求的层次与决策偏好，随着市场越来越开放，竞争越来越严峻，会计信息的需求将更多元化并可能存在更多不确定因素。另一方面，得益于通信技术的发展，网络技术成为信息传递与传播的重要媒介，信息用户能够便捷地利用计算机网络平台获取、交换、传递和共享会计信息，满足其对会计信息的需求。政府是市场经济下最重要的信息需求与供给主体。一方面，作为宏观经济的管理与调控者，政府需要利用政府债务会计信息进行宏观经济决策与未来经济预测；另一方面，作为最大债务会计信息的供给方与公共资源的受托方，政府有责任与义务向债务信息用户提供及披露债务资源使用结果和效果等会计信息。

国际会计师联合会（International Federation of Accountants，IFAC）发布的《国际公共部门会计准则第 1 号——财务报表的列报》强调，满足信息用户的信息需求是政府财务报告的目标。经研究发现，政府会计信息披露是信息用户信息需求激励的结果，利益相关者对政府会计信息需求与利用意愿越强烈，越有利于政府会计信息的披露。马林等（Mallin et al.，2013）实证检验得出，州政府会计信息披露的数量与质量受到利益相关者信息需求的影响，政府财务报告利用信息传递机制满足内外部利益相关者的需求。张琦等（2013）研究表明，政府及政府工作人员是政府会计信息主要的需求方，是使用会计信息的直接利益相关者，其偏好与行为选择影响着信息披露的内容与质量。正确理解政府债务信息需求问题，需要对政府供给主体进行深入系统的考察，政府债务信息披露的内容与行为实际上是政府作为行为主体偏好与其利益驱动的结果选择。因此，政府债务信息的披露是以政府债务信息用户的多元化需求为导向的，其信息披露内容与质量是债务信息市场供给和需求双方利益及力量博弈的结果。

随着我国债券市场经济的不断发展，政府债务会计信息是发展政府融资与反映市场资源配置结果的重要工具，其重要程度越来越凸显。债券监管者、债券投资者以及评级机构作为债券市场政府债务信息新增的需求方，在评价发债政府的债务状况、偿债能力和财政可持续性等方面都需要运用债务会计信息，从而债券市场对政府债务会计信息在质量、范围与时效等各方面的需求都大大地增加了。赵西卜等（2010）和姜宏青等（2016）调查表明，我国政府会计信息需求的不断增加是政府会计改革的重要驱动因素。路军伟等（2014）和肖鹏等（2015）研究表明，政府会计改革成效是各利益相关者依据其行为与需求相互博弈的结果，市场逻辑等环境因素决定了改革的进程与效率。

2.3.2　信息不对称理论

1. 信息不对称

信息不对称理论源于 20 世纪 70 年代阿克洛夫（Akerlof）对二手车市场因信息不对称引起的一系列市场问题的思考。他在《柠檬市场：质量不确定性与市场机制》一文中，以柠檬市场模型为基础，探讨市场中的不对称信息问题。他指出，市场中存在买卖双方的信息不对称现象，相对于买方，卖方掌握着更多有关产品质量等方面的信息，卖方凭借价格优势将劣等品以次充好，把高质量的优等产品挤出市场，最终导致了市场萎缩、崩溃甚至消亡。在信息经济学中，这也被称为逆向选择。

市场中存在信息不对称，就存在着信息的交流与传播。因此，信号传递理论应运而生。信号传递是指具有信息优势的一方为回避逆向选择，通过采取某种行动向信息劣势方发送有关信号。信号传递理论表明：由于企业内部与外部之间存在着信息不对称，企业管理层可以通过适当的方式将其掌握的私有内部信息传递给外部投资者以及市场。企业的发放股利行为是一种显示其真实价值的有效方式。信号传递理论已经逐渐被用于信息不对称的各个领域。例如，政府可以在债务信息市场上，通过公开债务信息向社会公众或债权人传递政府信号，以消除与社会公众的信息不对称，使得债务信息更加透明化，为信息使用者掌握政府债务状况及其债务资金运行绩效提供了可靠途径，进而帮助其做出恰当判断与经济决策。

2. 债务市场中的不对称信息

地方政府与债权人的信息不对称容易引发道德风险。道德风险是指合同签订后，参与合同的一方可能面临对方改变行为而损害本方利益的风险。地方政府与债权人之间存在道德风险。地方政府为维护社会稳定与提高社会的福利水平，以提供公共产品或服务的名义向债权人举借债务。地方政府举债融资后，受利益驱动利用自身信息优势隐瞒资金的用途及其风险状况，不将所有债务资金用于基础公共建设等资本化支出，而用于经常性支出，甚至出现挪用债务资金的情况，导致债务本金无法按期收回，这违背了最初签订债务合同的约定。同时，政府在资本市场举借债务其实质是将部分社会资本集中到政府，若不能有效利用债务资金进行价值创造，则造成资源浪费。债权人以及纳税人等信息使用者因为政府债务信息的不透明与不完全公开性，无法监督债务资金的用途与绩效，造成债权人在一定程度上承担了道德风险。

地方政府与债务信息用户之间的信息不对称。其表现为：（1）政府作为公共债务资源的受托者与债务信息的提供者，未能及时、全面地公开政府债务信息，不能向债务信息使用者披露自身所掌握的债务状况及其债务资金绩效，影响了债务信息的透明度，不利于信息用户基于债务信息做出合理决策；（2）政府凭借与利用其在信息传播媒体的独特优势，控制或深刻地影响着债务信息传播的广度与深度，若政府大量地传播零散或无用的债务信息，则会失去信息使用者对其的关注。所以，推动政府债务信息的公开化与透明化是地方政府缓解债务信息不对称的重要措施。

2.4　本章小结

本章探讨了政府债务会计研究的理论基础，从政府债务存在理论、政府债务管理理论以及政府债务信息理论三个层次六个理论出发，多角度建立起政府债务会计研究的基础理论框架（如图 2 - 3 所示），为全面研究政府债务会计提供理论依据。政府债务的存在理论从理论层面阐述并解释地方政府的举债行为以及政府债务存在的原因；实质上界定了政府举借债务的理由以及债务资金的用途（资本化支出）。政府债务管理理论则从管理的角度阐述如何利用风险管理程序与先进会计技术合理有效地管理政府债务。风险管理理论强调根据实际情况和环境变化，利用风险管理程序全面及时地识别与评估债务风险，适时地进行风险控制，从而达到管理政府债务的目的。在政府会计领域，新公共管理理论的突出贡献是引入权责发生制会计基础和综合财务报告，权责发生制的会计基础为政府公开债务资金信息提供技术支持，为实现政府债务资金的管理目标奠定基础。政府债务信息理论阐述了政府债务信息披露的必要性，指出政府债务信息的披露必须以政府债务信息用户的多元化需求为导向；推动政府债务信息的公开化与透明化是地方政府缓解债务信息不对称的重要措施。

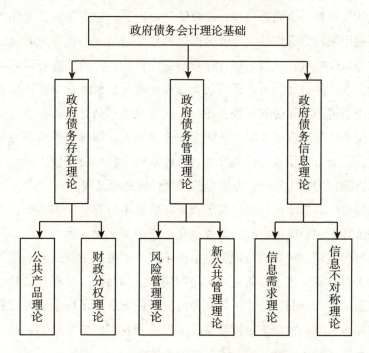

图 2 - 3　政府债务会计研究的理论基础

　　政府债务的存在理论以公共产品理论与财政分权理论为基础，从理论层面阐述并解释地方政府举债行为的产生以及政府债务存在的原因。其中，公共产品理论表明，对于资本性的公共产品，由于其成本—收益在时间上存在非一致性，仅利用当期地方财政收入提供公共产品以及建设长期基础项目，会引起成本与收益在当期和后期之间的分布失衡，造成代际之间的分配不公。政府举债，特别是发行长期政府债券，是将资本性公共产品的成本在各期之间公平分配，以及在受益期间合理分担的有效工具。这也是地方政府举债行为产生的根本原因。利用财政分权理论阐述在财政分权体制下，由于事权与财权的不对等，采用发行债券融资有助于为公共产品提供稳定的建设资本金，提高了地方政府公共产品的供给效率与地区的福利水平。这也是地方政府发行债券举债的重要理论依据。政府债务的存在理论实质上界定了政府举借债务的理由以及债务资金的用途（资本化支出）。

　　政府债务管理理论是从管理的角度入手，阐述如何利用风险管理程序与先进会计技术合理有效地管理政府债务。其中，政府债务风险管理活动受环境的影响是一个动态过程，风险管理理论强调根据实际情况和环境的变化，利用风险管理程序，可以全面及时地识别与评估债务风险，同时进行适时地风险控制，从而达到管理政府债务目的，帮助政府管理者防控债务风险。在政府会计领域，新公共管理理论的重要贡献是为政府在管理债务过程中引进一项先进的管理方法——权责发生制会计基础。通过引入权责发生制会计基础反映政府债务资金的使用绩效，明确债务规模与结构以及政府偿还能力等信息。权责发生制会计基础为政府公开债务资金信息提供技术支持，为实现政府债务资金的管理目标奠定基础。

　　政府债务信息理论以信息需求理论与信息不对称理论为基础，阐述了政府债务信息的披露应以政府债务信息用户的多元化需求为导向，其信息披露内容与质量是债务信息市场供给需求双方利益与力量博弈的结果。利益相关者对政府债务会计信息需求与利用意愿越强烈，越有利于政府债务会计信息的披露。利用信息不对称理论分析债务信息市场中地方政府与各信息使用主体间的信息不对称现象，发现推动政府债务信息的公开化与透明化是地方政府缓解债务信息不对称的重要措施。

第 3 章

我国政府债务会计现状研究

纵观政府债务会计改革制度变迁的历程，可以发现，政府债务会计的有效改革需要立足于我国经济现状与制度背景，对政府债务信息市场的供需情况有充分了解，并准确识别改革中的关键驱动因素，指引改革前进的方向。因此，本章将问卷调查与实证研究相结合，通过探讨研究我国政府债务信息的供需现状，梳理其内在逻辑链条，为构建政府债务会计系统提供可靠的现实依据和实践基础。同时，在理论层面引入制度变迁理论框架，借此阐述推动政府债务会计改革的内在动力机制。

3.1 政府债务信息供给现状分析

3.1.1 现行政府会计制度债务信息的供给现状

1. 现行政府会计制度历史沿革

2015 年 10 月，《政府会计准则——基本准则》的颁布标志着我国政府会计准则制度确立，该准则具有里程碑式的意义，并于 2019 年 1 月 1 日正式施行。《政府会计准则制度》包括《政府会计准则》和《政府会计制度》等内容。

（1）预算会计制度萌芽时期（1949～1953年）。1950年中央人民政府政务院颁布《中央金库条例》，明确规定由中国人民银行经理国库。1951年中央人民政府政务院第九十四次政务会议通过了《预算决算暂行条例》并正式发印执行，条例为预算体制奠定了"高度集中、统收统支"的基调。上述两个条例为随后财政部印发的《暂行总预算会计制度》与《暂行单位预算会计制度》提供指引，至此初步建立了我国预算会计制度。

（2）预算会计制度发展波折时期（1954～1978年）。这一时期预算体制这只紧握的"拳头"稍稍松了劲，由高度集中过渡到逐步下放，早期"统一领导、分级管理"的理念，渐渐转变为以集中为主、适度下放财权的分级管理体制。国家设计完善了一系列制度条例来规范管理国库、单位银行账户与中央经费拨款等业务，以求更好地适应当时的预算体制。但"文化大革命"严重冲击了尚在萌芽的预算会计制度，初步搭建起来的预算体系摇摇欲坠，政府财政基础工作停摆空转。

（3）预算会计制度探索阶段（1979～1992年）。从1979年开始，政府行政部门正式恢复预算和决算报告编制工作，并履行向全国人民代表大会提交国家预算报告，经审批后准予执行的法定程序。20世纪80年代修订的《财政机关总预算会计制度》拓宽了总预算会计核算的边界，同年修订的《事业行政单位预算会计制度》，将预算会计界定为核算、反映和监督中央与地方各级行政单位预算执行及其他经济活动的专业会计，标志着我国预算会计制度体系的开始形成。

（4）预算会计制度全面发展时期（1993～1999年）。国务院于1991年发布的《国家预算管理条例》规定，我国国家预算采用复式预算编制方法，并将我国预算分为经常性预算和建设性预算。随后1994年《关于实行分税制财政管理体制的决定》颁布，财政预算体制进入了"分税制"时代。1995年，《中华人民共和国预算法》正式实施，对预算管理的各个环节做出了明确规定，并提出了收支两条线的基本管理模式。1998年的《财政总预算会计制度》加上紧随而至的由财政部颁布的"一则三制"（即《事业单位会计准则（试行）》《财政总预算会计制度》《事业单位会计制度》《行政单位会计制度》），初步搭建完善了与预算管理体制改革相契合的预算会计核算体系。国家（政府）编制的年度预算和决算报告按规定提交人民代表大会，经其审议批准后对外公告。同时，预算报告由统一公布一份国家年度预算报告转变为各级政府分别提交预算报告。预算会计制度进入全面推进和空前发展的新里程。

（5）政府会计制度探索与建立阶段（2000 年至今）。2013 年与 2014 年中华人民共和国财政部接连推出了《行政单位财务规则》《事业单位会计制度》《事业单位会计准则》《行政单位会计制度》。颁布与施行一气呵成，清晰连贯的描绘了我国现行预算制度及其政府预算报告框架。《中共中央关于全面深化改革若干重大问题的决定》明确提出，要"加快建立国家统一的经济核算制度，编制全国和地方资产负债表"。同时要求"建立跨年度预算平衡机制，建立权责发生制的政府综合财务报告制度"。这对全面深化财税体制改革提出了明确要求，加快了我国规范经济核算制度的步伐，推进政府会计改革的发展进程。2014 年 12 月，国务院颁布《权责发生制政府综合财务报告制度改革方案》（以下简称《方案》）。《方案》主要明确了权责发生制政府综合财务报告制度的指导思想、总体目标、基本原则、主要任务、配套措施、时间表、路线图等内容。《方案》的正式发布标志着我国政府会计改革迈出了正式开启实质性操作的第一步。2015 年 1 月 1 日开始实施的我国新《预算法》较好的与此前中央批准的各项方案互相衔接，对各级政府提出了以权责发生制为基础的政府综合财务报告的新要求。同年 10 月我国对《财政总预算会计制度》重新进行修订和完善，同月完成政府会计改革的顶层设计，并发布具有里程碑意义的《政府会计准则——基本准则》（以下简称《基本准则》），12 月为完善《基本准则》搭建的概念框架财政部相继印发《财务报告编制办法》和《政府部门财务报告编制操作指南》。其中明确要求现行预算报告充分披露现有的政府财务信息。至此，我国政府会计制度正式建立。但是，政府会计改革和建立政府财务报告制度的步伐从未停下，尚有诸多问题仍待解决。

2. 我国预算会计现状

中央预算和地方预算构成了我国国家预算体系，国家预算基于预算收支管理范围又能分为总预算和单位预算两类。总预算会计是各级政府财政部门核算、反映和监督政府预算执行情况的专业会计。总预算会计以各级政府为主体，由各级政府的财政机构具体执行，针对各级政府总预算执行过程中的预算收入、预算支出和结余，以及在资金运动过程中形成的资产、负债和净资产进行具体核算。预算单位按照性质不同，进一步分为行政单位和事业单位，二者根据不同的规章条例执行的预算会计制度也存在差异。前者是指进行国家行政管理、组织经济建设和维护社会公共秩序的单位；后者是指不具有国家管理与社会生产职能，从事社会发展、生产建设和改善人民生活服务的公益性单位。两者都执行单位预算会计，单位预算会计主要反映单位资金预算收支执行情况。事业单位会计依据单位所处行业领域的不同具体分为科学事业单位会计、高等学校会计、医院会计与文化事业单位会计等。

2015 年 10 月财政部修订后的《财政总预算会计制度》是我国现行财政总预算会计体系执行和核算的最新依据。该体系具有以下特点：（1）会计管理模式主要基于制度规范，明确规定会计科目及其使用细则；（2）总预算会计核算以收付实现制为基础，部分经营性收支核算采用应计制；（3）总会计报表用于反映政府财政预算执行结果和财务状况，其内容包括资产负债表、收入支出表、一般公共预算执行情况表、政府性基金预算执行情况表、国有资本经营预算执行情况表、财政专户管理资金收支情况表、专用基金收支情况表等会计报表和附注。

3. 政府债务信息披露情况

在《财政总预算会计制度》中，有关政府债务信息披露情况如下：

（1）会计基础与债务确认。预算会计体系的会计核算基础主要是收付实现制，政府债务的确认与计量基础也主要是收付实现制。

《财政总预算会计制度》中的政府债务被诠释为政府财政承担的能以货币计量、需以资产偿付的债务。包括应付国库集中支付结余、暂收及应付款项、应付政府债券、借入款项、应付转贷款、其他负债、应付代管资金等。

（2）核算科目。根据《财政总预算会计制度》的规定，各类负债应按实际发生数额和偿还数额记账。负债的核算科目包括应付短期政府债券、应付利息、应付国库集中支付结余、与上级往来、其他应付款、应付代管资金、一年内到期的非流动负债、应付长期政府债券、应付地方政府债券转贷款、应付主权外债转贷款、借入款项、其他负债。

"应付短期政府债券"项目，反映政府财政期末尚未偿还的发行期限不超过1年（含1年）的政府债券的本金金额。本项目应当根据"应付短期政府债券"科目下的"应付本金"明细科目的期末余额填列。

"应付利息"项目，反映政府财政期末尚未支付的应付利息金额。本项目应当根据"应付短期政府债券""借入款项""应付地方政府债券转贷款""应付主权外债转贷款"科目下的"应付利息"明细科目期末余额，以及属于分期付息到期还本的"应付长期政府债券"的"应付利息"明细科目期末余额计算填列。

"应付国库集中支付结余"项目，反映政府财政期末尚未支付的国库集中支付结余金额。本项目应当根据"应付国库集中支付结余"科目的期末余额填列。

"与上级往来"项目，正数反映本级政府财政期末欠上级政府财政的款项金额；负数反映上级政府财政欠本级政府财政的款项金额。本项目应当根据"与上级往来"科目的期末余额填列，如为借方余额则以"－"号填列。

"其他应付款"项目，反映政府财政期末尚未支付的其他应付款的金额。本项目应当根据"其他应付款"科目的期末余额填列。

"应付代管资金"项目，反映政府财政期末尚未支付的代管资金金额。本项目应当根据"应付代管资金"科目的期末余额填列。

"一年内到期的非流动负债"项目，反映政府财政期末承担的1年以内（含1年）到偿还期的非流动负债。本项目应当根据"应付长期政府债券""借入款项""应付地方政府债券转贷款""应付主权外债转贷款""其他负债"等科目的期末余额及债务管理部门提供的资料分析填列。

"应付长期政府债券"项目，反映政府财政期末承担的偿还期限超过1年的长期政府债券的本金金额及到期一次还本付息的长期政府债券的应付利息金额。本项目应当根据"应付长期政府债券"科目的期末余额分析填列。

"应付地方政府债券转贷款"项目,反映政府财政期末承担的偿还期限超过1年的地方政府债券转贷款的本金金额。本项目应当根据"应付地方政府债券转贷款"科目下"应付本金"明细科目的期末余额分析填列。

"应付主权外债转贷款"项目,反映政府财政期末承担的偿还期限超过1年的主权外债转贷款的本金金额。本项目应当根据"应付主权外债转贷款"科目下"应付本金"明细科目的期末余额分析填列。

"借入款项"项目,反映政府财政期末承担的偿还期限超过1年的借入款项的本金金额。本项目应当根据"借入款项"科目下"应付本金"明细科目的期末余额分析填列。

"其他负债"项目,反映政府财政期末承担的偿还期限超过1年的其他负债金额。本项目应当根据"其他负债"科目的期末余额分析填列。

(3) 政府债务报告。现行的预算会计报告中,政府报告披露债务信息主要借助资产负债表与附注。资产负债表是反映政府财政在某一特定日期财务状况的报表,按照资产、负债和净资产分类、分项列示。同时,在附注中对本级政府财政预算执行情况和财务状况、会计报表中列示的重要项目(包括其主要构成、增减变动情况)以及或有负债情况进行说明。

3.1.2 政府债务信息供给存在的问题

1. 政府会计体系组成部分衔接性较弱,不利于动态追踪和汇总分析债务信息

当前,我国尚未建立统一的政府债务核算与报告制度,现有政府债务会计的核算与报告的依据是《政府会计准则——基本准则》《政府会计制度——行政事业单位会计科目和报表》《地方政府一般债务预算管理办法》《地方政府专项债务预算管理办法》等。以上制度之间使用的会计科目不同、核算范围和报告内容也不同。虽然《地方政府一般债务预算管理办法》和《地方政府专项债务预算管理办法》对政府债务核算与计量进行了

修订，但这些修订没有从根本上适应政府债务管理步伐，不同制度之间仍缺乏衔接性。目前，我国政府会计不能全面反映政府债务资金取得、使用和偿还信息，政府会计体系内的"断层"导致各部门与财政部门无法及时传递债务会计信息，无法动态跟踪各部门的债务支出情况，造成不能及时汇总各部门之间的债务资金链条信息。

2. 政府会计核算制度不能反映政府债务本质特征，与债务管理需求脱节

（1）会计基础的局限使大量债务未确认。目前，我国债务核算上基本以收付实现制为主要核算基础，权责发生制仅用于少数事项。采用收付实现制能够客观地反映和监督政府财政预算收支执行情况。但随着市场经济对政府资金管理需求的提高，收付实现制会计基础的局限性显现。一是因跨年度支出出现结余不实的问题。收付制的预算会计系统不足以支撑资本性支出或"应付未付"支出的核算，如预算已安排但需跨年度项目的支付，或因资金收付时间差期末未能支付的支出，难以区分经营性与资本性支出或及时确认"应付未付"的支出，容易陷入低估地方财政支出、高估财政结余的困境。二是在收付实现制下，与权责发生制相比，信息的真实性、及时性，信息的可比性、可理解性相对不足。财政支出只包括以现金支付的部分，对已发生但尚未用现金支付的项目如借款、政府债券利息等不确认为负债，在一定程度上无法满足信息质量要求。

（2）现行会计制度核算债务范围过窄。《财政总预算会计制度》（2015 年修订版）将"负债"定义为："政府财政承担的能以货币计量、需以资产偿付的债务"。负债的核算范围是地方政府应对其承担以财政资产进行偿付的偿还责任，且能以货币可靠地确认计量的所有债务。因此，预算会计的核算范围不仅应包括直接显性债务，直接隐性债务和或有债务也应涵盖在内。但现阶段的总会计财务报表是不能确认与列报以上负债内容的。具体而言，现行会计系统对未来公共养老金和保障计划等直接隐性债务以及地方政府因各种担保产生的或有债务不进行确认核算，即使地方政府负有潜在的偿还责任和义务，现行系统的核算范围也不涵盖这部分内容。政府举债的经济事项通过"借入款"项目粗略核算的做法，导致政府债务使用信息的披露只能在公共预算基金与政府预算基金内，不能全面衡量地方政府债务的总体规模，也不能完整反映地方的债权与债务的真实财务状况，更不利于地方政府在统筹安排财政支出归还偿债本金利息时的优先顺序。随着地方政府发债权限的逐步放开，政府债务的分类核算更显得尤为重要。

（3）负债的分类与科目设计不便于掌握政府债务的性质及风险。为了适应新颁布的《预算法》，《财政总预算会计制度》（2015年修订版）增设会计科目分类核算不同性质的负债，政府会计报表的负债会计科目由原来的"暂存款""与上级往来""借入款""借入财政周转金"等科目，扩充细化为"应付国库集中支付结余""暂收及应付款项""应付政府债券""借入款项""应付转贷款""其他负债""应付代管资金"等。同时，新制度规定采用"双分录"的会计核算方法，在核算预算收支的同时，也确认计量与预算收支变动密切相关的地方资产负债情况。但是，负债的分类方法存在一定缺陷。第一，债务主体不明确。在债务资金流动过程中，涉及债务的发行、借入、使用、偿还的单位主体不一致，常常陷入承担清偿责任和义务的主体多元化的情况。例如，地方债券转贷分为借入单位（地方政府财政部门）和实际项目使用单位负责还本付息两类。资金转拨的过程，借入资金单位（如省财政部门）和实际使用资金单位（如省交通厅或市级财政部门）承担了不同的偿债责任。若实际使用项目（资金）单位负有还本付息责任，而借入单位只承担担保责任，不区分借入单位还款与担保的责任，而是全部将其纳入预算则有欠妥当。因此，"借、用、还"单位主体不一致，会使现行预算会计在确认负债过程中难以区分偿还责任，以至于对这些不同责任无法做到全面核算和列报。若债务主体的确认都模糊不清，如何完整地反映债务资金流动的全过程？第二，债务内容不完整。修订后的《财政总预算会计制度》虽增设负债科目、扩大核算范围，但仍未设置反映或有债务的相应会计科目，甚至一些直接隐性负债，如地方政府托管的基金运营负债（如社保基金负债）等也未设置科目，将其纳入债务核算体系。第三，缺少体现偿债紧迫性、负债对象和债务成因的分类。新的科目设置还不能反映负债性质以及承担所有交易往来的负债核算，不便于信息用户掌握债务资金的实际运作流程，以及政府单位不同负债导致的不同风险。如"暂收及应付款项"负债会计科目主要核算预算执行期间政府内部（纵向上下级之间或横向财政与其他部门之间）资金往来形成的债务，以上债务可能成为一级财政的收入，也可能归还或退回上级财政，该科目设置虽反映经济交易实质，但不在对外报告的"负债"含义之列。

（4）以政府部门为会计主体导致债务信息不完整。现行会计准则以部门或机构为主体核算债务，将项目债务与部门债务混淆，难以界定各债务项目的边界，在信息汇总时容易因核算口径不同造成债务数据统计的差异。目前，政府会计没有对项目债务进行独立报告，既不能反映单个项目债务资金使用情况，又不能体现债务资金的全貌，更不能明确项目各主体在项目运营方面的权责关系。实践中，由于项目主管部门、建设部门与融资部门相分离，当债务资金形成的资产完工后，造成移交困难的问题难以解决，无法保证政府资产完整性。

（5）价值计量导致信息缺损。政府会计准则中虽对债务事项进行规范，但采用单一货币计量存在局限。第一，因单一货币价值计量会损失大量有用的事项信息，导致非价值信息的缺损，不利于明确参与人的权责履行情况以及完整反映项目资金的进度与建设效率。第二，单一货币计量无法考察债务资金绩效。政府债务资金多用于基建与公益性建设，因此需要对债务项目运营与管理的经济效益与社会效益等方面进行绩效考核，但仅凭单一的货币计量是无法完成的。

3. 政府债务会计报告不完整、不规范、不合理

目前，一方面，我国政府会计制度提供的会计报告，没有反映政府整体的债务余额，同时，与其相关的内部组成及说明内外部风险情况的信息都是缺乏的，财政总预算会计与行政单位会计在会计报告上自成体系，分别编报反映政府债务信息的资产负债表不能汇总与合并，用户缺乏得知相关信息的方式和渠道。另一方面，其报告内信息未严格规范。一是披露的债务信息倾向于预决算信息，并且在预决算报告中的债务信息是通过文字而非报表形式披露的。如资产负债表项目需区别于企业会计中各科目的概念及范围，应着重对财政资金情况进行披露。二是科目

概念宽泛，覆盖范围广，不便理解。如"借入款"项目的下设子项目众多，单从表内晦涩难懂。三是报表项目列示缺乏理论指导，影响会计信息真实性。资产、负债、收入类和支出类项目同时在资产负债表中反映是很不科学的。

总体而言，目前我国尚未建立统一的政府债务核算与报告制度，无法形成与提供一级地方政府债务资金管理的完整过程与结果信息。一方面，总预算会计与行政事业单位会计自成体系，遵循各自的会计制度对债务独立核算、分散报告，缺乏统一规范的格式；将债务信息仅作为预算资金管理的一部分在政府预算决算中呈现，使债务信息不具有连续性与可比性。另一方面，政府债务信息在生成与报告过程中尚未理顺项目业务运营与会计信息核算的关系，以政府部门为会计主体提供的债务信息，不能反映债务资金举借、使用到偿还的全流程，也无法为政府债务管理者提供有效决策的信息支持。

3.1.3 政府债务信息供给问题的原因分析

1. 地方政府债务统计口径不一，不利于确定债务规模

当前的情况是，地方政府债务数据统计口径存在出入，不同机构对其项目分类、核算统计方法各不相同，即使分类归集为相同的项目类别，但没有统一的核算标准，相同项目的数额也不尽相同。同时，我国缺乏规范的债务信息披露机制。笔者收集并查阅各省市政府官方网站，发现披露的地方债信息仅是债务总量与其期限等概括性及描述性表述，披露内容随意性较大，信息不具有连续性，缺乏规范的可利用与决策信息。因此，学术界和现实工作环境中，对债务规模容量尚无完整且一致的结论。尽管如此，该问题是着手解决地方债的源头，即：应先理清地方债规模，而地方债的分类与核算又是计算其规模的前提。

2. 缺乏实施地方债规模控制与建立预警机制与应急处置机制的信息依据

为规范地方债务管理与防控地方债风险，国家发布有关地方政府债务

管理的相关规定需进行体量约束，与此同时，增加对其风险防范及应对系统建设。但是，目前我国各地方政府尚未建立债务风险预警机制，即使少数地方政府建立了预警机制，但预警指标选取不合理且不科学、不规范，难以达到地方债风险预警的目的。对其规模约束，首当其冲的内容，是需掌握现阶段政府债务具体余额，以及判断其未来增长情况。建立预警、应急处置机制的基础与前提又是度量与测算债务率、新增债务率、偿债率、逾期债务率等各类债务指标。只有准确度量构建的预警指标，才可评估地方政府地方债风险，从而对债务高风险地区进行风险预警，并实施风险控制措施。地方债的风险预警机制不仅要求提供传统的风险反馈信息，而且应该做到主动报告风险。

然而，关于地方政府债务总体情况及其构成情况的基础债务信息是建立地方政府债务预警机制与应急处置机制最为缺乏的，但却是最为关键的。债务信息匮乏不仅影响地方债风险预警指标维度，也阻碍地方债风险评估指标度量的精度。因此，债务信息匮乏是建立地方债风险预警与应急处置机制的制约"瓶颈"。

3. 地方政府举债重借轻还，债务资金使用的信息透明度低

分税制改革以来，为解决财权与事权上的不匹配问题，地方政府通过银行贷款、BT（Build-Transfer）以及发行债券等方式筹集资金，弥补财政收支缺口，完成区域经济发展、扩大城市基础设施建设以及提供公共服务的任务。但在现有以 GDP 为核心指标的晋升体制下，GDP 的增长成为考核地方官员政绩的第一标准，这进一步强化了地方政府追求 GDP 的动机，以不断举债增加总量，提高基础建设的投资，带领地方 GDP 发生较大幅度的上涨。与此同时，2014 年以前，地方政府没有发债权，而完善的债务管理体系处于待开发阶段，导致过度贷款数额和违规举债活动带来了较大的债务管理问题。例如，借新债还旧债等。具体而言，由于地方政府大规模举债，其偿债能力与债务规模不匹配，普遍依赖土地出让收入来缓解财政压力。一旦地方政府的土地出让收入增幅下降，偿债压力上升，地方政府将面临到期无法履行偿债责任而产生的违约风险。不可持续的偿债能力将严重影响地方政府在债券市场再次融资发债的信用与融资成本。另外，从地

方政府披露的债务信息内容来看，债务资金信息的透明度低，披露内容没有涉及政府债务资金使用过程的来龙去脉，不仅不利于合理有效地规范地方债的整个流程及后续管理，同时对其系统的规范和区分也未起到增量效用，对其债务资金的管理形成有效约束，从而建立"借、用、还"相统一的地方债管理机制。

综上所述，可以发现，政府债务信息的匮乏与断层是我国地方政府债务风险管理的制约"瓶颈"。正是因为缺乏统一规范的地方政府债务的原始基础信息，使得债务规模陷入无法准确核算的困境，从而阻碍债务信息从完整的信息源到预警机制的顺畅对接，更不利于建立"借、用、还"相统一的地方债管理机制。因此，消除债务信息断层，保证债务信息从信息源到信息渠道的全面通畅与完整是地方政府债务风险管理需要考虑的首要问题。

3.2 政府债务信息需求：基于问卷调查的分析

明确政府债务信息使用者对政府债务信息的需求，是界定政府债务会计目标的基础。但政府债务信息需求具有一定的主观性与阶段性。因此，我们采用问卷调查的研究方式对调研获取的信息和数据进行分析，确定现阶段信息使用者对我国政府债务信息的实际需求。

3.2.1 调查目的与调查对象

我们采用问卷调查的研究方法，期望了解政府债务信息使用者的潜在需要。掌握不同信息使用群体的具体需要，有利于进一步明确政府债务会计目标的定位。依据政府债务会计信息需求情况，将政府债务信息使用者划分为两类：一类是政府外部利益相关者，如社会公众，他们是公共资源的终极使用者，关心公共资源的使用过程与结果；另一类是政府内部利益相关者，如人民代表大会代表、政府内部管理者、政府机构工作人员等。因此，调查对象主要包括：福建省人大代表与政协机关、财政系统、审计系统、国有资产管理部门以及证券监管部门。问卷调查方式采用直接访谈和邮寄问卷。直接访谈对象包括福建省人大代表与政协机关、财政系统、审计系统、国有资产管理部门以及证券监管部门。邮寄问卷的对象包括社会公众、债券评级机构以及非政府工作人员。通过对人大代表与政协机关的访谈掌握预决算报告中有关债务信息对其监督的作用；对各个政府系统部门的访谈了解财政部门提供的债务信息对其决策的影响；对社会公众的调查侧重于了解他们对当前债务信息的满意程度与期望程度。

3.2.2　研究设计与样本描述

1. 研究设计

为掌握不同信息使用群体的债务信息需求，本书的调查问题主要围绕以下六个方面：（1）政府债务信息使用者对现有债务信息的满意程度；（2）政府债务信息使用者对债务信息的披露期望；（3）政府债务信息使用者获取政府债务信息的能力；（4）政府债务信息的使用者获取政府债务信息的意愿；（5）政府债务信息的使用者对政府债务会计确认基础的选择；（6）政府债务信息的使用者对政府债务改革的影响认识。在考虑影响政府债务会计改革的制度因素，并确定调查问题和框架后，需将上述问题分解为详细的问卷调查题项。其中，问卷调查的题项设置，我们应用李克特量表（Likert scale）进行设计，依据受访者对题项的赞成程度由强到弱，依次分为"完全同意""基本同意""中立""基本不同意""完全不同意"，受访者对问卷所有题项进行单项选择。统计问卷题项时，按题项的赞成程度从 5、4、3、2、1 分别赋予数值。为明确不同类型的利益相关者对相同问题的态度，研究设计中受访者主要以是否在政府机构工作任职为划分标准，即分为政府外部利益相关者与内部利益相关者。

2. 样本描述

首批问卷发放时间为 2015 年 6 月，最后一批问卷回收时间为 2016

年3月。共发出问卷150份，回收问卷131份，回收率87.33%，其中有效问卷107份，有效问卷回收率80.45%，样本基本构成情况如表3-1所示。

表3-1 样本基本构成情况

项目	类别	频次	比重(%)	项目	类别	频次	比重(%)
专业或知识结构	会计专业	39	36.45	工作性质	从事财会相关工作	41	38.32
	其他专业（非会计专业）	68	63.55		从事非财会工作	66	61.68
单位	政府部门	48	44.8	年龄	20~30岁	19	17.75
					31~40岁	34	31.76
					41~50岁	43	40.18
	非政府部门	59	55.2		51岁以上	11	10.31

3.2.3 问卷的有效性检验和信度检验

1. 问卷效度

问卷调查的效度主要包括内容效度与构建效度两个方面。一方面，为保障问卷的内容效度，本书借鉴西方政府会计改革可行性研究提出的各类模型，采用最具代表性的吕德尔（Lüder，1992）的政府会计改革模型，该模型研究表明，会计改革是影响政府财务信息的使用者与供给者的环境因素和行为因素相互作用的过程与结果。鉴于政府会计改革文献中的问卷研究方法较少，本书问卷设计参考陈工孟等（2005）与张琦等（2009）学者关于政府会计改革的问卷研究成果。同时，关于问卷的内容和题目结构等问题，与研究政府债务会计的专家学者、政府财政部门从事政府债务管理的官员进行面对面交流，用来保障问卷的内容效度。另一方面，需要保证问卷的构建效度。目前，最常用的方法是因子分析法，计算KMO（Kaiser-Meyer-Olkin）统计量。KMO统计量是通过比较各变量间简单相关系数和偏相关系数的大小来判断变量间的相关性，KMO统计量越接近1，说明变量间的偏相关性越强，共同因素越多，适合采用因子分析的效果也越好。凯泽（Kaiser，1974）的研究证明，通常情况下，KMO 值应大于 0.5，是适合作因子分析，其中，大于 0.7 非常适合做因子分析；反之，0.5 以下不适宜作因子分析。巴特利特（Bartlett）球形度检验是检验相关阵是否是单位阵，即验证各变量的独立性。若相关阵是单位阵，则各变量独立因子分析法无效。即检验结果显示巴特利特球形检验统计量相应的概率 Sig < 0.05（即 $p < 0.05$）时，说明各变量间具有相关性，因子分析是有效。同时，KMO 值大于 0.5，根据凯泽给出的 KMO 度量标准可知，原有变量适合作因子分析。问卷调查的实证研究采用统计分析软件 SPSS 20.0 进行统计，问卷整体检验结果如表 3 - 2 所示。由表的结果可以看出，问卷整体检验 KMO 为 0.723，大于 0.5，同时，巴特利特的卡方值为 0.000，在 0.001 的水平上显著，适合做因子分析法。

表 3 - 2　　　　　KMO 与巴特利特球形度检验结果

取样足够度的 KMO 度量	0.723
巴特利特的球形度检验　　近似卡方	1034.949
df	0.435
Sig	0.000

2. 信度检验

问卷采用内部一致性检验，利用 α 系数对问卷信度进行检验。克朗巴哈系数（Cronbach's alpha）是一个统计量，指把量表中所有可能的项目进行划分得到的折半信度系数的平均值，是最常用的信度测量方法，克朗巴哈系数的取值界定在 0 和 1 之间。如果克朗巴哈系数小于 0.6，则认为内部一致信度不足；如果该系数达到 0.7 ~ 0.8 时，表示问卷设计具有相当的信度；如果该系数达到 0.8 以上，则说明问卷信度非常好。本次问卷整体克朗巴哈系数为 0.825，即 α 值 0.825，如表 3 - 3 所示，说明问卷整体一致性高，研究具有可行性。

表3-3 问卷内部一致性检验

	可靠性统计量	
克朗巴哈系数	项数（题项数量）	N（有效问卷总计）
0.825	30	107

3.2.4 问卷数据结果的实证分析

1. 问卷数据的分析方法

本书根据受访者是否在政府机构任职为划分标准，将其分为政府外部利益相关者与内部利益相关者两个组群，并分别对问卷调查结果进行描述性统计与独立样本 T 检验的数据分析方法。具体而言，描述性统计统计两群组的频次、均值和标准差。通过独立样本 T 检验，记录 T 检验结果统计值和显著性水平值。

2. 政府债务信息使用者对现有债务信息的满意程度

表3-4 是受访者对现有政府债务信息满意程度的实证统计结果。由结果可知，除问题 7 以外，所有受访者关于债务信息满意程度的问题评分均在 5% 水平上显著，且政府内部利益相关者总体问题评分均值略高于外部利益相关者。具体而言：除政府内部利益相关者关于问题 1 与问题 2 的评分均值达到 3 分以上，所有受访者对其他问题的评分均值都没有超过 3 分，表明政府内外部利益相关者整体上都对现有政府会计系统公开披露的债务信息内容感到不满意。同时，政府外部利益相关者关于政府债务信息表现的认可性更低，认为现有信息不仅不能了解政府债务支出的真实性，也不能明确政府支配经济资源的总体状况。相较于外部利益相关者，政府机构内部人员认为现有政府公开的信息基本能够判断政府债务收支预算的合规程度，即表明我国政府预算会计系统能提供债务合规性信息。

表 3 - 4　　　　　　　　**受访者对现有政府债务信息的满意程度**

问题	政府内部利益相关者（n =48）	政府外部利益相关者（n =59）	独立样本T 检验
	均值（标准差）	均值（标准差）	T 统计量（Sig）
1. 根据目前政府公开披露的信息，您可以判断各项政府债务支出的合法性	3. 104（0. 857）	2. 390（1. 083）	- 3. 719（0. 028）
2. 根据目前政府公开披露的信息，您可以了解政府所支配的经济资源的总额	3. 125（0. 815）	2. 220（1. 353）	- 4. 069（0. 000）
5. 您认为现有政府公开信息已披露政府的各项收入情况	2. 313（0. 748）	2. 051（0. 705）	- 1. 857（0. 066）
7. 您通过政府财务报告能够了解政府支出的真实性	2. 271（0. 792）	2. 339（0. 779）	0. 447（0. 656）
15. 您认为目前政府公开信息已披露政府承担的全部负担	2. 500（0. 618）	2. 000（0. 743）	- 3. 728（0. 000）
25. 您认为现有的政府公开信息已披露需要披露的债务信息	2. 416（0. 871）	2. 220（0. 696）	- 1. 296（0. 023）
29. 您对目前所接受的公共服务的效率与效果感到满意	2. 438（0. 769）	1. 949（0. 753）	- 3. 305（0. 001）

3. 政府债务信息使用者对债务信息的期望

表 3 - 5 是两组受访者对政府债务信息披露期望的实证统计结果。表 3 - 5 的统计结果表明，政府内外部利益相关者对政府债务信息的期望值非常高，均值大于 3 分。表明所有受访者强烈要求政府披露完整的债务资金使用情况，披露信息的内容涵盖债务资金与其项目支出的效率效果，以及政府控制存量资产与负担潜在负债的情况。具体而言：问题 3 与问题 26 在 1% 水平上显著差别，表明两个组的受访者关于政府控制资产与项目支出

的信息需求有不同看法，表明政府内部利益相关者更关注债务资金使用效果。问题13与问题16，两组受访者对以上两个问题的评分均值都超过4分，表明政府内外部利益相关者都强烈要求政府披露地方政府债券融资后债务资金使用信息与债务资金的合规性信息。

表3-5　　　　　　受访者对政府债务信息的披露期望

问题	政府内部利益相关者（n=48）	政府外部利益相关者（n=59）	独立样本T检验
	均值（标准差）	均值（标准差）	T统计量（Sig）
3. 您期望政府机构说明其所控制的公共财务资源	4.375（0.866）	3.051（1.357）	-6.118（0.000）
12. 您期望政府说明目前潜在债务负担（或有负债）的情况	3.896（1.189）	3.932（0.962）	0.171（0.159）
13. 如果政府在今年有一大笔债务支出，您期望政府说明支出遵循预算制度的情况	4.229（0.973）	4.101（0.865）	-0.708（0.246）
16. 若当地政府发行债券获得一笔资金，您期望政府说明这笔资金的投入与使用情况	4.063（1.040）	4.051（0.899）	-0.061（0.389）
26. 如果政府今年有大型的项目支出，您期望政府说明项目支出的效果与效用情况	4.021（0.956）	3.6102（1.145）	-2.021（0.008）

4. 政府债务信息使用者获取政府债务信息的能力

表3-6是两组受访者获取政府债务信息能力的实证统计结果。统计结果表明，政府内部工作人员获取政府债务信息的能力显著高于外部信息使用者。具体而言：问题4、问题6与问题8在5%水平上显著差别，表明两个群组获取政府债务信息的能力具有显著差别。其中，政府外部利益相关者关于问题4的评分均值仅为2.254分，同时问题9的评分还达不到2分，表明外部信息使用者不仅获取债务信息较为困难，且依据现有的政府财务

报告或债务会计相关资料判断其当地政府的债务风险更为困难。政府机构工作人员关于问题 8 的评分均值达到 3.104 分，表明政府机构工作人员不仅能够较为方便地获取有关政府债务方面的信息，而且获取信息的渠道比外部信息使用者更广。

表 3 – 6 受访者获取政府债务信息的能力

问题	政府内部利益相关者（$n=48$）	政府外部利益相关者（$n=59$）	独立样本 T 检验
	均值（标准差）	均值（标准差）	T 统计量（Sig）
4. 您经常阅读政府财务报表或者其他关于政府债务会计相关的资料	3.354（1.061）	2.254（0.756）	– 6.247（0.005）
6. 您能够方便地获取有关地方政府债务资金运用的信息	2.562（0.920）	1.949（0.600）	– 4.151（0.000）
8. 除了公开披露的债务信息外，您可以通过其他渠道了解政府债务的相关信息	3.104（1.115）	1.949（0.775）	– 6.303（0.043）
9. 您通过现有政府披露的债务信息了解并判断当地政府的债务风险	3.208（0.988）	1.983（0.938）	– 6.562（0.165）

5. 政府债务信息的使用者获取政府债务信息的意愿

表 3 – 7 是两组受访者获取政府债务信息意愿的实证统计结果。统计结果表明，整体上政府内外部利益相关者获取政府债务信息的意愿都是较为强烈的，所有问题的评分均值都在 3 以上。具体而言，两个群组关于问题 22 的评分均值在 10% 水平上显著且达到 3.5 以上，表明内外部利益相关者对该问题的认识存在较大差异，虽然两个群组都有强烈的意愿监督政府的财务行为，但外部信息使用者由于获取财务信息困难或存在一定监督成本，存在"搭便车"的思想。问题 23 与问题 24 的均值大于 3.3，说明大部分受访者赞同政府应受国民的监督，同时他们也都会积极主动地通过各种渠道了解相关政府债务信息。

表 3 −7　　　　　　　受访者获取政府债务信息的意愿

问题	政府内部利益相关者 （n = 48）	政府外部利益相关者 （n = 59）	独立样本 T 检验
	均值 （标准差）	均值 （标准差）	T 统计量 （Sig）
22. 您会主动监督政府的财务行为	3. 958 (0. 771)	3. 542 (0. 877)	− 2. 574 (0. 073)
23. 您会积极通过各种途径（如报纸、网站）主动关注政府披露的债务信息	3. 625 (0. 788)	3. 322 (0. 797)	− 1. 964 (0. 720)
24. 若关注政府债务信息会花费时间和金钱，会影响您关注政府财务信息的热情	3. 833 (0. 781)	3. 593 (0. 591)	− 1. 810 (0. 185)

6. 政府债务会计核算基础的选择

　　表 3 −8 是两组受访者对政府债务会计确认基础选择的实证统计结果。统计结果表明，大部分受访者倾向于将权责发生制作为政府债务会计的核算基础。具体表现为：两群组的受访者关于问题 19 的评分均值都在 3 分以下，表明受访者不赞成将当年实际预支第二年的款项作为当年的费用，该结果支持权责发生制核算基础的认定。两个群组关于问题 18 和问题 20 的评分在 1% 水平上显著，表明内外部利益相关者对该问题的认识存在较大差异，表明两组受访者对款项支付与费用之间的关系及认识存在分歧，概念模糊不清。造成这个结果的原因可能源于外部利益相关者受自身知识结构的束缚，缺乏专业的会计知识。关于问题 17，两个群组的评分均值达到 3 分以上，表明大部分受访者期望政府披露政府部分资产信息时，可以采用公允价值反映资产的价值。这可能源于采用公允价值披露政府持有的金融资产，可帮助债务信息使用者评估政府的变现资产与偿还债务的能力。两个群组关于问题 21 的评分在 1% 水平上显著，表明内外部利益相关者关于政府负债定义存在分歧。政府内部利益相关者认为政府负债应包括潜在义务，如政府未来承诺，外部利益相关者则持有相反意见。

表 3 - 8　　　　受访者对政府债务会计确认基础的选择

问题	政府内部利益相关者（n = 48）	政府外部利益相关者（n = 59）	独立样本T 检验
	均值（标准差）	均值（标准差）	T 统计量（Sig）
17. 由于资产特定时点的市场价格能够反映资产的真实价值，您认为政府资产应该按市场价值列示在资产负债表上	3. 750（1. 021）	3. 101（1. 227）	- 2. 926（0. 057）
18. 您认为政府当年发生的项目费用应该是指其当年项目实际对外支付的各种款项	3. 458（1. 051）	2. 831（1. 392）	- 2. 583（0. 008）
19. 如果政府在 2015 年底发生一笔预支下年的费用，如 2016 年的项目建设费用，您赞同将这项支出记录为 2015 年的费用	2. 958（1. 071）	2. 695（1. 178）	- 1. 198（0. 267）
20. 政府的实际收入包括今年应收而未收到现金的收入	3. 375（1. 064）	2. 967（1. 326）	- 1. 730（0. 068）
21. 政府负债仅是指政府当期尚未履行的法定付款义务，例如，政府当年承诺未来若干年内加大在环保或社会福利方面的投入，您认为这种承诺应该作为政府当年的债务	3. 104（0. 951）	2. 525（1. 455）	- 2. 374（0. 000）

7. 政府债务信息使用者对政府债务改革影响的认识

表 3 - 9 是两组受访者对政府债务改革影响认识的实证统计结果。统计结果表明，关于问题 10、问题 14 与问题 30，两组受访者的评分均值达到 3 分以上且 Sig 值不显著，表明两群组关于以上问题的认识不存在差异。说明公共管理改革、加入国际组织以及市场化水平都有助于我国政府债务会计改革的推行。其中，问题 14 的评分结果说明当地方政府作为新的债券市场主体参与市场并在其市场上融资时，证券监管部门与债券评级机构更关注发债政府的偿债能力与财政可持续性，市场化水平提升推动着政府债务会计改革的步伐。问题 30 的评分结果表明，两组受访者认为政府债务会计改革能提高有关政府债务经济活动的效率和效果。

在人大代表行使权力与履行义务方面，两组受访者认识存在差异。例如问题 11，两组受访者的评分均值相差甚远，内部受访者评分均值在 3 分以上，外部受访者评分均值在 3 分以下。其结果表明内部利益相关者认为人大代表因自身具有信息优势，所以能够有效行使对本级政府债务资金使用情况的监督权，外部利益相关者则不赞同。两群组关于问题 27 的评分均值达到 3 分以上，在 1% 水平上显著。说明两组受访者认为当人大代表面临着政治竞争压力时，他们会有意愿要求政府提供更详细、更有用的债务信息。

表 3 – 9　　　　　　　受访者对政府债务改革的影响认识

问题	政府内部利益相关者（$n=48$）均值（标准差）	政府外部利益相关者（$n=59$）均值（标准差）	独立样本 T 检验 T 统计量（Sig）
10. 您认为只有深化公共管理改革，我国政府财务报告才能提供更全面的政府财务信息	4.083 (0.821)	3.898 (1.077)	−0.980 (0.144)
11. 人大代表能够有效地行使对本级政府债务资金使用情况的监督权	3.230 (0.831)	2.576 (0.951)	−3.736 (0.209)
14. 如果国际组织（或债券市场评级机构）在评价政府的偿债能力时，要求政府能够提供横向可比较的信息，您认为这有助于推动政府债务会计改革	4.063 (0.783)	3.915 (1.022)	−0.821 (0.130)
27. 若人大代表未认真审核政府债务资金运作的效率与效果，导致无效开支与浪费的发生，他将面临被罢免的风险。您认为这种情况下，人大代表会要求政府提供更详细、更有用的债务信息	3.875 (0.789)	3.203 (1.215)	−3.304 (0.000)
28. 如果公众监督会提高政府债务资金运作的效率，会增加您监督的热情	3.979 (0.933)	3.458 (1.056)	−2.675 (0.134)
30. 您认为政府债务会计改革能提高有关政府债务经济活动的效率和效果	3.938 (1.040)	4.034 (0.890)	0.517 (0.609)

3.2.5 调查结论与建议

1. 调查结论

（1）信息使用者对政府债务信息有较高的期望。调查发现，信息使用者对政府债务信息的期望较高，政府债务信息使用者期望获取全面的政府债务信息，但现有的政府报告并不能满足社会公众的全部期望。其中，外部利益相关者对现有会计系统公开披露的信息内容表现出不满意。虽然人大代表和政府各主管部门认为政府公开信息能够判断政府开支与预算的符合程度，但社会公众以及评级机构等对现有的债务会计信息表现出较低的认可度。

（2）政府债务信息使用者对政府负债、费用的信息需求具有较强的偏好。分析结果表明，信息使用者对政府负债的确认倾向于权责发生制，而对政府资产的计量证券监管部门与债券评级机构更倾向于公允价值属性。这种倾向性可能源于权责发生制的核算基础在提供政府债务方面的信息拥有固有的优势；受债券市场影响，期望反映的政府资产能更接近市场价值，且政府会计准则受国际趋同改革的影响。

（3）社会公众（纳税人）对获取政府债务信息有强烈的动机与意愿。这类受访者会比较积极地通过新闻和微信、微博等新媒体获取政府债务信息并监督政府，更期望多渠道获得相关债务信息，以此来判断政府经济责任受托情况。信息使用者的监督热情会影响政府债务信息披露的内容，从而影响债务会计改革进程。

同时，此类受访者获取债务信息行为与其对政府债务信息的期望相比，其获取信息行为略显消极。调查受访者获取信息行为时发现，若关注政府债务信息会耗费金钱与时间，就会降低受访者关注政府债务信息的热情。不难发现，虽大部分受访者期望政府接受社会公众的监督，但监督成本会影响受访者的监督热情与意愿。为降低个人获取债务信息的成本与监督成本，信息使用者获取债务信息行为存在"搭便车"现象，受访者更希望借助别人的努力获取信息。总体而言，社会公众在获取债务信息仍处于弱势地位，一般通过政府官方网站、公报与信息公开栏只能了解"碎片化"的信息，同时微博、微信等媒体多选择"喜事"报道，因此造成社会公众（纳税人）获取的信息不完整、不全面，也缺乏客观性。

（4）制度环境推动着政府债务会计的改革。一方面，随着市场经济体制的发展，政府作为新的债券市场主体参与市场并在市场上融资，市场驱动政府改革其报告模式，证券监管部门与债券评级机构期望发债政府更规范、更企业化地披露其资产与债务情况，更关注发债政府的偿债能力与财政可持续性。评级机构为客观评价地方政府的信用也推动着政府债务会计改革的步伐，对其在债券市场披露的信息产生了重要影响。另一方面，社会公众的民主意识不断提高，需要强有力的财政管理体制和政府债务体系为依托，因此，政治民主也推动了公共治理的改革，对政府债务信息提出了更高要求。

2. 调查建议

政府债务会计改革应以信息使用者的信息需求为导向，我们通过调查发现：债务信息的披露数量与质量，同信息使用者的需求有较大不匹配情况。因此，应采取措施积极推动政府债务会计报告的改革。为此，提出以下建议：

（1）在我国政府会计概念框架和会计准则制定过程中，应结合我国信息环境、制度背景和用户需求。以信息使用者多元需求为导向，制定政府债务会计目标。增加新会计制度规范，建立健全核算体系，完善政府会计短缺信息。若短期内因为会计技术无法确认计量信息，如政府或有债务，则需要在政府报告中以附注形式披露。

（2）通过债券市场化加快政府债务会计改革的步伐。其中，证券监管部门在对地方政府债券发行进行监管时，需要重点掌握和利用资产与债务会计信息。证券监管部门的信息需求主要总结为以下两点：一是用以审定申请人是否具备在债券市场上发行债券融资的条件；二是用以监管政府财务状况持续性的信息（如年报与专项债务报告等）以及重大或有债务事项信息的披露。债券市场上的评级机构则关注发债政府偿债能力，在政府报告中体现为：资产负债表截止日政府的重大债项，如政府的银行借款、合同承诺的债务、或有债项的金额以及抵押及担保等形成的或有负债情况。

然而，证券监管部门政府会计信息需求是通过要求发债政府定期披露年度报告，并对其报告中披露的信息加以强制性规范来实现的。就这方面而言，若政府继续在债券市场融资，应严格规范政府报告内容并提供有助于信息使用者决策的有用经济信息。

（3）由于政府债务会计信息在债务管理中具有特别重要的意义，且确认和报告政府债务在地方债管理的实践中是必不可少的。本书建议，单独编制地方政府债务报告，将其作为政府综合财务报告子报告体系中专项报告的一部分，以供决策的政策工具，促进债务管理，制度化存量资产，规范资产变现活动，增加了判断政府信用、偿债能力和违约风险的证据。

3.3　政府债务改革的动力机制：基于制度变迁理论

通过政府债务信息供给的现状分析以及基于问卷调查的债务信息需求研究，我们发现，中国政府债务信息市场仍处于发展初期，政府债务信息市场表现为供给和需求不均衡的态势。具体而言，增强债务信息披露的完整性、有效性需从源头完善，即政府对其明细内容需有深度的进行公示。其他方面，如公众人物、人大代表等债务信息需求方则认为债务信息供给方披露的信息难以满足各方需求，要求信息供给方提供更多有关政府债务资金使用的过程与结果信息。以上两类债务会计信息的决策作用与政治市场中的均衡水平关系紧密。信息获得者在得到有效信息后，才能做出最有利的决策，提高信息的最大效用，而正是需求者的决策收益水平最终决定了市场中信息供求的均衡水平。显然，我国当前政府债务会计信息供需处于不均衡状态。林毅夫（1996）指出，若市场中的供需发生冲突，均衡状况就会被打破，从而导致改革，最终形成新的制度均衡。在公共领域，齐默尔曼（Zimmerman, 1977）和英格拉姆（Ingram, 1984）等学者研究发现，政府会计改革是由宏观层面的制度变迁提供动力的。当政治市场中的各方利益相关者对改革有强烈动机、能力与意愿，对会计信息的质量与数量提出更高要求时，现存的对信息披露的规章制度，尚且缺乏匹配政治市场下不同个体的需求，此情况下，新制度安排应运而生。一旦制度因素触发会计制度安排并对其产生深刻影响，政府债务会计改革的动力机制将启动。那么驱动债务会计改革的因素是什么？其作用机理是怎样通过改变政府债务信息供求关系予以实现的？以上问题是本节需要探讨并做出理论回应的。制度变迁理论旨在解释制度创新与变革的过程，是新制度经济学的重要理论之一。因此，本节基于制度变迁理论框架阐述政府债务会计改革的内在动力机制。

3.3.1　理论基础

制度变迁理论认为，制度的原始状态处于均衡状态，一旦有新生力量产生并介入，制度将打破原先的均衡状态，转为非均衡状态。其中，制度变迁的动力是市场中的相对价格与偏好的改变。对于政府债务会计而言，相对价格是指政府债务会计收集成本和使用效益；相对偏好的改变则指债务会计信息需求者对政府债务会计信息的态度与倾向的变化。制度变迁理论指出，新生力量产生的根本原因是现有制度框架下发生一些原制度框架下所没有的潜在收益，不同利益团体会依据理性对这些潜在收益进行成本与收益分析，从而得出不同结果。不同结果将利益团体划分为两类：一类是有正收益的利益团体（潜在收益大于创新制度安排的成本），他们会与相同利益团体形成所谓行动集团，在可控范围内努力推动制度变迁；另一类是有反向收益的经济主体（潜在收益小于创新制度安排的成本）也形成相应利益集团，采取各种方式阻碍打击制度变迁。正反利益团体根据预期成本收益分布进行相互博弈，其博弈结果较大程度地影响了制度演化的形式和走向。

政府会计是一个以提供政府财务信息为主的人造信息系统，政府债务会计也是如此。政府债务会计是在既定规则（法规或准则等）集合之下运行的。例如，我国政府会计是在《中华人民共和国会计法》、政府会计准则等系列规则集合下才可能运行。就这方面而言，政府债务会计是制度的实际承载体，具备制度属性。政府债务会计改革的本质是对政府债务会计赖以运行的规则集合的变革，因此，属于制度变迁范围。政府债务会计的制度变迁过程也如所有制度变迁一样，政府债务信息市场的供求关系是决定政府债务会计制度安排的关键因素。其中涉及众多利益相关者（主体），要了解这些利益相关者如何推动债务会计改革需抓住两点——决策成本和收益，同时区分各类型的利益相关者，以实现政府债务信息披露均衡，满足各方对不同信息的需求。

3.3.2　政府债务会计改革驱动因素

1. 民主政治

政府债务会计是人造信息系统，它改革的根本驱动因素是民主政治。现代民主政治中的一般观点表明，人民向政府纳税，而政府需要向他们公开债务信息并接受人民监督。政府会计准则也表明政府会计信息使用者是公民，这也源自政治民主观念。政府是被人民授权管理国家并提供公共产品的组织，公民、纳税人是公共产品的接受者，也是政府债务会计信息的使用者，通过信息监督政府债务资金受托责任的履行情况。然而，公民不是以个体形式而是以整体形式与政府形成委托代理关系，也就是说，个体公民不能依据政府履行受托责任的情况对政府施加实质影响，这造成个体公民对政府债务信息使用意愿低。从债务信息获取成本角度来看，公民由于生活经历，教育程度存在区别，同时信息可获取方式狭窄，导致在此流程上花费较高成本，使公民陷入"理性无知"的困境。在债务信息使用收益方面，公民通过阅读政府债务会计信息，经评论或转载引用，增强群体语言力量，通过社交媒体传播增强影响力，进一步让政府重视，但就个体公民而言信息收益是很低的。

近年来，随着预算改革深化与政府会计制度的不断完善，国务院大力推进部门预决算信息的公开，为公民参与政府管理提供了良好基础。同时公民问责需求也不断提升，在微博、博客等新兴媒体的支持下，公民与政府形成了良好的信息互动关系。公民可以通过获取债务信息，分析判断政府债务资金执行效果，实现对政府的监督与治理，从而获取信息需求收益。公民在与政府新的信息互动关系下，有着强烈意愿要求政府进行债务会计变革。因为新政府债务会计系统在提供可靠债务信息、改善债务绩效以及提升债务资金的透明度和债务资金效率等方面都明显优于旧系统。因此，公民预期新会计系统下的潜在收益将会大于制度变迁的成本，例如，享受更高质量与效率的公共服务等。

2. 市场机制

我国地方债来源大致可分为三种模式：近 60% 的贷款、1/10 发债及 8.2% 的 BT 模式。[①] 近些年，由于银行的贷款政策发生变动，同时利息成本也有较大增加，发债成为地方政府最热衷的渠道。地方政府作为资本市场中的一员，在发债过程中同样需遵循规章制度，主动公开相关信息，充分降低信息不对称程度。就其市场参与者而言，债权人对政府的信用等级、偿债方式及能力、财政收支有较强的关注度，评级机构需根据披露的相关信息深度挖掘更详细的内容，最终判断其信用等级；监管机构需要发债政府披露政府债务信息和财务状况持续性的信息，用以审定申请人是否具备在债券市场上发行债券融资的条件并且监管政府。因此，为降低政府在债券市场的融资成本以及吸引更多债券投资者购买政府债券，要求政府向债券投资者、评级机构以及监管机构披露债务信息。在债券市场机制驱动下，政府在债券市场披露财务报告会朝着它的融资竞争者——企业财务报告方向变革。

市场机制对政府债务会计改革的驱动，其实质是地方政府所面临的"资源依赖"压力，这种压力会加速推进政府债务会计改革。市场机制驱动下的债务会计改革一般是向企业财务报告方向变革，其中评级机构、债券监管机构对政府债务会计变革产生关键影响，是变革的关键驱动者。以债券市场力量为契机，推动债务会计改革有利于提高变革效率。

3. 地方政府债务管理

制度变迁理论表明：依据制度变迁的不同主体，将其分为诱制性变迁与强制性变迁，前者推动主体是个体组织或团体，后者则是国家，并且国家推动制度变迁的效率远远高于团体或个体组织。自中共十八届三中全会

---

① 中华人民共和国审计署：《2013 年第 32 号公告：全国政府性债务审计结果》，http：//www. audit. gov. cn/n5/n25/c63642/content. html，2013 年 12 月 30 日。

《中共中央关于全面深化改革若干重大问题的决定》提出"建立规范合理的中央和地方政府债务管理及风险预警机制"以来，国家关于地方政府债务管理的系列措施相继密集推出，如新《预算法》赋予地方政府通过发行债券的方式进行举债的权力；《国务院关于加强地方政府性债务管理的意见》限制了地方政府的举债规模及规定举债程序等；地方债分门别类地纳入全口径预算管理；《地方政府性债务风险应急处置预案》对地方债风险应急处置做出总体部署和系统性安排等。中央政府的法律制度相继出台体现了国家对地方政府债务管理的高度重视，也表明国家加强地方债管理的意愿十分强烈与迫切。但当前对地方政府债务规模或风险预警等方面的管理仍处于缺位状态。国家希望通过更有效的会计系统来保障地方债内部管理以及债务资源的受托责任。国家依托"行政权威"推动政府债务会计的改革，要求地方政府实施新债务会计系统来完善地方政府债务管理。因此，依据强制性变迁原理，地方政府债务管理是驱动政府债务会计改革的重要因素。

3.3.3　政府债务会计改革动力机制分析

政府债务会计改革涉及不同的利益相关主体，且各主体对改革作用的合力是政府债务会计改革的动力。其中，"意愿"和"能力"两个因素影响债务会计改革的动力，前者是由新债务会计系统下的预期成本收益分布决定的，若潜在收益大于制度变迁成本越多，则利益主体改革的意愿越强，反之越弱；后者是由利益主体自身特征与改革外部环境决定的。所以，不同利益主体对新政府债务会计系统的预期成本收益分布是改革的根本动力。

通过债务信息的制度环境以及债务改革驱动因素分析，表明制度环境影响政府债务会计需求方的构成，如市场经济和政府债券市场的发展使需求方构成增加了债券投资者、证券监管部门和评级机构这类信息需求方。民主政治和市场机制是与债务会计密切相关的制度环境的两大内核要素。其中，民主政治是形成社会公众（纳税人）与政府委托代理关系的基础；市场机制则是形成证券监管部门和评级机构与政府委托代理关系的基础。债务信息需求方的偏好和特点各有不同，所以，应以利益相关者的需求为导向，合理定位政府债务会计改革。

公民民主意识的提升、债券市场机制的完善以及地方债管理规范等因素的变化，将现有制度框架下不同利益主体的预期成本收益分布打破，诱发并推动不同利益主体制度变迁的意愿。其中，政治民主与市场力量驱动政府债务改革的作用机理是一样的，当公民民主意识越强，自我认同感越高，对政府债务信息需求也越强，其改革效率也越高；评级机构与监管机构对发债政府披露会计信息质量要求越高，关注政府财政可持续性的需求越强，其改革效率也越强。债券市场不断扩大，参与度强，也有利于政府在披露行为中不断自我完善，主动增加能够展示其真实资产状况、债务违约风险以及反映其筹集资金能力的可变现资产情况和历史偿债情况的财务信息。资产负债表和收入费用表是我国政府综合财务报告的核心。这两张表虽然总体上反映政府的财务状况，但信息用户仅依靠财务报表内容和信息进行决策还远远不够，很多具有应有价值的和附加的信息会被忽略。北京市财政局课题组（2016）指出，当前我国政府尚处于强势方，披露信息的内容和投资者的需求不能较好匹配。除此之外，监管和评级机构均表示，需要更多翔实的信息来判断债券发起人的资信状况、当前面临的风险及未来可能的发展。因此，发债政府为保证评级机构评级的准确性及其在债券市场融资的优势，需改善现有的政府会计系统，同时必须最大限度提供反映债务项目收益与风险的相关资料，以及收入能力、紧急偿债变现资产状况等分析信息，为债券市场的信息使用者提供决策有用的相关会计信息。发挥债券市场力量以及监管机构与评级机构的作用，有利于促进政府债务会计改革效率与持续性。

公民与债券市场力量的强烈意愿源于要求政府债务信息的公开，而国家"行政权威"的介入有效降低了债务信息供求成本，合理地引导与调节了债务信息市场的供求机制。因为国家介入属于强制性变迁行为，使信息市场中的供求成本大大降低，提高了信息供求收益，完善的法律环境推动了有效债务信息数量及质量的进步，增强了政府对信息市场中供求双方的调节能力。国家通过要求地方政府实施政府债务会计系统以帮助信息使用者分析和解释政府公开的债务信息，债务信息使用者也基于新的会计系统节约了债务信息的分析成本。国家干预有效地引导了债务信息市场的供给，调节了债务信息市场的供求机制，对现有政府会计制度安排施加了正向影响，并实现了政府债务会计制度安排优化的预期，加速推动着政府债务改革的步伐。

3.4　本章小结

本章基于政府债务信息市场的供给和需求两方面，运用问卷调查、规范研究和实证研究相结合的方法，分别阐述当前政府债务信息市场供给与需求存在的问题，为构建政府债务会计系统提供现实依据和实践基础。

通过对我国现行政府会计制度债务信息的供给现状分析，发现政府债务信息供给存在政府会计体系各组成部分的衔接性较弱，不利于动态追踪和汇总分析债务信息；政府会计核算制度不能反映政府债务的本质特征，与债务管理需求脱节；政府债务会计报告不完整、不规范和不合理等问题。

运用问卷调查方法，探讨研究我国政府债务信息的需求状况。通过专门设计的政府债务信息现状调查问卷，应用实证研究分析问卷调查的数据结果，确定债务会计利益相关者对政府债务信息的实际需求，深入剖析债务信息使用者对债务信息的满意程度、披露期望、获取债务信息的行为意愿以及债务会计改革动因等。调查结果发现：政府债务信息市场表现出债务信息供给与需求不均衡的状况。制度变迁理论表明：信息市场的供需均衡状况被打破，会触发原先的制度安排，最终引发政府债务会计改革。

最后，本章引入制度变迁理论框架阐述政府债务会计改革的内在动力机制，从理论层面分析政府债务改革的关键驱动因素（政治民主、市场机制与政府债务管理）以及不同驱动因素对改革效率与结果的影响。债务信息的利益相关者对政府债务会计信息需求、能力、意愿越强烈，越有利于债务会计信息的披露。政府（债务信息供给主体）的偏好与行为选择直接影响着信息披露的内容和质量。国家"行政权威"的介入能有效降低债务信息供给成本，提高信息供求收益与效率，合理引导与调节债务信息市场的供求机制。政府债务会计信息披露最终的均衡水平是债务信息市场供给需求双方利益与力量博弈的结果。

第 4 章

政府债务会计概念框架构建

　　会计概念框架研究是会计理论研究的重中之重。世界改革先行国想要对政府会计进行改革，必须根据不同国家的政治、经济与文化环境，有针对性地研究制定该国的政府会计概念框架。近年来，在理论界和实务界的共同努力下，政府会计方面的研究与实践取得了很大进展，多个国家的政府会计概念框架逐步建立起来，用于指导政府会计的实践工作。因此，构建政府债务会计概念框架对债务会计理论来说是发展的需要，对政府债务会计来说更是改革实践的迫切需求。本章开展政府债务会计框架的研究，希望通过系统探讨我国政府债务会计概念框架的构建问题，为设计债务会计系统提供重要的理论基础。

4.1　概念框架的理论概述

　　自 20 世纪 80 年代起，国际组织与西方发达国家纷纷开展关于政府会计领域的研究，并取得一定成果。美国联邦政府会计准则咨询委员会（Federal Accounting Standards Advisory Board，FASAB）与美国州政府会计准则委员会（Governmental Accounting Standards Board，GASB）针对重要的政府会计问题，如政府财务报告的目标、会计主体以及信息质量特征等，发布联邦财务会计准则公告和财务报告公告；《政府财务报告手册》是英国政府为规范中央政府会计核算与报告发布的文件，该文件明确了政府资源会计与预算的基本会计概念，同时对一般原则和会计报表的格式附注等方面进行了规范；自 2005 年以来，国际公共部门会计准则委员会（The International Public Sector Accounting Standards Board，IPSASB）发布了 31 个权责发生制为基础的《国际公共部门会计准则》等。但是，关于政府会计概念框架研究的整体性与系统性仍显不足，亟待拓展。1978 年 11 月，美国财务会计准则委员会（Financial Accounting Standards Board，FASB）制定发布的财务会计概念框架（conceptual framework of financial accounting，CF）是目前世界最为详尽且最具代表性的概念框架。它旨在指导财务报告，为财务报告的报告主体、信息质量特征、要素的确认计量以及列报提供了基本概念原则。随后，一些国际组织和国家先后效仿，如国际会计准则理事会（International Accounting Standards Board，IASB）1989 年发布的"财务报表的编报框架"（IASB's Framework），以及英国 1999 年发布的"财务报告原则公告"（The Statement of Principles for Financial Reporting）等，虽各有特色，但不论在广度和深度上都未能超过美国的财务会计概念框架。本章在借鉴国外政府会计改革先行国与企业财务报告概念框架经验的基础上，考虑我国制度环境的适用性，以期构建适合我国的政府债务会计概念框架。

政府债务会计概念框架究竟应该包含哪些内容？事实上，回答该问题就是对以下一系列关键问题做出回应，即政府债务会计是干什么的？核算谁的经济活动和内容？其提供的信息应符合哪些质量要求？应该以什么方式把政府债务会计信息传递给信息使用者？

首先，应以政府债务会计目标作为构建债务会计概念框架研究的逻辑起点。会计目标需要回答三个基本问题，即服务对象是谁、信息对谁提供以及要提供信息的内容是什么。其次，核算谁的经济活动？也就是回答债务会计要反映的信息是谁的，所要核算和报告的经济资源、债务承担以及开展的经济活动内容是谁的，这是会计主体的界定问题。再其次，评估债务会计信息质量。会计信息质量特征给予"会计信息使用者需要什么样信息？"的质的保证。同时，通过何种途径得到政府债务会计的信息，是探讨会计确认和计量的关键问题。最后，需要厘清信息系统中会计信息的输出问题。财务报告是会计系统输出使用者所需信息的方式。将财务信息传递给信息用户的过程主要是通过财务报表。因此，债务会计概念框架应包括债务会计目标、债务会计主体、债务会计信息的质量特征、债务会计要素、确认与计量以及政府债务会计报告等内容。

4.2　政府债务会计目标

自 1960 年起，控制论、信息论和系统论在美国悄然而生，渗透到包括会计在内的各个领域与学科，会计受系统论的影响被定义为"经济信息系统"。会计是一个信息系统，它的任务是对信息进行加工并输出，将会计信息传递给信息的使用者，会计信息才能发挥其应有的作用。美国注册会计师协会（American Institute of Certified Public Accountants，AICPA）于 1971 年最早进行财务报告目标研究，提出"谁"是财务报告的信息使用者—信息使用者需要"什么样"的信息—财务报告能提供"怎样"信息的研究思路。本节采用上述思路探讨我国的债务会计目标。与此同时，学术界关于财务报告目标的选择主要围绕受托责任观与决策有用观两大核心观点展开激烈讨论。受托责任观认为会计应反映受托人与委托人之间的委托代理关系，决策有用观则强调会计旨在将决策有用的信息传递给信息使用者。但随着人们对会计的认识逐渐深入，葛家澍和刘峰（2011）发现以上两种观点是辩证的对立统一关系，路军伟等（2015）表明受托责任观与决策有用观均是以资源委托代理关系为基础的。其中，前者的委托代理关系一般是由法律、合同、契约缔结而成，而后者的委托代理关系则由"资本市场"形成。构成财务报告制度环境内核的基础正是两种形式的资源委托代理关系。对制度环境影响财务报告目标的原理可以总结为：不同的制度环境通过影响委托人与受托人资源委托代理关系的形式，共同决定信息需求方的构成与信息需求偏好等，从而影响财务报告目标（财务报告提供"怎样"信息）的选择。本书探讨政府债务会计目标的逻辑线索是：首先，以我国制度环境为背景，辨识"谁"是债务会计的信息使用者，即确认债务会计的信息需求方的构成；在确认需求方的基础上，剖析各个信息需求方的信息偏好，并明确债务会计的信息使用者需要"什么样"的信息，以其需求为导向确定债务会计信息披露的内容；最终确定债务会计报告目标。

回顾各国政府会计准则中信息使用者的认定标准时，我们发现各国政府会计准则信息使用者认定标准遵循以下三个原则。（1）信息使用者与报告主体存在一定的利益关系，即政府债务信息应提供给利益相关的集体或团体，而利益关系可以涉及各个领域。（2）信息使用者的内容受一个国家现实制度（社会、经济、法律）环境以及未来演变趋势的影响，如法国、英国等国家都把立法机关纳入信息使用者，又如我国政府预决算报告的使用者都包括各级人民代表大会及其常务委员会。（3）使用者的信息需求程度不同，对信息的影响力也不同。各级人民代表是地方政府预算的审批者，对其预算执行情况的需求程度极高，且立法机构对信息供给方可施加直接的法律强制影响，因此，他们的信息需求对信息供给方的影响程度较高；而债权人和评级机构基于债务会计信息有评估政府债券风险与投资决策的需求，对政府债务信息需求的程度也很高，但与立法机构相比，这类需求主体的影响力程度显然没有立法机构那般强势有效。

因此，考虑以上原则并结合问卷调查的实证结果，本节将政府债务会计领域的信息需求方分为社会公众、立法与监督机构的代表、地方政府与主管部门以及债券投资人、证券监管部门与评级机构四类。这四类需求方在参与政府管理或决策过程中的目的、行为差异性大，其所需求的政府债务会计信息和内容也不尽相同。

4.2.1　政府债务会计的信息使用者

1. 我国政府债务信息的制度环境特点

当前，我国政府债务信息的制度环境有如下六个特点。（1）随着经济和民主政治文明的发展，纳税人与社会公众的问责意识明显增强。（2）科技网络的飞速进步，缩短社会公众获取政府债务信息的时间，减少社会公众提取信息的成本，提高其参与和利用政府债务信息决策的积极性。（3）新闻媒体的多样化（如微博、微信）使社会公众获取政府债务信息的渠道更加多元化，信息的获取更加便捷。新媒体成为传播地方债信息的主力军。（4）我国从中央到地方正致力于不同领域的政府信息公开，通过发布法律法规，如《中华人民共和国政府信息公开条例》，提升政府透明度与拓宽优化政府信息披露渠道。（5）政府会计改革的力度大、进程快。我国多次在发布的文件中提出要推进政府会计改革，如"十一五""十二五"规划。财政部原部长楼继伟早在 2012 年制定的中央决算报告中，对推进政府会计改革、加快建立政府财务报告制度进行了强调。（6）市场经济对债务信息的制度环境产生重大影响，地方政府债券市场即将建立。2014 年《预算法》赋予省级政府发债权，地方政府为解决融资难和降低融资成本，在法律允许下已经开始转向资本债券市场融资。

2. 四类政府债务会计信息使用者

（1）社会公众和纳税人。社会公民与国家政府存在受托责任、财产托管与报告责任关系，是其最终的授权方和国家资源的最终所有者。根据政府财务信息理论，他们迫切需要政府会计信息，并且时常关注政府拥有与控制资源的保增值情况、政府债务的履行与偿还情况以及财政收支等各方面财务信息；社会公民向国家纳税，成为政府提供公共产品和服务的接受者与购买者，与其产生特殊供求关系。在信息的提取和分析方面，社会公众和纳税人由于受会计专业知识储备、教育水平以及信息获取渠道的限制，面对较高的信息提取和分析成本时，通常保持"理性的无知"状态，或依赖媒体"信息中介"的角色免费获得加工后的信息。但随着纳税人问责意识的增强，纳税人有权利知道且越来越关注自己所缴纳税款的使用去向以及使用绩效等信息，关注债务本息偿还是源于项目收益还是税收，债务使用过程资金用途是否发生变更、债务资金是否被挪用等问题。作为受托方的政府，为履行公共受托责任需通过债务报告向纳税人披露债务信息。在信息使用收益方面，在与政府新的信息互动关系下，社会公众不再被迫选择已"被加工"的信息，有着强烈意愿知晓真实可靠的债务信息，要求政府进行债务会计改革。新政府债务会计系统在提供可靠债务信息、改善债务绩效、提升债务资金透明度以及债务资金效率等方面都明显优于旧系统，因此，社会公众和纳税人的预期收益将会大于信息获取的成本。

（2）立法机构代表。立法机构代表指各级人民代表大会常务委员会。《中华人民共和国宪法》和《预算法》明确各级政府必须向本级人民代表大会及其常务委员会报告收支情况。各级人民代表大会（立法机构）代表纳税人监督各级政府行为的效率与效果、政府授权事项的进度以及遵循预算的程度等。因此，各级人大是债务报告的重要使用者。人大代表在信息提取与分析能力上明显强于社会公众等信息需求方，且获取信息的成本较低。在关注信息的内容方面，人大代表重点关注债务相关的预算执行过程和结果信息以及债务资金运作流转分配过程的合规合法性，如地方政府发行债券纳入预算管理后，是否按指定用途使用资金、是否存在预算超支行为等。他们更关注与政府债务风险管控和信用评级相关的债务信息，以及宏观经济调控政策受到地方政府举债筹资行为的影响，如依托政府债务报告提供的负债信息评估政府的财政可持续性以及爆发债务危机的可能性。然而，此类信息的运用往往需要专业知识才可进行正确的经济决策，但由于受专业的限制，不是每位人大代表都能掌握以上信息，难免会抱怨"账本"看不懂，预决算报告项目不细化、分类不明。同时，新《预算法》要求将置换后的存量债务分类纳入预算，意味着各级人大从 2016 年开始面临大量债务资金纳入预算审查监督的局面。如何"读懂"债务会计与债务预算信息，强化预算审查监督程序并提升监督实效，是各级人大需要探索的。在信息使用收益方面，代表们一般基于以上信息进行决策，如审批预算报告或提交议案以提供相应项目的建议。当然，也可能反对部分债务资本性预算的行为，对地方政府施加间接影响。

（3）地方政府与其内部管理者。地方政府与主管部门是我国债务会计信息的内部需求方。在中央集权体制下，与其他信息使用者相比，地方政府与主管部门提取和分析信息的能力更强，且获取信息的成本较低。在关注信息的内容方面，债务会计应当为地方的财政管理提供决策有用信息，地方政府与主管部门作为内部信息使用者，对债务会计信息有更强烈的需求，他们主要关注下级政府债务预算编制与执行信息，以及政府在各会计期间的资产增减状况、债务总量、债务期限及结构、项目的债务资金占用与偿还情况，以上信息都是政府管理债务与防控债务风险的基础。在信息使用收益方面，地方政府通过比较项目预算执行数据评价下级政府预算完成情况，在其基础上估算下年度的预算规模，采取经济手段对下级实施控制。

（4）证券监管部门、评级机构与债券投资者。我国所采用的模式是行政审批和市场选择相结合，政府债务报告的重要需求用户是发债的审批者以及市场的监管者。同时，"城投债"市场的探索培育形成了一批债务信息需求方，他们是具备专业资质和公信力的债券评级机构，积极推动着政府债务报告的构建和完善。另外，债券投资者作为债券市场信息的重要使用群体，其信息需求影响着发债政府的债务信息披露行为。为吸引更多投资者购买债券或以更低的成本获得债务融资，发债政府在债券市场融资披露的负债信息是通俗易懂的，帮助债券投资者减少信息不对称和投资决策成本。因此，债券市场信息使用者的信息获取成本较低。但信息提取和分析方面，证券监管部门与评级机构具备专业知识，与债券投资者相比有较强的提取分析信息的能力。在关注信息内容方面，债券投资者关注发债政府的财政可持续性，长期、短期发债政府的收入能力以及紧急偿债和变现资产的能力；证券监管部门与评级机构则关注发债政府变现资产、筹集偿债资金的能力（如变现或出售土地使用权）以及政府承担负债与相关担保的程度。其中，可变现资产情况、负债规模和风险状况都是影响政府债券信用评级的重要因素。专项债务评级则取决于债务项目自身的收益情况，如形成现金流（或资产）的能力以及对项目担保的情况。四类债务会计信息需求方的总结如表4-1和图4-1所示。

表4-1　　　　　　　　债务会计信息需求方分析

需求方	关注的信息内容	信息成本	决策作用
社会公众和纳税人	涉及债务会计各个领域，如债务偿还来源、债务资金使用过程及其绩效等	高	舆论监督、参与政府治理
人大代表	债务相关的预算执行结果信息，如发债行为、债务资金使用的合规性	低	预算管理，对政府行为实施直接或间接影响
地方政府及主管部门	预（决）算信息、所有与债务相关的信息，如债务总量、期限结构以及项目资金使用等信息	低	政府债务管理，防范财政风险
证券监管部门、评级机构与债券投资者	变现资产、筹集偿债资金能力以及政府承担的负债与担保情况	低	发债审批、信用评级以及债券投资决策

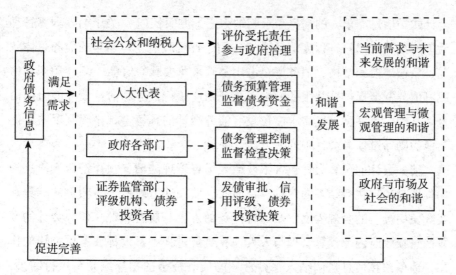

图 4 – 1   政府债务信息需求方及其需求内容

4.2.2   政府债务会计使用者信息需求分析

解决政府债务报告需求方构成，即"谁"是政府债务会计信息使用者的问题后，应对政府债务会计信息使用者需要"什么样"的信息做出回答。由于每一类债务会计信息使用者的信息需求都有各自特点，但又存在一定的相似性。因此，可以借鉴政府会计改革先行国关于使用者信息需求的研究成果，将其需求的信息归纳为五类：（1）关于政府债务的预算执行结果信息，涵盖预算与实际执行结果的比较和差异分析；（2）政府债务遵循法律法规的情况，即政府所控制和管理的公共经济资源是否得到依法授权以及使用是否合法合规；（3）政府财务状况信息，侧重政府资产中流动资产的变化以及负债情况；（4）政府收支情况信息，强调收入中债务收入的类型、债务收入的分配与使用过程；支出中债务本金和利息的偿还来源以及当期财政收入补足当期债务本金与利息的程度；（5）政府绩效信息，侧重债务资本化后的绩效，即政府的债务资金进行基础建设或提供服务时的债务资金使用情况信息，或政府举借的资金是否满足其投资基础建设的资金需求。

结合先行国的经验以及我国的制度环境情况，本节进一步将政府债务会计四类信息需求方的信息需求归纳为三个方面：（1）关于纳入预算管理债务的预算法律符合程度信息；（2）用于评价政府主体当年的债务总体状况、负债规模和结构、债务资金占用及其来龙去脉的信息；（3）用于评估政府债务资金提供公共服务的水平及其到期履行债务和清偿债务能力的信息。其中，第一类信息需求能在政府债务会计的预算会计中得到反映，而后两类则通过债务会计中的财务会计满足。

债务会计的预算会计包含了被纳入预算管理的债务预算符合法律法规的程度与预算执行结果的信息，帮助人大监控地方政府债务项目的筹集和实际使用过程的合规程度以及监督债务的发生与履行状况。债务会计的预算信息在政府内部预算管理与人大预算监督过程中都发挥着不可替代的作用，债务预算信息强调纳入预算管理的债务资金的预算编制与执行结果，有助于提升政府内部预算决策效率与管理能力，以及提高地方各级人大预算监督水平。它是地方政府内部上下级纵向行政问责和人大与其本级政府横向立法问责顺利实施的信息源。债务会计的财务会计则强调利用债务会计履行政府的公共受托责任，帮助上级政府（及政府主管部门）根据政府主体当年的债务总体状况、负债规模结构，以及债务资金"借、用、还"的来龙去脉等信息管理政府债务，服务于受托责任的解除。例如，各级政府利用债务会计信息提高债务资金使用效率，做出合理的债务管理决策；同时，又可以为债券市场的信息用户提供政府到期债务或与违约风险相关的决策有用信息，帮助证券监管部门审批债券发行或评级机构评估债券信用，从而做出正确的经济决策。

4.2.3　政府债务报告目标的确定

我国政府债务报告目标是以特定制度环境为背景，以政府债务信息使用者的需求为导向，在政府会计目标涵盖范畴内确定的。政府债务报告应具备以下三个基本功能。首先，准确且全面地披露政府债务信息是政府债务报告最基础的功能，政府债务报告提供一个系统完整的年度报告，其披露的内容应包含收付实现制的预算会计反映的结果性信息，不仅如此，权责发生制的财务会计所反映的过程性信息也应被纳入其中。

其次，政府债务报告应具备管理功能，是债务信息传递的基本载体。随着公共财政体制改革的完善以及政府会计制度的推进，提高政府债务资金的使用效率与决策的科学性成为国家治理和现代化的关键举措，是"把权力关进制度的笼子"的重中之重。由于政府债务资金具有资金涉及面广、链条复杂和周转周期长的特点，如何提升债务管理效率成为评估政府主管部门资金管理能力的重要组成部分。债务会计主体通过会计程序确认计量记录资金使用的过程与效率，披露债务资金的来龙去脉，提升政府的债务管理水平与资源配置能力。最后，由于政府债务兼顾市场性与公共性特征，政府债务报告还应是评估和预测政府债务风险的信息源。政府债务管理的目标是防范债务风险，而风险能够得到有效防控的最基本环节是对风险的识别与衡量，债务报告可以准确且客观地记录政府负有直接偿还责任的直接债务、或有债务的信息，为其评价债务风险与信用评级提供数据支撑。

为发挥政府在市场经济与债务管理的独特作用，可将政府债务报告的首要目标定位于公共受托责任与决策有用。在首要目标下同时兼顾债务预算管理与财务管理目标，以满足政府债务会计信息使用者对债务的多元信息需求。也就是说，在公共受托责任与决策有用目标下，反映政府债务存量状况、过程与债务预算合规性及执行结果信息，政府债务报告的信息使用者包括各级人民代表大会及其常务委员会、各级政府及其有关部门、社会公众、债权人和其他利益相关者。

债务会计的财务会计目标旨在提供政府负债存量状况以及债务资金使用情况的信息，反映政府债务会计主体的公共受托责任履行状况，并实现决策有用。一方面，帮助上级政府（及政府主管部门）利用负债规模结构以及债务资金使用等信息，更科学地指导政府债务举借和偿还与管理工作，更有效率地甄别、清理和规范政府债务，服务于受托责任的解除。另一方面，为满足债券市场信息使用者决策有用的信息需求，债务会计的财务会计还提供与政府偿债能力、财政可持续性相关的信息，如地方政府可流动资产（可变现资产）情况等，帮助证券监管部门掌握政府发债规模与债务投向，审批债券发行决策以及债权人与信用评级机构的投资与信用评级决策。

债务会计的预算会计目标旨在提供债务预算管理的债务预算执行结果信息，有利于帮助人大监控政府债务项目的筹集和实际使用过程的合规程度以及监督债务的发生与履行状况。全面完整的债务预算信息有助于监督与管理债务预算的举借、拨付、使用以及偿还过程，提升政府内部预算管理与各级人大预算监督的决策效率，并为编制后续年度债务预算提供参考依据。债务会计的预算会计提供的债务信息在政府内部预算管理与人大预算监督过程中发挥着不可替代的作用，满足了人大与政府及其各部门受托责任与决策有用的需求。

4.3 政府债务会计主体

4.3.1 债务会计主体纳入概念框架的必要性

探讨会计人造信息系统概念框架的逻辑起点是"目标"，但无论财务报表还是财务报告，"主体"应置于与"信息使用者"同等重要的地位。众所周知，会计主体是指会计为之服务的特定对象，且为会计假设中最重要的假设之一。目前，会计主体存在两种观点。一是"单位说"，其定义会计主体的依据是拥有控制与管理经济活动的能力以及有无承担相应的义务（主体是否有能力维持其经济活动）；二是"信息使用者说"，以各利益集团的经济利益（用户利益）及利益性质，而非经济活动对会计主体进行定义。前者重在控制，后者强调信息需求。AICPA（American Institute of Certified Public Accountants）理事会在最早研究财务报告目标时只研究前面所提及的三个问题，未曾涉及"由谁提供财务信息，所提供信息的边界是什么"的问题。政府综合财务报告产生于会计主体，明确划分主体的资源与资源所有权及其变动是十分关键的。因此，政府债务会计主体的研究对其债务概念框架的理论研究起到重要的基础作用。

明确会计主体的地位后，应该界定会计主体。会计主体界定有利于主体功能的发挥，会计主体性质不同，其功能也不尽相同，最终会影响会计主体的目标实现。因此，合理界定债务会计主体对会计目标实现起到积极作用。在界定债务会计主体前，需要明确记账主体与报告主体的概念。记账主体是从会计记账的角度界定的，而报告主体则是从会计报告的角度界定的。前者对主体经济业务的核算与确认入账范围做了限定，后者则限定了主体的报告范围与内容。因此，会计主体只要预计未来有潜在使用者就可以是报告主体，一个或者多个会计主体可构成一个报告主体，但多个报告主体不能只对应一个会计主体。财务报告主体不需要披露所有记账主体的信息，潜在使用者的信息需求可决定财务报告主体所编制报告的披露范围，即记账主体的全部或部分信息。

4.3.2　以"组织"构造会计主体

1. 理论基础——主体理论

正如"单位说"所述，一般而言，特定的组织或单位延续经济活动，特定的"组织"构造了会计主体，该会计主体可以是一个企业、企业的一个分部，也可以是集团母公司。权益理论中的"主体理论"是以"组织"构造会计主体的思路源泉，其资产定义关注会计主体的权利，权益则是利益相关者对会计主体资产的要求权。用会计等式表示：资产＝权益；资产＝负债＋所有者权益。等式的意义是强调经济主体的独立性，即债权人与所有者是企业主体的资源提供者，而企业又是独立于债权人与所有者的利益集团主体。由于"主体理论"适用于所有的经济组织，所以，政府债务会计也适合以"组织"来构造会计主体。

2. "政府"会计主体

"政府"之所以可以与其他经济组织一样，被认作一个独立核算的会计主体，是因为政府拥有独立的资产，并能够以资产承担相应的债务。从公共受托责任的视角看，政府分解整体的受托责任后，由各个具体的政府下属单位承担特定服务以履行受托责任。由"组织"（政府）构造会计主体强调政府组织对其所管理的全部公共经济资源所承担的受托责任。所以，"政府"会计主体是指一个独立核算的组织，它可能是一级政府，也可能是政府部门或各个行政事业单位。

　　国际上划分政府会计主体的方法有四种。（1）基金授权分配法。此方法将所有全部或主要使用、获得、分配政府预算资金的单位主体划入政府会计主体范围，则主体界定范围与预算单位一致。（2）控制法。在明确基本政府单位的基础上，将所有政府能控制的单位划入政府会计主体范围，其中，使用控制法前提需要设置控制的概念标准，强调对所有权的控制。国际公共部门会计准则委员会推崇使用控制法，《国际公共部门会计准则》规定了"公共部门主体"包含国家政府、地区性政府、地方政府和它们的组成主体，而政府财务报告主体包括政府各部门、政府组成部分的其他主体以及整个"大政府"主体。（3）政治受托责任法。根据被选举或任命管理者的受托责任决定单位是否划入范围，由于最终的责任由政府选举所产生，此方法被称为政治受托责任法。美国采用此方法，联邦政府会计将提供公共服务且负有受托责任的主体作为政府会计主体；州与地方政府会计则把基本政府作为政府会计主体。（4）法律主体法。根据法律规定决定政府会计主体的范围，其前提是明确政府的法律定义概念。

　　对其他国家进行考察可以发现，各国多数采用控制法确认纳入政府会计主体的范围单位，涵盖如立法、司法、行政机构的政府管理机构，同时履行政府职能的其他形式的组织也包含其中，如公共非营利组织、公共社团或公司。但是，国际上划分主体的做法并不适用于我国，原因是公共公司与公立非营利性组织的性质和范围与我国的情况存在较大差异，并且只使用单一的划分标准，不能解决我国政府会计主体范围的划分问题。例如，只采用基金授权分配法，必须将自收自支非经营性的事业单位与公立社团纳入主体范围，但以上组织不属于财政预算的范围；或只采用控制法，国有企业与经营性的事业单位必须纳入主体范围，这明显不符合现有实际。在政府会计准则颁布前，我国划分政府会计主体的方法是基金授权分配法和法律主体法相结合，依据是否存在财政缴拨款关系和会计制度的法人职能确定政府会计主体。

3. 政府债务会计主体

　　本节基于主体理论的"组织"含义，构造政府债务会计主体，则政府债务会计主体包含政府整体、政府部门和政府单位三个层次。因为我国政府的管理体制呈"金字塔"形，若干政府职能部门组成一级政府；每一个职能部门（也称主管部门）管理所属各个政府单位。每一级政府对其管辖区内民众负有公共受托责任，受托责任往往是由每一级政府的各职能部门及其下属单位逐级分解，然后予以履行的，每一方面的受托责任都由各个职能部门或政府基层单位依照自身的职能分别承担，如图 4－2 所示。

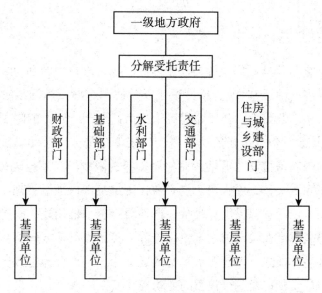

图 4－2　"组织"理论下的债务会计主体

各个职能部门（主管部门）及其下属单位构成政府债务的部门会计主体，它们各自形成一套自相平衡的会计账户，分别以自身预算财政活动与其他部门的财政活动相区别。采用以"组织"构造政府债务的部门会计主体有如下优势：首先，符合分权管理思想、新公共管理运动理念以及政府职能和组织结构分解受托责任的思路，更加强调放权、竞争以及绩效，有利于强化预算管理受托责任，促进各主管部门财务管理的积极性，以提高债务资金的使用效率和效益；其次，满足了财政预算管理需要，便于帮助人大监督控制各个职能部门（主管部门）及其下属单位的债务预算活动，以主管部门或基层单位为基础设置会计主体，归集核算本级财政部门政府债务的举借和偿还情况。与其他主管部门相比，财政部门是地方政府债务归口管理部门，其核算范围更大，除了以收付实现制核算纳入预算管理的所有地方政府债务的举借与偿还情况，还需记录债务资金使用安排情况以及各主管部门偿还资金的来源情况。财政部门还必须以权责发生制的核算基础单独设立独自的平衡账户体系，反映政府债务规模以及结构等情况，为政府债务管理提供决策工具。

4.3.3　以"基金"构造会计主体

1. 基础理论——基金理论

以"基金"构造政府债务会计主体源于权益理论中的基金理论，该理论认为，经济资源（基金）、相关责任以及使用这些资源的限定组成了企业单位。根据基金理论，会计等式被定义为：资产＝资产的限制。李建发（1999）对该会计等式的解释为，资产代表的是基金或活动单位的未来服务，资产的限制是指资源提供者对使用资产的限制。在基金理论中，"资产"得到了重点关注，它强调资产必须在规定范围内加以管理与使用。政府与非营利组织的资源提供者通常会严格限定资源的用途，政府履行受托责任的重要表现是在限定用途下使用资源。美国州与地方政府会计采用的是基金会计主体模式，该模式下基金的定义为，一个会计主体用于记录财务资源、对应负债以及剩余权益的变动。

2. 政府债务项目会计主体

政府债务财务会计中的"基金"是独立的财务和会计主体，有一套收支平衡的账户用于记录每一个债务项目资金的往来，在该基金账户内的限定性资源形成的资产应由该资源独立拥有（专款专用），负债也由形成的资产偿还。为有效监督债务资源是否满足在限定的范围内使用，对限定性资源进行管理的政府职能部门需要提供与其他资源信息相分离的会计信息。当债务资金或资源的提供者对资金的限定达到基金标准时，此类政府项目资源会被认定为政府基金，即政府债务项目会计主体。项目会计主体用于反映不同的债务项目从立项、融资、建设、监管到完工的资金流动的全过程。在设立政府债务项目会计主体时，需要遵循五个标准：（1）资金的产权归国家所有；（2）由政府单位进行管理；（3）限定资金用途，新《预算法》规定发行债券的资金只可用于资本化支出；（4）具有独立财产权利与负债责任；（5）单独编制预算与独立核算，指的是管理债务资金的政府主管部门必须设立区别于其他资源的自我平衡收支表。项目会计主体的资金来源通常是一般公共预算中税收或发行地方债券的收入，又或者是政府性基金预算中专项债务收入等，债务资金使用去向则是资本性支出。

以基金构造的项目会计主体关注债务资源的取得、运用和偿还，不同项目会计主体承担不同的受托责任，只有对各个债务项目分别核算与报告才能反映各项目的财产及相关的负债责任。设立项目会计主体有助于分清政府各主管部门的管理受托责任，能够有效克服代理人随意挪用专用资金的道德风险，从而保证债务资金资源使用的合规性，特别是遵守纳入政府预算管理的债务预算资源的专用性。同时，债券市场的利益相关者，如债券持有者或评级机构等，能够依据项目会计主体提供的报告保护其在经济投资方面的利益。

4.3.4 政府债务双会计主体

通过以上分析可以发现，政府债务会计主体基于不同的理论，其构造方式也各有不同，究竟应采用何种方式定位政府债务会计主体？我们认为，在考虑债务信息的制度环境以及相关公共管理体制因素后，定位政府债务会计主体关键取决于政府债务会计的改革目标与信息使用者的需求。其中，债务会计报告的重要构成部分是政府债务会计主体。如果以提供受托责任与决策有用信息为债务会计目标的中心，构成三角形的一角，另两角则为债务会计信息提供者（主体）和信息使用者，如图4-3所示。

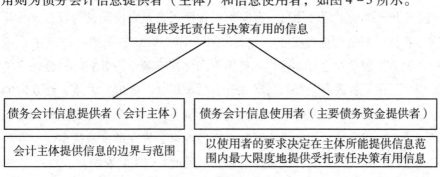

图4-3 债务会计主体

政府会计实践过程中，基于主体理论以组织构造政府会计的会计主体，通常将整体政府组织设置为独立会计主体，那么记账和报告主体是一致的。以主管部门或基层单位构造政府债务的部门会计主体，则政府债务的部门会计主体不是报告主体，而是记账主体。政府债务的部门会计主体由"组织"构造，与公共管理观相符，易于管理与监督主管部门及其下属单位（下层代理人部门）的活动。会计主体与受托责任主体地位重合，便于立法机关和其他利益相关者对政府使用债务资金的监督及控制，强化了各政府主管部门对所承担的公共财政受托责任的履行，同时及时地帮助本级人大监控各个主管部门的债务预算活动，反映与报告政府债务的举借和偿还情况，实现债务会计反映预算合规性受托目标以及满足财政预算管理的需要，即向债务决算报告使用者提供与纳入政府预算管理的债务预算执行情况有关的结果性信息。但是，由于各部门是以自身拥有和控制的资源提供公共产品与服务的，仅以组织构造部门会计主体，不能兼顾和满足政府债务"专款专用"的财务管理需要，在这样的情况下，各主管部门和单位容易做出机会主义行为，如随意超出预算、擅自挪用专项债务资金，更有甚者滥用权力通过不法途径取得债务收入等，无法对各部门项目的债务使用过程进行有效控制。

基于基金理论以基金构造政府债务项目会计主体来反映政府债务资金使用情况与结构，不仅在很大程度上控制了纳入预算管理的债务资源的专用性，有利于债务委托人监督主管部门及其下属单位（政府及其内部部门代理人）的限定资源使用受托责任的履行，防止代理人挪用债务资金或项目形成资产资源而引起的道德风险。设置项目会计主体更有利于实现债务会计的财务会计目标，向债务报告使用者提供与政府债务资金使用情况和现金流量相关的过程性信息，有助于报告使用者做出决策或进行监督和管理。若仅以基金构造债务项目会计主体，而不设立各职能部门（主管部门）及其下属单位会计主体，容易出现弱化甚至剥夺主管部门的会计主体地位，打击了各政府主管部门财务管理的积极性，造成只关注一级政府的专项债务项目资金而忽略不同来源的债务资金，以及模糊各个主管部门在使用公共资源上的受托责任，同时，管理者财务管理的主观能动性没办法得到发挥，绩效性公共受托责任局面的形成也受到不利影响。

因此，界定政府债务会计主体应采用政府（主管）部门会计主体与项目会计主体"双会计主体"并行的模式,满足政府债务会计信息使用者对债务多元信息的需求,前者使政府的财政预算管理目标得以实现,后者则使各主管部门以及下属单位的财务管理和预算管理需要得到了满足。在并行的双会计主体模式下,一方面,通过主管部门会计主体设置自我平衡的账户,以收付实现制核算纳入预算管理的债务,反映债务预算合规性与执行结果信息,履行公共受托责任实现债务预算管理的目标。同时,财政部门的会计主体设置自我平衡的账户以双轨制(权责发生制与收付实现制)核算政府负有直接偿还责任的直接与或有债务,通过主体确认、计量和记录的会计程序准确识别债务,反映其债务会计主体履行债务管理的受托责任,达到防范政府债务风险的管理目标。财政部门实行权责发生制会计基础扩大了债务的核算范围,从法定或合约形式确认的政府负债扩展到政府对各种贷款的担保等或有负债,这有助于债券市场的信息使用者,即现在与潜在的投资人和其他债权人识别主体的财务实力及弱点,并帮助主要使用者评估主体的流动性与偿付能力;有关主体过去和现在要求付款的需求则可以帮助以上使用者了解、预计未来现金流在报告主体不同期间的分配情况。另一方面,政府债务项目会计主体以权责发生制设置自我收支平衡账户用于记录每一个债务项目资金的往来,即立项、融资、建设、监管、完工债务项目全流程,帮助立法机关、各级政府以及债券投资者等利益相关者监督债务资源的使用过程与使用效率,以及限定性项目资金使用行为的合规性,避免发生主管部门以及下属单位使用债务资金与资源时的道德风险行为。并行的双会计主体模式有利于加强债务项目管理活动和提升政府内部管理水平,促进绩效性公共受托责任的履行。

4.4　政府债务会计信息质量特征要求

在政府债务会计概念框架的研究中,政府债务目标决定了政府债务会计和报告的信息使用者及其需求。政府债务会计信息的质量特征对会计信息的质量提出了要求,即它是贯穿于选择或评价会计准则、程序及方法的标准,实质是政府债务会计目标具体化的表现,明确什么样的政府债务会计信息才是决策有用或有助于实现受托责任，它比政府债务会计目标更具体地指导债务会计的确认、计量和信息传递。如果说目标侧重明确政府债务会计信息的使用对象及其信息需求，质量特征则使债务信息能有效地符合债务会计目标在质的方面的规定，债务会计目标中"使用者需要什么信息"由此得到质量方面的保障。可见，对政府债务会计质量特征的研究是连接债务会计目标和概念框架其他要素研究的桥梁，质量特征被看作是目标同会计程序与会计选择的中介。

美国财务会计准则委员会（Financial Accounting Standards Board，FASB）的研究报告中指出，会计信息的质量特征应具有三个作用：一是指导制定与财务报告目标相一致的会计准则；二是在选择表述经济事件的不同方法时，为财务信息提供者提供指南；三是增进使用者对企业或其他组织财务信息的有用性和局限性的理解，使他们做出更有依据的决策。事实上，因为会计信息质量特征具有效用特性，世界各地的企业会计准则以及政府会计准则制定机构关于会计信息质量特征的研究一直持续着，表4-2是各国机构对会计信息质量特征的汇总。

表4-2   会计信息质量特征汇总

特征	财务会计概念框架（FASB）	美国联邦会计准则（FASAB）	美国州与地方政府会计准则（GASB）	国际公共部门会计准则（IPSASB）	政府会计准则	财政总预算会计制度
可理解性	√①	√	√	√	√⑥	√⑤
相关性	√②	√	√	√	√③	√②
可靠性	√②	√	√	√	√①	√①
及时性	√②	√	√	√	√	√③
可比性	√③	√	√	√	√⑤	√④
重要性	√④					
一致性		√				
可验证性				√		
成本效益原则	√	√		√		
全面性					√②	
实质重于形式					√⑦	

注：表内序号为对会计信息质量特征的排序，是对各准则条文信息质量特征发布顺序的说明，仅"√"表示准则对各个信息质量特征的重要程度相同。

由表 4 - 2 可以看出，可理解性、可靠性与相关性是各国准则中会计信息质量基本共有的特征，及时性与可比性是重要特征。剩余其他特征在不同国家都各有侧重，例如，美国联邦会计准则和美国州与地方政府会计准则的政府会计信息质量特征是相同的，在参考借鉴 FASB 的财务会计概念框架的基础上，美国 FASAB 和 GASB 指出，除以上基础和重要特征外，会计信息质量还应包括一致性；国际公共部门会计准则委员会指出，公共部门的目标是为配置公共资源、解除公共受托责任和实现决策有用提供信息，在关注可理解性、可靠性、相关性、及时性与可比性质量标准的同时，还应增加信息的制约因素可验证性和成本效益原则。相较于企业会计信息质量特征，政府会计的信息质量特征大部分没有明晰的层次结构，即使国际公共部门会计准则在 2008 年前曾对政府会计信息质量特征进行分级，但很快就取消。我国政府会计准则和财政总预算会计制度是以准则文件的形式公布会计信息质量特征，并未对其分层。政府会计准则提出可靠性、全面性、相关性、及时性、可比性、可理解性以及实质重于形式的质量特征轮廓；财政总预算会计制度规定，质量特征应涵盖可理解性、相关性、可比性、可靠性、及时性。表 4 - 2 对会计信息质量特征的排序是对各准则条文的说明，方便借鉴各国会计信息质量特征来探讨政府债务会计质量特征。

政府债务会计目标决定了会计信息质量特征分层体系。债务会计首要的目标定位为受托责任和决策有用，在首要目标下还需兼顾债务预算管理与财务管理目标。鉴于目标层次不同，债务会计信息质量特征的要求也有所不同，首要层次的目标统领着债务会计信息质量特征体系，其他层次相对应的质量特征是为首要目标服务的，在整个质量特征体系中处于基础与补充地位。本书认为，以受托责任为核心的会计信息质量特征分层体系，将可理解性置于决策有用性之上，并作为受托责任的前提条件，及时性与可比性次级质量特征置于公共财政受托责任之下，把相关性和可靠性列为"决策有用"的主要质量特征，同时为满足债务会计信息对不同利益相关者的信息需求，全面性也应纳入该体系，如图 4 - 4 所示。

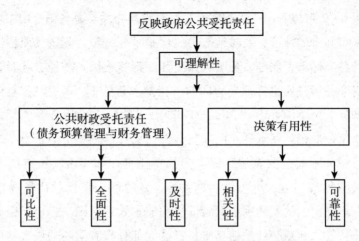

图 4 – 4　政府债务会计信息质量特征体系

　　首先，可理解性是解除政府对利益相关者受托责任的前提，应将其置于决策有用性之上。可理解性是指要让信息的含义被公众利益相关者所理解。债务会计信息即便与决策相关且可靠，但若信息不能被社会公众和纳税人等信息用户理解，不能读懂债务会计信息，便谈不上实现决策有用性。同时，过载的政府财务报告会使信息用户对债务会计信息的理解产生偏差。例如，在政府财报中不断增加披露涉及政府各领域活动的非财务信息，即便是具有专业财务知识的会计人员，对其信息的判别也会存在困难。"工欲善其事，必先利其器"。债务会计是一门通用语言，为债务会计信息提供者和信息使用者提供了沟通工具，在此之中，债务会计信息质量的高低是基础，可理解性则是用好这些会计信息的根本。若不被理解，会计这门"语言"也将失去作为语言最基本的功能。为提高政府债务信息的可理解性，可通过编制简化专项债务报告及时、简要地让债务信息使用者理解大致概括性的信息。简化专项债务报告为信息使用者全面阅读和理解完整的政府财报提供可能性，政府年度综合财报和简化专项报告的有效配合有助于提高债务信息的可理解性。辨别、理解以及利用这些信息的前提是政府财务报告具有通用且可阅读性，否则将误导信息用户。其次，实现受托责任与决策有用首要目标时还需兼顾政府债务管理的预算与财务管理目标，相对应的债务会计质量特征是全面性、及时性与可比性。此目标层次的质量特征服务于立法监督机构与政府及其内部管理机构，帮助以上使用者管理监督政府债务，尤其是合理配置债务资源，及时地防控债务风险。全面性债务会计质量特征要求债务会计主体将主体发生的各项经济事项与业务纳入会计核算体系，确保债务会计信息能全面反映双主体的预算执行情况、债务存量状况和使用情况等。因此，不仅核算纳入预算管理的债务，还确认直接与或有负债，真正意义上实现了解除财政公共受托责任，监控债务项目的筹集和实际使用过程，以及监督债务的发生与履行状况。而可比性的质量特征使政府信息使用者利用债务会计进行纵向行政问责和人大横向的立法问责成为可能，在政府预算管理与人大预算监督过程中发挥了重要作用。再者，债务风险防控需要及时的债务会计信息，利于实时依据反馈数据与信息进行动态监控，从而将债务风险降低至可控范围。只有及时且可比的债务会计信息才能消除债务信息断层，推动政府债务管理，促进政府债务的良性发展，为提高政府债务管理提供有效的工具。

决策有用是政府债务会计另一个重要目标，相应的质量特征是相关性与可靠性。若缺失任何一种，债务会计信息都将是无用的。一方面，相关性是指政府提供的会计信息应符合国家宏观经济管理的要求，尽可能地满足各债务信息使用者对地方债的信息需求。随着债券市场的发展以及新《预算法》赋予省级政府发债权利，各地方政府以发行债券的方式举债越来越普遍，发债政府提供的债务会计信息应对报告使用者的决策有用，帮助报告使用者对债务会计主体过去、现在或者未来的情况做出评估或者预测。其中，债务会计信息只有具备"导致差别"的能力，才能帮助债券市场的信息使用者确定它与哪一项决策相关。一般而言，债权人或潜在债券投资人所作的相关经济决策，建立在发债机构披露的自身财务实力与弱点的基础上，债权人或潜在投资人以过去与现在债务资金的流动性来评估和预测主体未来的偿付能力、筹集补充资金的能力以及有关财务状况的其他信息。若要证实或改正先前的期望，就需要具备判断不同决策差别的能力，判断不同决策方案信息的差异是增加或减少，使用者由此可以降低经济事件的不确定性，以此增加做出正确决策的概率。另一方面，债务会计信息质量特征的可靠性是指债务会计信息应做到如实表述政府经济活动的过程与结果，避免会计结果只符合某一特定利益团体的需要。可靠性要求债务会计主体进行会计核算时应以真实发生的经济业务或事项为依据，如实反映各项会计要素的情况和结果，保证会计信息真实可靠。只有如实反映，才可能通过债务会计信息确切地描绘主体的经济资源、负债状况以及引起债务资金变化的现实交易、事项和情况。通过确认计量记录的会计程序来如实反映政府债务的预算执行结果以及资金使用与变化过程，最终报告披露债务资金的来龙去脉，由此实现可靠性。因此，相关性和可靠性是债务会计信息是否决策有用的基本质量标准。

4.5　政府债务会计要素

4.5.1　二元结构会计要素的生成

1. 会计要素的概念

会计要素在财务会计概念公告或各国的政府会计准则中指财务报表要素，即财务报表中各项目的分类。然而，以会计处理惯例与认定划分习惯，一般被认定为会计要素的是以某种会计基础按会计核算程序确认、计量和记录的财报项目。王彦等（2009）提出一元结构的概念，若一会计主体只以一种会计基础核算记录日常交易与事项，同时编制对应会计基础的会计报表（如预算收支表），则一元结构会计要素就是以上报表上的会计项目。在政府会计准则还没有颁布前，除固定资产等个别项目外，预算会计以收付实现制的会计基础核算记录与资产、负债和收入、支出要素有关的业务，并编制预算执行收支表和资产负债表。

2. 二元结构会计要素

若两种会计基础同时对同一会计主体发生的经济事项进行核算记录，且编制两种会计基础的报表，不同会计报表产生的会计要素，被认为是二元结构会计要素。周卫华等（2016）指出，《政府会计准则——基本准则》（2015）颁布后，将政府财务会计和预算会计作为独立要素予以规定与描述，标志着政府会计的二元结构体系已经形成。例如，政府会计体系中权责发生制的财务会计和收付实现制的预算会计同时都对收到发行债券的收入这一经济事项进行确认与记录，并形成两套不同会计基础的会计报表，其中的"收入"要素与"预算收入"要素，就是二元结构会计要素。

3. 债务会计二元结构会计要素的产生动因

债务会计二元结构的本质需求是跨问题域核算。稽建功（2013）指出，问题域是指提问的范围与问题之间的内在关系和逻辑可能性空间。两个会计系统分别隶属于不同的问题域，预算会计隶属主体的公共资源分配问题域，财务会计则隶属主体运营管理问题域。债务会计之所以要同时服务于主体的两个问题域，其本质是债务会计目标多元化的演变，更是为了满足社会公众、政府、债权人等不同信息用户的信息与决策需求。

政府债务会计目标旨在反映主体公共受托责任履行情况，政府负有对公共资源配置经济性、效率性和效果性的受托责任。债务会计预算会计原以强调债务资金使用的合法合规性为主，以纳入预算管理的债务资源的受托责任为认定与解除对象，是满足公共财政预算管理与监控的信息需求的主要渠道。因此，政府会计长期以来普遍采用收付实现制或是修正的收付实现制，其主体中会计要素的确认以及财务报表编制都采用以上两种会计基础。但随着信息用户需求越来越多元化，要求债务会计的关注点向以受托责任为主的绩效管理转变，从重视政府债务资源取得和使用的合规性转向强调债务风险有效管控、债务资本化后公共资源的利用效率，提高政府债务管理能力，要求会计要素设置能区分政府显性、隐性和或有债务，反映债务资金的来源、用途、性质以及对象等实质问题。明确政府承担的债务规模与结构以及偿还能力等信息。债务目标的扩大化和需求的多元化导致会计基础由收付实现制向权责发生制转变，政府需要提供以权责发生制或修正的权责发生制为基础的综合财务报表。

4. 债务会计引入二元结构会计要素的必然性

当前，我国政府会计主体属于多层次的复合会计主体，各个会计主体的记账、报告都有其相对应的会计要素内容，而各会计主体对各自的会计要素项目规定具体核算要求，从政府经济资金运动活动视角，会计要素应涵盖政府资金执行、收入、分配以及使用四个基本环节的核算内容。在政府会计准则还未实施前（2017年），会计要素设置与核算采用一元结构。这种结构模式的缺点主要有三个方面。(1) 政府经济资金业务涉及的要素不能同时在不同会计基础的预算收支表和资产负债表上确认与反映。例如，省级政府发行的债券以债务收入形式核算，记录在预算收支表，但不确认负债。又如，收付实现制下没有单独设置会计要素记录核算应计债券利息，也未在资产负债表上反映，而是全部计入预算收支表中预算支出的债务支出明细科目下。(2) 分别执行财政总预算会计与行政事业单位会计的不同类型的会计主体分别设置不同的会计要素，会计要素不统一。(3) 会计要素设置命名时不以其实质为主，没有摒弃因预算环节、单位层级、经济内容的具体形式产生的差异。例如，收入与支出在各个会计主体的定义是以具体业务内容界定的，财政预算总会计支出定义强调"财政资金的再分配"，而事业单位会计的支出定义为"开展业务活动的资金消耗与损失"。这样不能让使用者准确把握会计要素的本质，而且容易误导信息用户，更无法抵销报表合并项目。所以，一元结构会计要素的设置无法满足收付实现制核算基础的预算执行信息与权责发生制核算基础的债务状况信息的双重需要。

我们认为，债务会计引入二元结构会计要素是债务会计改革的不可逆趋势。因为二元结构会计要素的设计不仅切合受托责任与决策有用的双债务会计目标，还符合多元化的债务会计信息需求。二元结构的债务会计要素是指以收付实现制（或修正收付实现制）为基础构建预算会计要素，同时还以权责发生制为基础构建财务会计要素，即设置两种会计基础的会计账户对同一债务会计主体（主要是债务主管会计主体）所引起的同一笔经济事项变化业务，在不同账户核算。例如，债务利息按权责发生制需要计提确认为负债，但在收付实现制下则不会确认为预算支出，最终产生两种会计基础的债务报表。二元结构债务会计要素能够涵盖债务资金的使用以及再分配流转的全部状态，是一整个完整的会计要素体系，可实现独立确认和计量，两张报表的要素会计基础变化以及债务报表会计项目的更变也互不影响，促进债务会计渐进式改革。

4.5.2　二元结构会计要素设计原则

本书认为，债务会计要素的设置应尽可能与政府会计准则下二元结构的会计要素一致，不仅有利于主体间会计要素的可比性，还有助于各报表数据的获取与转换。一方面，债务主管部门会计主体与项目会计主体共同构成了政府债务会计主体，其整体性要求债务会计的两个主体会计要素定义一致。另一方面，债务主管部门会计主体和项目会计主体的会计要素具有可比性，不同会计主体内的要素定义需要一致。例如，地方政府各级财政部门的预算收支活动构成整个债务预算资金的产生、分配、使用链条流转的不同环节，在编制政府债务报告的预算收支时，财政预算形成的预算支出与预算实际使用部门的财政收入需要相互抵销。但并不代表会计要素的具体内容要一致，因为各要素经济业务具体内容的变化在各主体间是不同的。例如，财政部门的预算支出对于各主管部门主体是预算收入。因此，在会计要素定义一致的前提下，需对债务资金运动活动引发的要素细化项目进行具体范围的界定。

4.6　政府债务会计报告

当前，我国政府债务信息来源于统计、审计口径以及预算会计的预算报告，侧重披露预算的结果性数据，忽略了过程性与效果信息，如债务举借、使用、偿还过程中的信息以及对政府债务规模与结构风险的评价信息，无法符合信息用户的多元需求。

政府债务报告应立足于政府债务会计目标及信息用户的需求，提供最基本且全面的债务过程与结果信息，为满足使用者多元的信息需求提供信息支撑。地方政府债务报告应包含以下内容：

1. 债务预算会计报表

债务预算会计报表立足于债务会计的预算会计目标，旨在提供纳入预算管理的债务预算符合法律法规的程度与执行结果的信息，帮助立法机构监控政府债务项目的筹集和实际使用过程的合规程度，以及监督债务发生与履行状况。债务预算会计信息有助于提升政府内部预算管理与各级人大预算监督的决策效率，是政府内部上下级纵向行政问责和人大与其本级政府横向立法问责的基础信息源。债务预算会计报表由财政部门会计主体以收付实现制编制并核算债务预算，设置关于政府债务的预算收入与支出科目，明晰上下级债务流向与结算情况，分步骤地执行本级人大批准的债务预算的举借、拨付、使用以及偿还，完善债务预算体系，让政府债务完整科学地接受人大的审议和监督。因此，债务预算会计报表提供的预算信息在政府内部预算管理与人大预算监督过程中发挥着不可替代的作用，满足人大与政府及其各部门受托责任与决策有用的需求。

2. 债务财务会计报表及附注

债务财务会计报表及附注立足于债务会计的财务会计目标，旨在提供政府债务存量状况与债务资金使用情况等过程与结果信息。债务财务会计报表由债务会计主管主体和项目主体以权责发生制为基础，共同建立政府债务会计核算体系，两会计主体同时核算政府举借、拨付、使用、偿还债务的全过程，生成债务财务会计报表，让其报表内容可从双视角展示资金的全流程情况，债务会计的财务会计信息虽兼顾公共受托责任，但更关注与体现政府债务管理与债券市场的决策有用性。一方面，帮助上级政府（及政府主管部门）利用负债规模结构以及债务资金使用等信息，更科学地指导政府债务举借和偿还与管理工作，更有效率地甄别、清理和规范政府债务，服务于受托责任的解除。另一方面，为满足债券市场信息使用者决策有用的信息需求，可在附注中以权责发生制的债务财务会计报表为基础，提供与政府偿债能力、财政可持续性相关的信息，如地方政府可流动资产（可变现资产）情况等，帮助证券监管部门掌握政府的发债规模与债务投向，进行审批债券发行决策，以及债权人与信用评级机构的投资与信用评级决策。

3. 债务分析与预测报告

债务分析与预测报告是对基于政府债务预算会计报表与财务会计报表的信息利用结果的描述性解读。它是政府债务预算会计报表与财务会计报表的补充，通过编制债务分析与预测报告，有利于及时、简要地让概括性的债务信息被债务信息使用者所理解。债务分析与预测报告和政府债务报表有效配合，有助于提高债务信息的可理解性。债务分析与预测报告的内容可包括：（1）对政府债务规模及其结构变化情况的评价；（2）依据政府债务借、用、还过程中的风险提出处置政府债务风险的应急措施或防控债务风险的政策建议；（3）评估地方政府偿债能力与违约风险的分析报告；（4）政府债务的风险预测或预警报告。

4.7　本章小结

本章在借鉴政府会计改革先行国关于政府会计准则研究成果的基础上，开展了政府债务会计框架的研究，系统构建了我国政府债务会计的概念框架，为设计债务会计系统提供了重要理论基础。构建政府债务会计概念框架的内容如图 4 - 5 所示，包括：确定政府债务会计目标、双会计主体、债务会计信息质量特征、二元结构的会计要素以及政府债务报告等基础问题。

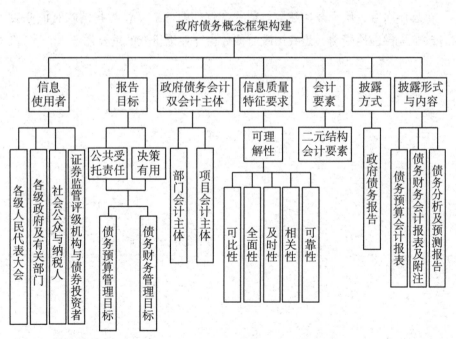

图 4 - 5　政府债务会计概念框架

　　构建政府债务会计概念框架的逻辑线索是：首先，基于第 3 章问卷调查的结果，确定政府债务会计信息的主要使用者，包括各级人民代表大会及其常务委员会、各级政府及有关部门、社会公众和纳税人、证券监管部门、评级机构与债券投资者。以债务信息使用者的需求为导向，确定政府债务会计目标，其首要目标定位为公共受托责任与决策有用。在首要目标下同时兼顾债务预算管理与财务管理目标，以满足政府债务会计信息使用者对债务多元的信息需求。其次，以"组织"与"基金"理论构造政府债务双会计主体，即政府部门会计主体与项目会计主体，并阐述政府债务会计采用部门会计主体与项目会计主体双会计主体并行模式的必要性与优越性。政府债务会计信息质量特征是连接债务会计目标和概念框架其他要素的桥梁。政府债务会计目标决定了会计信息质量特征分层体系，质量特征体系中，可理解性置于可比性、全面性、及时性、相关性与可靠性之上。再其次，论述政府债务二元结构会计要素的确认与设计原则。最后，政府债务会计通过债务预算会计报表、债务财务会计报表及附注以及债务分析与预测报告，将基础、全面且完整的债务信息输出给债务信息使用者。

　　总体而言，研究并构建政府债务会计的概念框架，为我国政府债务会计改革提供理论指引，是我国政府债务会计理论研究的重要任务。

第 5 章

风险管理导向的地方政府
债务会计系统设计

本章通过设计风险管理导向的地方政府债务会计系统以及一套完整的地方政府债务报告体系来防范地方政府债务风险。

5.1 风险管理导向的地方政府债务报告
目标与报告体系

风险管理导向的地方政府债务会计系统是以地方政府为主体，基于风险管理视角对政府债务资金的管理流程重新划分，在可能产生地方债风险的"借、用、还"环节，识别地方债务风险，将地方政府债务风险管理的程序与事项融入政府债务会计理论中，设计风险管理导向的地方政府债务会计系统，以一套完整且系统的地方政府债务报告体系来防范债务风险，实现主动报告地方债风险的目的。

5.1.1 风险管理导向的地方政府债务报告目标

风险管理导向的政府债务报告目标与前面概念框架所提的政府债务报

告目标有所不同，但又是相关联的。相较于概念框架所提的政府债务报告目标，风险管理导向的政府债务报告目标具有两个特点。（1）风险管理导向的政府债务报告目标涵盖在政府债务报告的目标内，且强调通过利用设计的风险管理导向的地方政府债务会计系统实现地方政府债务风险管理目标——防控地方债风险，所以，风险管理导向的地方政府债务报告目标范围更小，目标更加具体化。（2）风险管理导向的地方政府债务报告目标更侧重决策有用目标的实现，虽兼顾公共受托责任，但更关注债务报告在地方政府债务管理过程与债券市场上决策有用性的体现。例如，地方政府内部管理者可利用其报告的披露内容从不同维度反映地方债信息，更科学、完整地指导地方债的举借和管理工作；债权人与信用评级机构利用报告掌握地方政府的发债规模与债务的投向，从而满足他们对投资与信用评级决策分析的信息需要。

因此，风险管理导向的政府债务报告目标更强调通过信息手段对地方政府债务风险进行防范，保证债务资金有效合法运行。本书认为，风险管理导向的政府债务报告目标应定位为：

第一，风险管理导向的地方政府债务报告为评估及防范地方债风险提供基础数据信息支撑。地方政府债务管理首要目标是防控地方债风险，即将地方政府债务水平控制在可接受范围内。确定地方政府债务水平需要完整全面的债务基础原始数据信息，债务基础原始数据信息的构成有地方政府资产负债总量、存量与流量数据、地方政府债务余额（总规模情况）以及其债务组成概况等，全面完整的债务基础数据信息应由风险管理导向的政府债务报告提供，其报告又是经过政府债务会计系统一系列会计核算程序生成。同时，基础数据信息又是量化地方债风险与构建政府债务风险评估指标体系以及建立预警机制的数据源，如债务增长率、逾期债务率、债务依存度以及债务余额占财政收入的比重等。度量与构建指标体系需要基础信息的数据支持，原先依靠统计或估算等方法得出的指标结果应该被政府债务会计系统核算信息（基础数据信息）所替换，这样才能保证基础数据的准确性。只有具备准确客观的基础数据信息才能丰富地方债风险评估与预警指标的维度，以及提升债务风险评估指标的度量精度。因此，风险管理导向的政府债务报告为评估与防控地方债风险提供了最全面完整的基础原始数据信息。

　　第二，风险管理导向的地方政府债务报告是保证债务资金在各阶段的合法合规以及使用效率效果的决策基石。风险管理导向的政府债务报告中相关的项目债务报表，是解决地方政府债务资金"借、用、还"各阶段债务管理难点的决策工具。由于地方政府债务资金涉及面广、用于基础建设的周期长，资金链条也复杂，这对地方政府科学地管理地方政府债务资金提出较高要求。利用风险管理导向的政府债务报告有利于加强对债务资金的适时控制，可判定取得债务资金（"借"阶段）时的合规性，评估债务资金使用（"用"阶段）过程的效率性，以及偿还（"还"阶段）债务的及时性。就这方面而言，风险管理导向的政府债务报告具有较强的管理功能，是地方债务管理报告的一种。因此，披露债务资金预算执行结果信息与使用效率效果的过程信息，属于风险管理导向的政府债务报告目标之一。

　　第三，风险管理导向的地方政府债务报告为揭示政府债券违约风险以及信用评级提供有用信息。随着我国债券市场的不断发展，地方政府作为债券市场的发债主体时，必须向债券投资者、评级机构等信息使用者披露发债政府财务状况和财政可持续性的相关信息，作为其评估债券违约风险，进行债券投资以及信用评级的基础。虽然信息使用者可基于政府综合财务报告获取资产和负债存量信息，但其信息量仍不足以支撑信息使用者在债务管理中对地方政府所拥有的公共经济资源和债务求偿进行估计，对违约风险进行评估。而在风险管理导向的政府债务报告中，基于可流动性资产负债表，信息使用者能够评估并防范地方政府的违约风险。利用风险管理导向的政府债务报告可以获取完整的可变现资产信息，以此为基础帮助评级机构准确地评价地方政府的偿债能力与违约风险。因此，披露政府债券违约风险以及提供信用评级的有用信息，也是风险管理导向的政府债务报告目标之一。

5.1.2　风险管理导向的地方政府债务报告体系

　　风险管理导向的地方政府债务报告体系不仅包括债务报告的形式，也涵盖债务报告的内容。债务报告的形式是指披露债务信息的形式，如同财务报告披露信息的基本形式，包括资产负债表、利润表及其现金流量表等。债务报告的内容则是指债务报告所披露的各类信息，一般分为财务信息与非财务信息。前者是经过会计程序生成的货币化信息，后者更侧重历史性和预测性的不以货币形式为主的定性信息。风险管理导向的地方政府债务报告的非财务信息，包括政府债券发行与使用概况、债务管理制度框架基本性信息以及概况性内容。如本地区发展规划、债务规模限额，债务资金的计划投向，债务资金决策机制等。

本书将风险管理导向的地方政府债务报告体系中披露的财务信息分为两个层面：基础层面信息与分析层面信息。基础层面信息指从债务会计的预算或财务报表直接读取的信息，以及在政府管理过程中获得的债务项目的效果评价信息。基础层面信息是以地方政府债务会计系统为依托，依据确认计量原则，记录、计算、分析政府债务报告而成。分析层面的信息是在基础信息上采用科学方法进一步加工形成的信息，具体是指以基础信息为标准，运用一定的数理或决策方法综合计算得出的信息，如构建风险评估或预警指标体系中的债务依存度、新增债务率等指标。以上指标属于分析层面信息，以定量方式建立指标评估或预警地方债风险。风险管理导向的地方政府债务报告体系中的非财务信息主要包括政府债券发行情况以及债务管理制度框架。

另外，风险管理导向的地方政府债务报告体系中的披露信息形式与地方政府债务风险管理相联系，强调利用披露的系列债务报表识别地方政府在"债务举借—债务资金使用—债务偿还"各阶段的风险，通过防控"借、用、还"各阶段的风险在整体上将地方债风险控制在可接受范围内。以上所有内容形成了完整的风险管理导向的地方政府债务报告体系，如图 5-1 所示。由图可知，风险管理导向的地方政府债务报告披露以下 7 张表以及报表附注：债务余额情况表、一般债券/专项债券发行情况表、政府资本资产情况表及其明细表、政府基本建设类项目收入支出决算表、项目收入费用表、可流动性资产负债表以及政府债券到期明细表。债务余额情况表与一般债券/专项债券发行明细表用以识别债券发行阶段的总量风险与合规风险，政府资本资产情况表及其明细表、政府基本建设类项目收入支出决算表及项目收入费用表用以识别债务投资与项目运营阶段的项目风险，可流动性资产负债表与政府债券到期明细表用以识别偿还阶段的违约风险。报表附注是对 7 张表内项目的解释与说明，其内容包括：对债务报表所执行的会计政策及其变化与影响做出说明；对引起债务表内数据变动的事项做出阐述；以及对系列债务报表中数据的获取过程做出说明等。

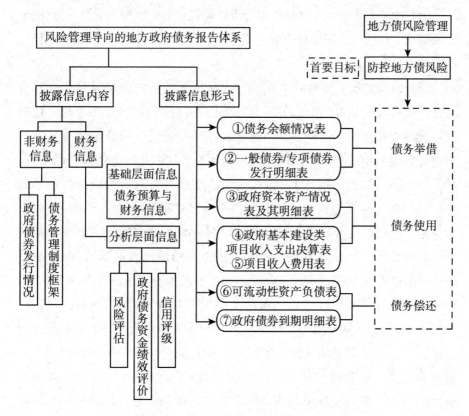

图 5 – 1　风险管理导向的地方政府债务报告体系

5.2　风险管理导向的地方政府债务报告的应用

上节介绍了完整的风险管理导向的地方政府债务报告体系内容，那么，如何应用风险管理导向的地方政府债务报告体系中的系列报表识别并防控"借、用、还"各阶段的地方债风险？本节将逐一阐述应用风险管理导向的地方政府债务报告管控地方债风险。

5.2.1　债务举借

地方政府债务报告的信息使用者可以利用债务余额情况表与一般债券/专项债券发行明细表识别地方政府在举借债务阶段的风险，如总量规模风险或合规风险。

债务余额情况表反映在一定会计期间，地方政府凭借其信用，以合法公开发行政府债券的形式筹集财政资金而形成的有偿付义务与责任的货币化的债务规模。债务余额情况表基本项目的设计与选取源于地方政府债务管理的相关法规以及地方债纳入预算管理的规定。具体原因如下：根据 2014 年《预算法》与《国务院关于加强地方政府性债务管理的意见》，从 2015 年开始，发行政府债券是地方政府唯一的融资途径，将一般债券与专项债券分别纳入预算管理，且对地方政府债务余额按一般债务与专项债务实行限额管理。所以，债务余额情况表的基本项目包括：发行一般债券形成的一般债务余额，发行专项债券形成的专项债务余额，以及地方政府负有偿还责任的国际金融组织和外国政府贷款转贷债务，如表 5 - 1 所示。同年 10 月，《地方政府存量债务纳入预算管理清理甄别办法》指出，将存量债务按偿债来源与项目收益性进行甄别后纳入预算管理分类为一般或专项债务。2015 年《地方政府一般债券预算管理办法》与《地方政府专项债务预算管理办法》明确了地方政府限额内通过发行一般与专项债券置换到期存量债务，因此，债务余额情况表内需要有非地方政府债券形式的存量一般债务以及专项债务的项目，它们是指政府发行的置换债券（一般与专项债券）所置换的截至当年年底的存量一般（或专项）债务。随着地方政府债券发行越来越规范，置换存量债务也不会存在，但就目前的过渡阶段，还应纳入地方政府债务余额情况表内进行核算。

表 5 – 1　　　　20 ×6 年 × × 政府的债务余额情况表　　单位：亿元

	期初结余	本期增加	本期减少	期末结余	债务余额限额
一般债务（发行一般债券）					
专项债务（发行专项债券）					
地方政府负有偿还责任的国际金融组织和外国政府贷款转贷债务（债转贷）					
非地方政府债券形式的存量一般债务					
非地方政府债券形式的存量专项债务					
债务余额总计					

　　一般债券/专项债券发行情况表则反映地方政府发行一般债券（专项债券）计划与实际的发行规模、发行日债券的价值以及市场价值变动情况。该表的基本内容如表 5 – 2 所示，包括：地方政府发行一般债券的计划与实际发行规模、发行当日债券的发行价格与市场价值、债券票面利率、付息日与其频次、到期日。

表 5 – 2　　　　20 ×6 年 × × 政府一般债券或专项债券发行情况明细　　单位：亿元

债券名称	20 ×6 年 × × 政府一般债券 （×期）	
计划发行规模	实际发行规模	
发行期限	票面利率	
发行价格	付息频率	
付息日	到期日	
市场价值（公允价值计量）	市场价值调整变化	

　　为了使信息使用者更好地了解地方政府举债阶段风险，应在报表附注中对债务余额情况表做出说明。例如：× × 政府债务余额总额在本年度增加了 15 亿元（较上年同比增长 19%），这一增加的原因是由于 × × 政府发行一般债券 8 亿元，用于支持供水和排水机构的基本建设，政府还发行了

专项债券 7 亿元，用来为新区开发的街道建设提供资金……由此，信息使用者可以直接从以上两张表获得地方政府债务总规模数据信息，且判断政府当年发行的一般或专项债券是否在发行限额内，以及符合预算管理规定的情况。若债务余额情况表中一般债务期末结余大于债务余额限额，可确定该地方政府存在总量规模风险与合规风险，期末结余与债务余额限额比率关系可判定风险程度。如该比率大于 50%，则认为存在严重的规模风险与合规风险，地方政府需要采取相应的控制措施防控举债阶段风险。

5.2.2 债务资金使用

地方政府发行债券合法举债活动结束后，进入预算（债务）资金使用阶段。相关法律法规规定，地方政府举借的一切资金需要资本化，不能用于日常行政支出，因此，按债务资金来源与项目收益性将其用于收益性或无收益性基础设施的长期项目建设。从主管部门收到项目债务建设资金开始，到项目结束形成资本化资产，项目风险贯穿始终。地方政府债务报告的信息使用者可以利用政府的资本资产情况表及其明细表、政府基本建设类项目收入支出决算表与项目收入费用表识别地方政府在债务资金使用阶段的项目风险，如结构性风险或配套资金风险，进行项目监督，控制债务资金使用过程中资金的合法性与效率性以及项目结束后形成资产的完整安全性。

1. 政府的资本资产情况表及其明细表

政府的资本资产情况表是在地方政府债务财务会计系统下以权责发生制确认计量，并记录汇总出的一定会计期间债务资本化结果信息的集合，即债务项目结项后形成实物资产的项目汇总信息，如表 5-3 所示。地方政府举借资金进行基本建设，其项目结束后可利用资本资产表对形成的实物资产对其完整性与安全性进行核查监督。政府的资本资产明细表可作为政府的资本资产情况表主表的补充资料，此表的设计与披露是必要的，如表 5-4 所示。因为政府债务资金资本化后的结果是实物资产，实物资产的价值与数量是用来评价项目实施结果与绩效水平的重要信息，只是简单核算与披露资本资产的总价值不能满足信息用户债务管理与决策的需要，可能会忽略一些有价值的防控项目风险的信息。

表 5 – 3　　　　**20 ×6 年 × × 政府的资本资产情况表**
（减去累计折旧后的净值）　　　单位：

项目	期初结余	本期增加	期末结余
一、建筑与系统			
二、除建筑外的改良			
三、机器和设备			
四、基础设施			
五、在建工程			
六、无形资产			
资产总额			

表 5 – 4　　　　**20 ×6 年 × × 政府的资本资产明细表**
（减去累计折旧后的净值）

项目	价值		数量	
	年初数	年末数	年初数	年末数
资产总额			–	–
一、建筑与系统				
（一）房屋建筑物				
二、除建筑外的改良				
三、机器和设备				
（一）通用与专用设备				
（二）信息网络及软件设备与更新				
四、基础设施			–	–
（一）交通运输基础设施			–	–
（二）水利基础设施			–	–
五、在建工程			–	–
（一）市政基础设施			–	–
（二）环境环卫基础设施			–	–
六、无形资产			–	–
（一）土地			–	–

2. 政府的基本建设类项目收入支出决算表与项目收入费用表

这两张报表的设计核算只能在地方政府债务会计双系统下实现。因为，首先，基本建设类项目收入支出决算表是基于地方政府债务会计预算系统确认记录项目基础设施等实物资产建设过程中或已形成资产时的债务资金来源与支出情况，通过预算决算表强调债务项目资金的合规性以及基本设施建设过程中配套资金来源合规与资金到位情况。项目收入费用表则是基于地方政府债务会计财务会计系统，通过确认计量规范的会计程序记录每一个债务项目的过程信息以及项目资金的来龙去脉，侧重核算建设项目还未形成实物资产前各种费用的开销情况，便于信息用户掌握债务资金"花"在哪里以及评价债务资金的效率与效果。其次，在同一张表中同时应用收付实现制与权责发生制反映债务资金的来源、支出以及配套资金到位情况，分别以两种会计基础同时进行披露，既可以明确项目的建设质量，又可以通过预算控制监督建设过程的费用，这样动态综合地反映债务资金预算执行的信息以及地方政府资金投入与产出的绩效与效果。因此，在债务会计双系统下可通过生成的报表反映项目主管部门的债务资金建设活动的来龙去脉与债务资金使用过程的合规性。两张报表互为补充，协同发挥作用，从而主动报告项目风险，推动了地方政府债务管理。

基本建设类项目收入支出决算表以收付实现制会计基础确认反映建设类项目的债务资金来源与项目支出情况，如表 5 – 5 所示。由于地方政府发行债券形成的债务资金已全部纳入预算管理，所以在表内记录收入项目时，必须按债务资金的预算来源进行划分。例如，地方政府收到并确认财政拨款收入时，需要同时确认收入来源于一般公共预算还是政府性基金预算。另外，由于收入支出决算表采用收付实现制，因此，支出确认是以实际经济业务发生支付现金行为为标准。政府的基本建设类项目收入的主要来源是财政拨款收入，支出通常是在形成实物资产前的一切开销。年末结转项目是年初结转结余加上当年的收入合计减去支出合计得出的数额。

表 5 - 5　　××政府的基本建设类项目收入支出决算表　单位：

项目	一般公共预算	政府性基金预算	国有资本经营预算	财政专户管理资金	专用基金
一、收入					
年初结转结余①					
其中：财政拨款结转和结余					
财政拨款收入					
上级补助收入					
其他收入					
收入合计②					
二、支出					
资本性支出					
基本建设支出					
其他资本性支出					
其他支出					
债务利息支出					
支出合计③					
三、年末结转结余①+②-③					
其中：财政拨款结转					
财政拨款结余					

　　项目收入费用表以权责发生制和收付实现制确认记录地方政府项目主管部门从收到债务建设资金到债务项目结项形成实物资产前所有债务资金的流动情况，如表 5 - 6 所示。一方面，项目收入费用表因采用权责发生制可以确认并反映形成实物资产前（资本化）的费用，如工程项目建设过程中的直接人工费、材料费以及使用固定资产产生的折旧费用等。项目收入费用表将收入类项目分为财政拨款收入（限定性与非限定性）、上级补助收入以及其他收入项目等。设计原因：一是债务资金存在专款专用现象，需要对债务资金用途进行限定。二是地方政府为确保在建项目继续建设与收尾工作，会通过政府与社会资本合作模式或继续发行地方政府债券进行

后续融资，所以，需要设立反映后续融资与配套资金科目以预防配套资金风险。另一方面，项目收入费用表同时又采用收付实现制，通过记录收付实现制下的计划数与实际数反映债务的预算信息与预算执行信息，此表还计算各项目的计划数与实际数的差额用于反映项目资金使用过程的超支与节余情况。

表 5 –6　　　　　　　　　××部门××项目收入费用表

项目	权责发生制		收付实现制		差异数	
	上期数①	本期数②	计划数③	实际数④	④ – ③	② – ④
一、收入						
1. 财政拨款收入						
限定性收入						
非限定性收入						
2. 上级补助收入						
3. 其他收入						
……						
小计⑤						
二、费用						
1. 管理费用						
2. 折旧费用						
3. 摊销费用						
4. 财务费用						
5. 其他费用						
……						
小计⑥						
三、差额⑤ – ⑥						

5.2.3　债务资金偿还与实证研究

地方政府在整个地方债管理过程中都面临债务到期难以偿付的违约风

险，因为在地方政府发行债券举债阶段，债权人与评级机构需要评估其违约风险，而在债务资金使用过程与项目竣工结项时都会涉及偿还债务的利息与本金问题，可见，地方政府债务的违约风险问题不容忽视。与此同时，中央政府也意识到并积极应对防范地方债违约风险。2014 年 10 月，国务院出台的《国务院关于加强地方政府性债务管理的意见》首次指出，中央政府对地方债实行不救助原则，地方政府债务需自偿，必要时可以通过处置政府资产偿还债务。2016 年 11 月，国务院办公厅出台的《地方政府性债务风险应急处置预案》再次明确指出："地方政府对其举借的债务负有偿还责任，中央实行不救助原则"。这是中央第二次强调对地方债实行不救助的原则。中央政府希望依靠加强地方债违约的政治问责以减少地方债违约情况的发生。这表明，一旦地方政府发生债务违约，需要自行解决所有债务问题。以上文件虽强调了中央政府对地方债实行"中央不救助"的原则，但也指明了处置政府存量资产可作为地方政府解决债务问题的途径。风险管理导向的地方政府债务报告中的可流动性资产负债表是本书专门设计以帮助信息用户识别与评估违约风险，帮助地方政府确认哪些政府存量资产可变现偿付债务的一张新报表。因此，需要对可流动性资产以及可流动性资产与违约风险的关系进行理论阐述。另外，报告信息使用者还可利用政府债券到期明细表识别期限错配风险。

1. 可流动性资产负债表

（1）可流动性资产负债表提出的制度背景。首先，地方政府在债务管理过程中产生了诸如举债缺乏明渠、融资成本高、重借不重还等一系列问题。虽然中央文件指明地方政府可以采用处置政府存量资产的方式解决债务问题，但是我们还需要明确哪些存量资产能够及时变现用于偿还债务。如果不能明确可变现存量资产要素，就难以将其应用到化解和偿还地方债的管理之中，无法满足地方政府的决策需求。其次，在债券市场机制的驱动下，债券投资者、评级机构等外部信息使用者对政府财务报告内容提出了更高的要求，地方政府财务报告所提供的财务信息要能够反映地方政府的真实资产状况、债务违约风险以及反映其筹集资金能力的可变现资产情况和历史偿债情况。虽然信息使用者可基于政府综合财务报告获取资产和负债存量信息，但其信息量仍不足以支撑信息使用者在债务管理中对地方政府所拥有的公共经济资源和债务求偿进行估计，从而对违约风险进行评估。因为虽然政府综合财务报告中的资产负债表和收入费用表能够从总体上反映发债政府的财务状况，但其变现能力在不同期间、不同层级之间的政府资产结构下也大不一样。违约风险的大小取决于可变现资产的多少，可变现资产的资金保证程度与其违约风险呈反向关系。若仅依靠两张财务报表的信息，还不能满足信息用户的决策需要，如可变现存量资产等很多有价值和附加的信息会被忽略。对于债券投资者和评级机构等信息使用者而言，政府综合财务报告的内容需要能够更直观地反映地方政府资产对债务的保证程度的信息，以及反映偿债能力与违约风险的可变现资产情况。

（2）可流动性资产负债表的正式提出。如前所述，风险管理导向地方政府债务报告应提供可变现资产信息，可以提高地方政府债务管理决策的科学性与信用评级结果的准确性。因此，本书在政府综合财务报告中引入可流动性资产的概念，用来界定并表示地方政府的可变现资产，即以可流动性资产负债表为基本工具，通过反映不同存量资产的可变现性，确认可变现偿债资产的价值，进而得出当期地方政府可变现的偿债资产额，以衡量地方政府的偿债能力。

根据地方政府不同性质资产的变现能力，目前我国简化的地方政府可流动性资产负债表的主要项目可概括如表 5-7 所示。其资产方应当包括：国库存款、地方所属经营性非金融国有企业的国有资产、地方可处置的土地使用权。地方所属经营性非金融国有企业国有资产是指国有企业中的国有权益，它是地方政府真正能够支配和动用的资产。若地方政府正常的财政收入不足以满足公共服务需要，可以通过变卖所持有上市企业（或部分未上市但容易找到买家的国有企业）的股份获得应急财政收入。这类存量资产具有较强的变现能力，拥有得越多，地方政府违约的可能性越低，抵御债务风险的能力越强。地方可处置土地使用权指地方政府代表国家行使的城市土地所有权，在现有使用权批租制度下，按照所有权与使用权相分离原则，可由地方代表国家一次性出让若干年的土地使用权，并一次性收取整个租期的土地出让金。多年以来，土地出让金无须上缴中央，全归地方政府支配。相较于其他政府资产，该项存量资产的变现能力较强，且偿债的资金保证程度也较高，拥有高存量地方可处置土地使用权的地方政府违约的可能性较小。

表 5 - 7　　　　　　　　地方政府可流动性资产负债表

资产	负债
国库存款 地方所属经营性国有资产 ——地方所属经营性非金融国有企业国有资产、 地方可处置的土地使用权等	地方政府负有偿还责任的债务 地方政府负有担保责任的债务 地方政府可能承担一定救助责任的债务
资产负债净值 =（资产 – 负债）	

地方政府可流动性资产负债表中左边项目的账面价值之和就是地方政府当期可用于偿还债务的可变现资产总额。一方面，以上资产的可变现性分析说明，增加任何一项可流动性资产或可流动性资产的账面价值，都可以改善地方政府的财务状况，即意味着有助于提高政府自身的偿债能力，降低地方政府违约风险的同时也使其在资本市场发行债券融资更具优势。另一方面，当地方政府出现偿债问题时，通过可流动性资产表提供可变现资产的相关信息作为决策依据。例如，出售地方所属国有企业股权或批租（出售）土地等自然资源等，估计出当期科学合理的可变现用于偿还债务本金和利息的资产和资金总额。利用此表的同时，保证了动用变现资产后不会导致过度消耗资源，即资源的可持续性。

（3）可流动性资产与债务违约风险关系的实证研究。本书认为，可流动性资产可改善债权人对未来违约风险的预期。因为发债政府的人均可流动性资产越多，其财务状况越好，发债政府未来支付本金和利息的确定性就越高，担保变得更可靠，增强了债券投资者的投资信心；同时，人均可流动性资产越多，发债政府偿还债务资金的保证程度就越高，违约的可能更低，这就意味着发债政府具有更强的抵御债务风险能力，债券投资者不会要求高利率作为投资风险的补偿，进而降低债券利率。可以预测，可流动性资产对违约风险具有显著负向影响，即地方政府可流动性资产越多，其财务状况也越好，则债券违约可能性就小；反之则将显著增强地方政府的违约和不确定风险。基于以上分析，提出以下研究假设：

在给定制度条件下，地方政府可流动性资产越多，其财务状况也越好，则债券违约的可能性就越小。

第一，样本选择和数据来源。本书构建了 2006～2013 年的省级面板数据，包括了除西藏、台湾、香港和澳门以外的 30 个省级行政区。其中，城投债的数据来自万得（Wind）资讯数据库；地方可处置土地使用权数据来源于历年《中国国土资源统计年鉴》中国有建设用地供应出让情况成交价款；地方所属国有企业扣除金融行业的国有资产数据来自历年《中国国有资产监督管理年鉴》中各省份所属国有企业扣除金融行业的国有资产的金额；其他数据均来自 CEIC 中国经济数据库以及历年《中国财政年鉴》与《中国会计年鉴》。

第二，回归模型。本书构建以下回归模型，用以检验提出的假设：

$$rate = \beta_0 + \beta_1 liquidity\ asset + \beta_2 fiscal + \beta_3 bond + \beta_4 economy + \varepsilon$$

其中，$\beta_1 \sim \beta_4$ 为各变量回归系数，ε 为随机干扰项，被解释变量 Rate 是城投债利率。参考帕斯特和韦罗内西（Pastor and Veronesi，2012）的研究，我们选用城投债的利率作为违约风险的代理变量。解释变量 Liquidity Asset 为地方政府可流动性资产价值，这是本书的关键变量。该变量包括人均可流动性资产账面价值、人均国库存款、人均地方所属经营性非金融国有企业国有资产以及人均地方可处置土地使用权。其他变量具体可分为三类。一是 Fiscal，用于反映地方政府财政状况的指标，包括人均财政收入、人均财政赤字、人均赤字/人均财政收入和税收收入/债额。罗党论和佘国满（2015）实证表明，财政收入状况是衡量城投债违约风险的重要因素之一，人均财政收入与债券违约风险呈负相关。二是 Bond，用于反映城投债特征的控制变量，包括债券期限、发行规模、担保情况和信用评级。其中，鉴于城投债的信用评级综合考虑各种影响城投债信用风险的因素，回归结果可能存在多重共线性。因此，在实证分析中，本书采取加入和不加入信用评级的结果对比，以此判断和减少可能的多重共线性（钟辉勇等，2016）。三是 Economy，用于表示地方宏观经济运行的控制变量，包括固定资产投资占比、GDP 增长率和财政分权。选取固定资产投资占比是考虑到地方政府发挥政府职能进行地区基础设施等投资活动，投资需求加大举债规模，从而影响债券的发行规模和利率。

各变量和指标如表 5 - 8 所示。

表 5 - 8　　　　　**解释变量、控制变量的定义和影响预测**

变量类型	因素	指标	预测影响
关键解释变量	可流动性资产 (liquidity asset)	人均可流动性资产账面价值 (liquidity assets book value)	负（-）
		人均国库存款 (treasury deposit)	负（-）
		人均地方所属经营性非金融 国有企业国有资产 (state-owned assets)	负（-）
		人均地方可处置土地使用权 (land use right)	负（-）
控制变量	地方政府财政状况 (fiscal)	人均财政收入（revenue）	负（-）
		人均财政赤字（deficits）	正（+）
		人均赤字/人均财政收入 (deficits/revenue)	正（+）
		税收收入/债额（tax/debt）	负（-）
	城投债特征 (bond)	债券期限（term）	正（+）
		发行规模（issue size）	不确定（?）
		担保情况（guarantee）	负（-）
		信用评级（rating）	负（-）
	地方宏观经济运行 (economy)	固定资产投资占比 (fixed assets investment ratio)	正（+）
		GDP 增长率（GDP）	负（-）
		财政分权 (fiscal decentralization)	正（+）

第三，实证结果。从表 5 - 9 回归看，模型 1 将涉及存量信息与流量信息的变量作为模型自变量，其结果显示，人均可流动性资产账面价值在 1% 的统计性水平下显著为负，且结果稳健。人均地方所属经营性非金融

国有企业国有资产和人均地方可处置土地使用权项目在5%的统计性水平下显著为负。其中，人均地方可处置土地使用权账面价值增加1%，城投债的平均利率下降0.322%。与我们的预期一致，地方政府可流动性资产价值的增加，有利于增强地方的财务状况，因此减少了债务违约的可能性。在财政状况方面，人均赤字/人均财政收入对城投债利率的影响不显著；而人均财政赤字对其影响显著，该变量通过了显著性检验，且显著性保持在1%以上，表明当地方政府面临财政赤字或负债压力时，财政收入增长的不稳定性和不确定性增加了城投债的违约风险。人均财政收入在10%的统计性水平下显著为负，人均财政收入增加1%，城投债的平均利率下降1.074%，说明财政收入的略微变动会引起违约风险的较大波动。因此，财政收入不仅是衡量地方政府清偿能力的重要依据，也是影响城投债违约风险的重要因素。最后，模型1的 R^2 和调整后的 R^2 均大于0.44，说明模型1整体拟合情况良好，支持了本章假设。模型1的实证结果也进一步验证了可流动性资产的存在有利于改善债券投资者对违约利率（风险）的预期。各地方政府的人均可流动性资产增加，表明地方抵御债务风险的能力增强，其财政状况也变得更好，发债政府偿还债券本金和利息的确定性变高了，则发债政府违约的可能性变小，有利于债券投资者更有信心进行后续的投资行为，也使其在债券市场的再融资行为（发行债券）变得更具优势与竞争力。

表5-9　　　　　　　　　模型回归结果（一）

变量名称	模型1	模型2	模型3	模型4
liquidity assets book value	-2.214 *** (-3.215)	-2.152 *** (-3.291)	-2.058 *** (-3.180)	-1.833 *** (-2.649)
treasury deposit	-0.110 * (-0.895)	-0.058 * (-0.523)	-0.090 * (-0.710)	-0.078 * (-0.816)
state-owned assets	-0.994 ** (-2.154)	-0.823 * (-1.797)	-1.023 *** (-2.541)	-0.870 ** (-2.171)
land use right	-0.322 ** (-2.478)	-0.214 ** (-1.511)	-0.268 * (-1.754)	-0.213 *** (-1.611)

续表

变量名称	模型 1	模型 2	模型 3	模型 4
revenue	− 1.074 * (− 1.969)	− 0.971 * (− 1.860)	− 0.551 (− 0.895)	− 0.553 * (− 1.110)
deficits	1.274 *** (2.603)	1.099 ** (2.302)	1.013 * (1.887)	1.052 *** (2.155)
deficits/revenue	0.450 (0.345)	0.425 (0.349)	0.055 (0.031)	
tax/debt	− 4.101 *** (− 3.588)	− 4.320 *** (− 3.591)	− 2.648 ** (− 1.947)	− 2.369 * (− 1.638)
term		0.049 *** (2.784)		0.063 *** (3.727)
issue size		− 0.073 (− 0.657)		
guarantee		− 0.034 ** (− 2.051)		− 0.013 * (− 1.271)
fixed assets investment ratio			0.646 * (0.931)	0.609 * (0.884)
GDP			− 0.447 * (− 1.681)	− 0.359 ** (− 2.055)
fiscal decentralization			1.415 (0.645)	
_cons	− 2.029	− 5.202	− 7.181	− 7.472
N	203	203	203	203
R − sq	0.469	0.494	0.4956	0.519
R − sq（adj）	0.441	0.459	0.461	0.486

注：***、**和*分别表示在1%、5%和10%的水平上变量显著，括号内数字为 T 值。

为减少模型变量产生的误差，我们将控制变量逐一纳入方程（如表5-9中的模型2、模型3）分别进行估计。实证发现，增加城投债特征的控制变量，被解释变量城投债的违约风险解释程度提高了，模型2的 R^2 和调整后的 R^2 均达到0.45以上。其中，债券期限在1%统计性水平下显著，表明城投债期限越长，债券的偿还风险也越大。同时，实证结果还显示，具有第三方担保城投债的债券利率更低；发行规模与城投债违约风险呈负相关，但影响并不显著。模型 3 的结果表明宏观经济运行的控制变量中，财政分权变量未能提升城投债违约风险的解释度，应从方程中予以剔除。而固定资产投资占比和 GDP 增长率对城投债违约风险产生显著影响（在 10% 统计水平上显著）。综合考虑一系列变量，最终得出模型 4，它的 R^2 和调整后的 R^2 均大于 0.486，整体拟合情况是所有模型中最好的。结果同样表明，关键变量地方政府可流动性资产价值和任一可流动资产项目的账面价值与城投债违约风险呈显著负相关。其中，人均地方可处置土地使用权在模型 4 中的显著性明显增强，增加了模型的解释程度和被解释变量违约风险的影响程度。同时，人均财政收入与税收收入/债额变量在 10% 统计水平显著为负。可见，实证结果验证了假设：地方的可流动性资产越多，其财务状况越好，政府就有足够的偿债能力，进而减少城投债违约的可能性。在控制变量中，GDP 增长率的回归系数在模型 4 中显著为负，GDP 增长率上升 1%，城投债的平均利率下降 0.359%。说明在控制其他因素不变的条件下，GDP 的增长可减少城投债的违约风险。而固定资产投资占比的回归系数在 10% 的显著性水平下为正，说明地方政府的投资需求能刺激城投债的增长。实证还发现，城投债的偿还资金很大部分来自土地出让收入，人均地方可处置土地使用权的检验结果与经济现实和地方政府的逻辑行为相一致，也与前面阐述的理念相吻合，地方为解决分税制改革带来的财权与事权上的不匹配问题，普遍依赖土地出让收入来缓解财政压力。同时，在以 GDP 为核心指标的晋升体制下，地方政府依赖地方投融资平台来融资和投资，增加固定资产等基础设施的投资需求，扩大举债规模，最终拉动地方 GDP 的增长。

第四，稳健性检验。为避免异常值的不良影响以及增加实证的可信性需要做进一步检验。鉴于城投债的评级结果可能已涵盖地方政府担保信息，因此，较强的地方隐性担保可能间接通过城投债信用评级影响违约风险并作用于利率。为消除这种可能性，本章采取加入和不加入信用评级变量的结果对比再次进行回归，如表 5－10 所示，发现地方政府可流动性资产价值和其中任意一项可流动性资产的显著性没有变动，且调整后的 R^2 维持在 0.486 以上，回归结果支持假设。由表 5－10 我们还可以发现信用评级变量有助于提升被解释变量的解释程度，该变量在5%统计性水平下显著为正。

表 5 - 10　　　　　　　模型回归结果（二）

变量名称	模型 4	模型 5
liquidity assets book value	- 1. 833 ***	- 1. 836 ***
	(- 2. 649)	(- 2. 774)
treasury deposit	- 0. 078 *	- 0. 062 *
	(- 0. 816)	(- 0. 736)
state-owned assets	- 0. 870 **	- 0. 767 **
	(- 2. 171)	(- 1. 978)
land use right	- 0. 213 ***	- 0. 208 ***
	(- 1. 611)	(- 1. 232)
revenue	- 0. 553 *	- 0. 506 *
	(- 1. 110)	(- 0. 935)
deficits	1. 052 ***	1. 082 ***
	(2. 155)	(2. 441)
tax/debt	- 2. 369 *	- 2. 162 *
	(- 1. 638)	(- 1. 529)
term	0. 063 ***	0. 060 ***
	(3. 727)	(3. 610)
guarantee	- 0. 013 *	- 0. 037 *
	(1. 271)	(1. 679)
fixed assets investment ratio	0. 609 *	0. 417 *
	(0. 884)	(0. 529)
GDP	- 0. 359 **	- 0. 423 ***
	(- 2. 055)	(- 3. 261)
rating		- 0. 025 **
		(- 2. 345)
_cons	- 7. 472	- 8. 888
N	203	203
R - sq	0. 519	0. 533
R - sq（adj）	0. 486	0. 498

　　注：*** 、** 和 * 分别表示在1%、5% 和10% 的水平上变量显著，括号内数字为 T 值。

以上通过理论阐述与实证分析可流动性资产与地方政府违约风险的关系，提出可流动性资产是评估地方政府债务违约风险的重要基础。同时，通过实证研究验证了地方政府可流动性资产对作为债券市场投资者决定购买或继续持有债券重要参考因素的债务违约风险有显著的负向影响。从研究结论可以得到如下启示：编制地方政府可流动性资产负债表，将其作为风险管理导向的地方政府债务报告体系的一部分，有利于改善信息提供者和信息使用者之间的信息流动和信息交流。因为，一方面，可流动性资产负债表能够将资产存量信息与相对应的债务信息联系起来，从而打破了原本债务信息相互分离的状况，进而让信息用户能够更加全面、客观地了解当地政府的债务现状。而且，当年的地方债信息和违约风险结果也可作为编制下一年地方政府预算报告的基础信息。从不同维度反映的地方债信息，可以更科学、完整地指导地方债的举借和管理工作；不仅能够帮助地方政府更有效率地甄别、清理和规范地方债，还能对其发债规模与债务的投向形成有效约束。另一方面，可流动性资产负债表能够提供发债政府在债券市场筹集资金时的可变现资产与现有负债规模的情况，通过资产的可变现性分析，更直观地反映了地方政府资产对债务的资金保证程度，以及政府当期可变现用于偿还债务的资产和资金总额等信息，满足了评级机构对债券评级与债券投资决策分析信息的需要。

2. 政府债券到期明细表

政府债券到期明细表，反映一定会计期间，地方政府发行债券的到期以及还本付息情况。此表使信息用户得以判断如果本期有多个债券到期，而地方政府用于当期还本付息的总资金不充足，是否会使其陷入流动性风险。目前，《地方政府一般债券发行管理暂行办法》与《地方政府专项债券发行管理暂行办法》规定，债券期限一般不超过 10 年（1 年、3 年、5 年、7 年与 10 年），再依据中国债券信息网公布的 2015 年各省市置换债券与新发地方债券的平均利率为 3.5%，可以发现，现阶段发行的地方债券不属于中长期债券，与基本建设类的投资回报期比，债券期限仍相对较短，不利于基础建设投入与收益周期相匹配，易引发期限错配风险。因此，地方政府应考虑发行 10 年以上的长期债券。政府债券到期明细表可依据信息提供者的偏好进行编制，采用如表5-11或表5-12的样式进行报告，两种格式各有长处。如表5-11的格式相对简单，但附注披露内容较详细，而表5-12则相反。若以表5-11格式编制需在附注中进行更为具体的披露。例如，政府通过发行一般债券为主要基本设施的购置和建造筹集资金。上一年度发行的一般债券初始金额为30亿元，本年度发行一般债券77亿元，一般债券负有直接偿还义务，并且以政府的全部信用做担保，这些一般债券通常是3年与5年期的分期等额偿还债券，利息率为3.0%~4%，每年都偿还相同金额的本金。若以表5-12格式编制，在附注中进行披露的内容可以相对减少，因为表5-12增加了以往发行债券到期与本期归还金额等项目内容，在附注中只需说明本期存在的政府债券的发行目标、增加或减少的原因，以及各期限债券增加或减少的原因等。

表5-11　　　××政府一般债券到期明细表（格式一）

12月31日结束的会计年度	一般公共预算	
	本金	利息
2016		
2017		
2018		
2019		
2020		
2021~2025		
总额		

表5-12　　　政府债券到期明细表（格式二）

债券到期期限	期初金额	以往发行债券到期	本期归还金额	期末金额
1年以内到期债券				
1~2年以内到期债券				
2~5年以内到期债券				
5~10年以内到期债券				
10年以上到期债券				
合计				

5.3 风险管理导向的地方政府债务系统设计

风险管理导向的地方政府债务会计由预算会计和财务会计两个子系统构成，预算会计子系统发挥事前监督职能，反映和控制地方政府债务风险，分步骤地执行本级人大批准的债务举借、拨付、使用、偿还预算，利于地方政府管理地方债；财务会计子系统则通过引入权责发生制有效识别和衡量地方债风险，为外部信息使用者提供能够反映地方政府债务违约风险与真实资产状况的财务信息，为其评价债务风险与信用评级提供数据支撑。本节重点阐述风险管理导向的"双轨制"、地方政府债务会计系统的基本原理及其"双轨制"下两个系统的要素生成、定义以及要素的确认计量。

5.3.1 RMO-LGDAS 财务会计基本原理

1. RMO-LGDAS 财务会计系统职能

风险管理导向的地方政府债务会计财务会计系统（Risk Mangement Driented-Local Government Debt Accounting System，RMO-LGDAS），是指以权责发生制为核算基础，对其债务会计主体的经济交易和事项确认、计量与记录等会计程序进行历史性描述的人造信息系统。因此，该系统具备会计本身所具有的反映和监督的基本职能。从地方政府债务管理与信用评级视角来看，一方面，债务会计主体通过会计程序确认、计量、记录债务资金的使用过程与效率，披露债务资金的来龙去脉，最终以财务报告的方式为政府内部管理者提供债务相关信息以履行受托主体的受托责任；另一方面，受地方政府债券市场化的影响，以及为了更好满足信息用户多元化的需要，政府债务报告又以决策有用为目标，引入权责发生制帮助会计主体正确核算地方政府债务，为外部信息使用者提供能够反映地方政府债务违约风险与真实资产状况的财务信息，为其评价债务风险与信用评级提供数据支撑。

2. RMO-LGDAS 财务会计系统基本原理

合理设计与构建财务会计子系统是实现风险管理导向政府债务会计下财务会计目标的基础。其中，会计主体的确定和对象的选择是构建政府债务财务会计子系统的基本且关键的问题。

（1）RMO-LGDAS 财务会计系统"双会计主体"的确定。我们认为，风险管理导向的政府债务会计财务会计系统应采用主管部门会计主体与项目会计主体双会计主体并行的模式。财务会计子系统实行双会计主体模式，一方面，政府各主管部门以每个实际债务发生的项目（如交通部门的轻轨项目或公路项目）作为会计主体（债务项目会计主体），基于权责发生制，通过规范会计程序记录每个债务项目全流程以及项目资金的往来。该主体模式下会计程序始于债务项目立项与主管部门收到本级财政拨款的时间节点，强调记录债务资本化的过程以及最终债务项目结项形成实物资产的项目流程（如结项后的基础设施或某轻轨等）。若债务项目是由多个政府主管部门共同管理的，应当由对该债务项目管理负有主要责任的主管部门进行确认。这有利于发挥债务财务会计系统的监督职能，帮助人大、各级政府管理者及债券投资者等监督债务资源在使用过程中的效率，以及限定性项目资金的合规性，同时增强债务项目管理水平并促进绩效性公共受托责任的履行，避免主管部门以及下属单位使用债务资金与资源产生的机会主义。另一方面，各级政府的财政部门作为一个会计主体以权责发生制核算地方的合法债务，强调通过确认、计量和记录的会计程序准确衡量债务，提供识别其主体的财务实力和流动性（偿付能力）等相关的决策有用信息，以防范地方债风险。该主体模式下会计程序始于地方政府债务预算管理的时间节点，强调记录地方债券发行、使用、偿还流程，可明确地方债发行时形成"应付地方政府债券"的政府负债。同时，一项负债形成后，财政部门在应计制核算基础下辅之会计科目记录该项负债由"谁"（主管部门）使用，以及使用完成后由"谁"（主管部门）偿还，做到真正地借助政府债务财务会计系统以增强地方政府资产与负债管理，以及提供更多涉及债务管理的相关信息。通过资本债务的实物资产确认与计量反映地方资产管理与保管的受托责任以减少政府管理部门的道德风险，以防范地方债风险，实现地方政府债务管理目标。债务财务会计的双会计主体利用各自的平衡账户记录不同内容，且各自有所侧重，使债务财务会计系统既能反映受托责任又能满足决策有用的目的。具体如图 5 – 2 所示。

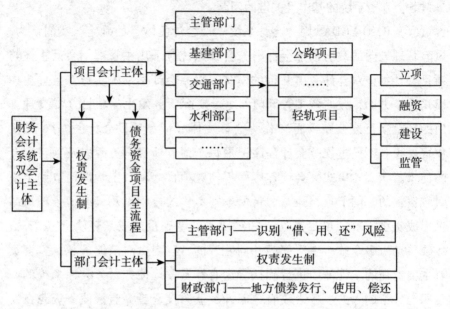

图 5 – 2　债务会计财务会计子系统"双会计主体"

（2）RMO-LGDAS 财务会计系统报告内容信息。债务会计主管主体和项目主体共同建立风险管理导向的政府债务会计财务会计核算体系，以权责发生制为会计基础，通过两会计主体同时核算政府举借、使用、偿还债务的全过程，生成的债务财务会计报表可以从两个不同维度反映地方债的过程信息。因此，为防控地方债风险，风险管理导向的政府债务会计财务会计系统应充分提供以下信息。第一，债务主体资产与其构成信息。为提升地方债管理决策能力以及防控地方政府的违约风险，债务财务会计报表应提供一些反映地方政府偿债能力的资产状况会计信息，如地方政府可流动性资产（可变现资产）存量情况，这样不仅能帮助地方政府做出恰当的处置可变现资产的决策，还利于评级机构评估债券的违约风险等。报表中的资产项目可按资产的流动性列报，既有利于向地方政府内部管理者提供货币资金信息以确定当期地方货币资金的最佳持有量；也有利于准确计量金融资产，如短期债权或股权投资。债务会计财务会计报表还需提供债务资本化后形成的实物资产信息，如对于为建造某公路项目筹集的地方政府债券，应编制资本资产情况表及其明细表，利于社会公众与各级人大监督债务资本化形成的资产管理与资金使用的合规性。第二，债务主体负债及其构成信息（如债务余额情况表、政府债券到期明细表）。由于债务会计主体的负债都应在未来某一时点占用现有资源或未来收入予以偿还，因此，对于地方政府管理者而言，了解和把握负债的总额、结构与期限等信息，是地方政府债务管理的基础，也是防范地方债总规模风险以及期限错配风险的前提。同时，债务主体负债信息是信息使用者评价公共受托责任履行情况以及做出经济决策的重要信息源。债务主体负债信息主要涵盖有关政府当年的债务状况，如负有偿债责任的负债规模结构、债务资金"借、用、还"的来龙去脉，可以帮助上级政府（及政府主管部门）和社会公民等使用者评价政府主体负债存量结构状况与债务资金使用结果情况，服务于受托责任的解除。第三，收入与费用信息（如项目收入费用表）。债务财务会计的债务项目收入与费用信息以及其还本付息费用信息，是防控债务项目风险的基础。同时，未来债券筹资决策以及政府资金需求计划表是根据当期债务信息及收入与费用信息制定的。

3. RMO-LGDAS 财务会计要素及其确认

（1）债务会计财务会计资产要素。我国地方政府控制和拥有的资产不仅涉及提供公共服务所必要的公共基础设施性资产和维持日常政务运行所需的非经营性政府资产，还涉及各类国有的经营性和资源性资产。依据《政府会计准则——基本准则》对政府资产的定义是："政府会计主体过去的经济业务或者事项形成的，由政府会计主体控制的，预期能够产生服务潜力或者带来经济利益流入的经济资源。"因此，政府资产具有三个特征：第一，经济资源应该是利用资产提供公共产品和服务以履行政府职能的潜在能力或者带来经济利益流入，表现为现金及现金等价物的流入，或者现金及现金等价物流出的减少；第二，服务潜力或未来经济利益应源于过去的交易和事项，且与该经济资源相关的服务潜力或者经济利益应流入政府会计主体;第三,该经济资源的成本或者价值必须能够可靠地计量。因此,政府债务会计资产也应该符合政府资产的定义与特征。但政府债务会计资产是从债务管理视角探讨的,应结合债务管理自身的特点。在地方政府债务管理中强调地方政府所拥有的公共经济资源的债务求偿决策有用信息,更加关注可变现资产。同时,由于地方政府各类资产的性质与流动性(变现能力)不同,对地方政府违约风险与偿债能力的影响也各不相同。可见,政府债务会计资产的划分与确认范围存在自身的特点,依据是资产的构成、用途与流动性,重点分为三类资产。第一,政府资产中可变现能力较强的资产,主要包括货币资金、长短期投资、地方可处置的资源性资产、地方所属经营性非金融国有企业国有资产等。此类资产较易在公开交易市场出售,从而能够迅速变现,其中,政府按规定以货币资金、实物资产、无形资产等方式形成的短期债权投资,持有其有利于增加地方政府短期债务偿付能力,对其偿债能力影响重大。上述资产都属于资产负债表中流动性较强的资产,该类资产拥有得越多,资产的可变现性越强,对当期财政收支盈亏情况影响越大,那么地方政府违约的可能性也就越小。第二,政府用于发挥政府行政管理职能以及为公众提供公共产品和服务而形成的资产,如为满足社会公众长期使用需要而负责管理维护的公共基础设施,政府控制的没有实物形态的可辨认非货币性资产的无形资产等。以上资产大部分是地方为保障社会稳定和安全,以及提供公共服务而持有的资产,承担公共资源的保管与维护的受托责任。因此,该部分资产通常情况难以动用,更无法用于偿付其债务。第三,自然资源资产与具有历史文化意义的遗产性资产,如森林资源、水资源、城市的标志建筑物等。此类资产由地方政府代表社会公众行使保管与维护责任,因此,若通过自然资源资产和遗产性资产清偿债务通常是受限的。

将上述资产纳入政府债务资产的范围并确认,还取决于资源是否能够货币化计量与会计核算基础的影响。目前,国际政府会计的权责发生制,分为低度、中度、高度和完全四种程度。政府债务会计引入权责发生制时对"度"的选择是确认资产范围的关键问题。其中,财务报告目标定位在权责发生制"度"的选择中又发挥关键作用,决定会计核算对象（范围）的选择。修正的权责发生制与完全权责发生制的本质差异在于核算范围的不同，即财务报告对于普通固定资产、折旧费用以及长期负债等会计项目的经济资源是否进行确认。四种权责发生制下的资产确认如表 5－13 所示。

表 5－13　　　　　　　　四种权责发生制下的资产确认

权责发生制	财务资源		非财务资源	
	当期	非当期	非资本性	资本性
低度	√	○	○	○
中度	√	√	○	○
高度	√	√	√	○
完全	√	√	√	√

　　可见，财务报告目标的定位和会计核算对象的不同，深刻影响着权责发生制程度的选择。研究发现，关于政府自然资源资产等研究（耿建新等，2015；陈艳利等，2015；刘明辉等，2016）虽取得较大进展，但对所有以上资产进行可靠的货币化计量。因此，债务财务会计资产的核算基础应当先选用修正的权责发生制，当所有的经济资源能够可靠确认与计量时，再采用完全的权责发生制。纳入政府债务资产范围的项目主要包括流动资产以及债务资本化后的项目，如固定资产、基础设施、在建工程等。

　　（2）债务会计财务会计负债要素。负债是指债务会计主体过去的经济业务或事项形成的，预期会导致经济资源流出其主体的现时义务。其中，现时义务是指会计主体在现行条件下已承担的义务。未来发生的经济业务或者事项形成的义务不属于现时义务，不应当确认为负债。同时满足以下两个条件可确认为负债：第一，履行该义务很可能导致含有服务潜力或者经济利益的经济资源流出政府会计主体；第二，该义务的金额能够可靠地计量。目前，我国关于地方政府债务的分类方法有三种：一是财政风险矩阵法；二是审计分类法；三是预算会计分类法。但就会计视角，以上三种分类都存在一些问题，如表 5－14 所示。

表 5 – 14 关于地方政府债务的三种分类方法

方法	财政风险矩阵法	审计分类法	预算会计分类法
提出依据	世界银行高级经济学家汉娜（2001）	年度审计报告	《财政总预算会计制度》
划分标准	法律责任和道义责任、债务责任确定性和非确定性	基于明确政府承担责任的视角，统计比较各级政府应该承担的债务并评价	预算会计
分类	①直接显性债务；②或有显性债务；③直接隐性债务；④或有隐性债务	①政府负有偿还责任的债务；②政府负有担保责任的债务；③其他相关债务	
意义	具有里程碑的意义：为地方政府债务风险研究奠定坚实的理论基础，为判断、规避地方政府债务风险提供思路	①明确债务主体、债务义务承担和偿还的本质内涵；②为审计目的服务；③为摸清地方债实际情况提供参考价值	采用"双分录"会计核算方法对建立现代财政制度具有重要意义
缺点	①缺乏决策有用信息，债务分类未明确债务发生和偿还的时间性会影响评估偿债能力；②分类笼统不利于系统传递信息；③不明确债务层级和确认标准	①政府债务的范围过于广泛，部分债务不属于会计范畴；②无法反映债务资金的来龙去脉，审计的关注点主要是债务资金使用的结果	①"借、用、还"三个债务主体不一致，无法全面客观地确认债务；②债务内容不完整

从表 5 – 14 可以看出，汉娜（2001）从经济学角度将未来所有导致政府支出的义务事项都纳入政府负债范围。但会计确认意义而言，能否将其以上支出义务（责任）都确认为负债？本书认为，政府为社会公众提供服务和公共产品，或由于社会公共风险进行"兜底"而将要履行的支出义务属于政府的受托责任，不可确认为会计学意义上的负债，只有当具体或特定的支出义务形成时，即政府履责过程中某一特定支出有特定受益主体时，才可被纳入会计意义上的负债。与此同时，结合新《预算法》、2016年11月9日颁布的《地方政府一般债务预算管理办法》与《地方政府专项债务预算管理办法》，本书认为，需要根据债务形成的原因对负债进行明细归类。自新《预算法》颁布后，我国法律上形式合法且被认定为地方政府

债务的只有以下三种：第一，地方政府一般债券（或专项债务）；第二，地方政府负有偿还责任的国际金融组织和外国政府贷款转贷债务（简称外债转贷）；第三，清理甄别认定的截至 2014 年 12 月 31 日非地方政府债券形式的存量一般债务（简称"非债券形式一般债务"）或清理甄别认定的截至 2014 年 12 月 31 日非地方政府债券形式的存量专项债务（简称"非债券形式专项债务"）。除了以上三种外，其余债务都是不合法的，即地方政府没有义务与责任进行偿还。因此，将这三种分别纳入债务会计负债确认范围，分别设立会计科目：应付地方政府（长期或短期）债券——一般债券（专项债券）、应付地方政府债券转贷款、应付短期政府债券——非债券形式一般债务（非债券形式专项债务）。

最后，净资产是指政府会计主体资产扣除负债后的净额。它是重要的会计要素，其内容受资产与负债变化的影响，其金额取决于资产和负债的计量。

（3）债务会计财务会计收入与费用要素。政府因与社会公民存在公共受托责任关系，需向其提供公共产品和服务。政府收入来源主要有两个方面：一方面是税收收入（占财政收入一半以上）；另一方面是各类服务收费或罚款等非税收收入。其中，地方政府还有一部分收入来源于中央的转移收入。政府的收入不同于企业获得的收入，与其所提供的公共产品和服务不存在收入与费用的配比关系。收入是指报告期内导致政府会计主体净资产增加的、含有服务潜力或者经济利益的经济资源的流入。其确认应满足以下三个条件：第一，与收入相关的含有服务潜力或者经济利益的经济资源很可能流入政府会计主体；第二，含有服务潜力或者经济利益的经济资源流入会导致政府会计主体资产增加或者负债减少；第三，流入金额能够可靠地计量。

费用是指报告期内导致政府会计主体净资产减少的、含有服务潜力或者经济利益的经济资源的流出。它是指政府在提供服务或公共产品的过程中发生的资源耗费。其确认条件包括：第一，与费用相关的含有服务潜力或者经济利益的经济资源很可能流出政府会计主体；第二，含有服务潜力或者经济利益的经济资源流出会导致政府会计主体资产减少或者负债增加；第三，流出金额能够可靠地计量。

　　债务财务会计的收入与费用项目的确认取决于会计基础。在企业会计中，绝大部分交易是互惠互换的，权责发生制有相对标准的含义。收入在货物出售或提供服务时确认，即以做出并完成服务为基础。费用是使用资产或在确认收入时发生的负债，这样的情况被称为完全的权责发生制。不同程度的权责发生制所确认的收入与费用项目是不相同，具体如表5－15所示。

表 5－15　　　　　　四种权责发生制下收入与费用的确认

收入	权责发生制"度"	费用
在实施有法律基础的已完成权利基础上确认	完全	由收入与用于产生收入的经济资源相配比以及无论何时发生负债引起的确认，即政府在会计期间内因履行受托责任对其经济资源的消耗
在实施有法律基础的要求权的基础上确认	高度	经济资源的使用（即资本性资产的折旧）以及无论何时负债的发生
在财务资源可使用的基础上确认	中度	财务资源的使用，以及无论何时财务负债的发生
在流动性财务资源可使用的基础上确认	低度	流动性财务资源使用，以及流动性负债的发生

　　资料来源：［美］陈立齐，《美国政府会计准则研究》（陈穗红、石英华译），中国财政经济出版社 2009 年版，作者根据相关内容整理。

4. RMO-LGDAS 财务会计的计量

　　债务财务会计资产要素的计量属性主要包括历史成本、重置成本、现值、公允价值和名义金额。历史成本计量，资产按照取得时支付的现金金额或者支付对价的公允价值计量；重置成本计量，资产按照现在购买相同或者相似资产所需支付的现金金额计量；现值计量，资产按照预计从其持续使用和最终处置中所产生的未来净现金流入量的折现金额计量；公允价值计量，资产按照市场参与者在计量日发生的有序交易中，出售资产所能收到的价格计量。无法采用上述计量属性的，采用名义金额（即人民币 1 元）计量。一般对资产进行计量应当采用历史成本。采用重置成本、现值、公允价值计量的，应当保证所确定的资产金额能够持续、可靠计量。

债务财务会计负债要素的计量属性主要包括历史成本、现值和公允价值。历史成本计量下，负债按照因承担现时义务而实际收到的款项或者资产的金额，或者承担现时义务的合同金额，或者按照为偿还负债预期需要支付的现金计量；现值计量下，负债按照预计期限内需要偿还的未来净现金流出量的折现金额计量；公允价值计量下，负债按照市场参与者在计量日发生的有序交易中，转移负债所需支付的价格计量。对负债进行计量一般采用历史成本。采用现值、公允价值计量的，应当保证所确定的负债金额能够持续、可靠计量。

5.3.2　RMO-LGDAS 预算会计基本原理

2013 年 12 月，中央经济工作会议首次提出将地方政府性债务纳入全口径预算管理。随后，党中央、国务院相继颁布相关法律法规，如《地方政府存量债务纳入预算管理清理甄别办法》《地方政府专项债务预算管理办法》等，这标志着地方债的预算管理已逐步形成系统的法律体系，通过强制与法定的预算规范地方债管理。以上措施的核心是防控地方债风险。那么如何将政府性债务纳入全口径预算已成为学术界需要关注和探讨的问题（马海涛、崔运政，2014）。本书认为，构建债务预算会计系统是实现地方政府债务纳入预算管理路径的重要措施，若单纯将地方政府债务纳入预算管理，而未建立债务预算会计核算体系，则人大有效监督地方债以及防范地方债风险也只能是纸上谈兵。

1. 债务会计预算编制与执行

《国务院关于规范地方政府债务管理工作情况的报告》表明，地方政府债务由原来的地方内部财政部门主导编制债务收支计划上升到立法机关的审查批准，各地的债务预算管理办法也由原先财政内部审批提升到人大审批的高度。《地方政府一般债务预算管理办法》与《地方政府专项债务预算管理办法》明确规定了地方各级政府债务预算编制与执行程序。因此，随着债务预算人大审批机制逐渐建立与完善，地方债的预算编制与执行程序也越来越常规化与法定化。地方债预算编制、执行与人大审批程序的完善标志着我国地方政府债务预算的规范化，逐步实现了地方政府债务风险的源头控制。

（1）地方政府债务预算编制程序。我国地方债实行财政归口管理，将债务的举借、使用和偿还纳入预算的具体工作，一般由各级财政部门负责组织安排。为了确保债务预算编制的及时性和规范性，各个职能部门（主管部门）及其下属单位从政府财政部门获得拨款，若各主管部门为承担受托职能而造成资本支出（如基础建设等资金）超出预算拨款收入，需按照财政部门年度债务预算编制惯例及同各主管部门的关系，采用自下而上、由上至下、上下结合、逐级汇总的程序，即"二上二下"的编制流程。地方政府债务预算编制具体流程如图 5–3 所示。

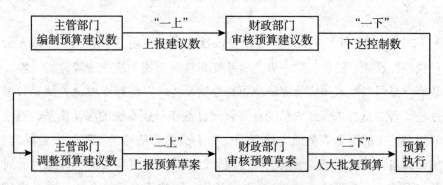

图 5–3　地方政府债务预算编制流程

"一上"，各级政府的主管部门自下而上上报预算建议数。主管部门上报预算建议数的依据是本部门当年债务项目发展需求与债务还本支出、安排的支出等预测数，将部门及其下属单位的债务需求按债务预算编制规范审核汇总后上报本级财政部门。"一下"，财政部门自上而下下达预算控制数。财政部门审核汇总上报债务预算建议数，下达预算控制数的依据是综合评估各市县经济水平、偿债能力等因素，分配确定一般与专项债务预算的控制数。"二上"，主管部门自下而上上报预算草案。主管部门根据本部门的具体债务项目需求细化落实预算控制数，汇总形成部门债务预算。省级财政编制债务预算草案是依据年度计划债务限额、各级财政当年债务还本支出与落实的预算控制数等内容，最终报省级人民代表大会批准。"二下"，财政部门自上而下批复预算。本级政府预算草案经本级人民代表大会批准后，由本级财政部门下达批复并进入债务预算执行程序。

（2）地方政府债务预算执行程序。依据最新的《地方政府一般债务预算管理办法》，法律法规与现行财政管理体制对地方政府债务预算执行举借、拨付、使用、偿还债务的全过程已做出明确规定。具体预算执行过程如下：首先，债务举借。省级财政部门根据预算调整方案、偿债需求和债券市场状况等因素，制定地方政府债券发行计划，有序做好债券发行工作，及时筹措债务资金。其次，资金拨付。省级财政部门发行地方政府债券募集的资金缴入省级国库，依据预算安排和还本计划及时拨付。再其次，债券使用。地方各级财政部门依据预算调整方案及债券发行规定的预算科目和用途，使用一般债券和专项债券资金。最后，债务偿还。省级财政部门及时偿还全省、自治区、直辖市政府债券到期本金、利息。地方政府债务预算执行流程如图 5-4 所示。

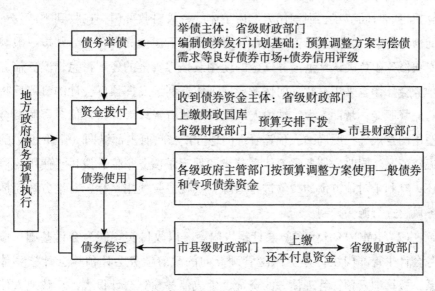

图 5-4　地方政府债务预算执行流程

2. RMO-LGDAS 预算会计系统基本原理

构建债务预算会计系统是为了弥补债务财务会计无法实现的事前反映与监督职能，因为完全权责发生制要客观地描述债务预算的执行结果是不可能的，债务财务会计的核算对象是经济资源，债务预算本身则为预算管理服务，其会计系统核算预算资金的收入、支出及结存，强调预算资金的取得、分配再到各单位的实际使用等资金流转过程（张琦、程晓佳，2008），这体现了会计核算基础本身的局限性。若直接采用债务财务会计反映预算的执行情况，将形成债务信息的错报与混乱局面。因此，构建债务会计预算子系统，专职于披露债务预算编制与执行各环节的信息，并确保债务各环节预算信息披露的完整性与及时性。

（1）风险管理导向的政府债务会计预算会计系统主体的确定。预算会计系统的债务会计主体是一个主管部门会计主体，即各级政府的财政部门设置独立的账户以收付实现制核算各类别的地方政府债务，并纳入全口径预算管理，建立债务预算会计体系，核算地方债举借、拨付、使用、偿还债务的全过程，反映债务预算合规性与执行结果信息，履行公共受托责任实现债务预算管理的目标。债务预算会计的会计程序始于地方政府债务预算执行的时间节点，强调作为发债主体的省级财政部门，在收到举借发行的债券资金后，按预算安排向市县财政部门下拨债务资金，分别按一般与专项债务预算确认计量债务资金的使用及债券资金的还本付息情况。债务预算会计体系采用财政部门债务会计主体有利于发挥预算会计的事前反映与监督职能，帮助人大、纳税人以及各级政府管理者等监督债务资源资金使用的合规性，明确纳入预算管理的地方债在政府内部纵向（上下级）的流转情况。同时，债务预算体系分步骤地记录债务举借、拨付、使用与偿还，有利于对地方债的拨款进行追踪，实现拨款使用目标，对地方政府债务风险进行源头控制。

（2）RMO-LGDAS 预算会计报告内容。以收付实现制为会计基础，债务会计主管部门主体建立风险管理导向的政府债务会计预算会计核算体系，核算纳入预算管理债务的资金，生成债务预算会计报表，反映地方债的预算与预算执行结果信息。因此，为防控地方债风险，风险管理导向的政府债务会计预算会计系统应充分提供以下信息。第一，一般债务/专项债务的预算执行情况信息。为更好地进行债务预算管理，以及减少债务合规性风险，债务会计预算会计系统提供纳入一般债务公共预算管理的债务资金预算执行情况表（见表 5 - 16）或纳入专项债务预算管理的政府性资金预算执行情况信息（见表 5–17），风险管理导向债务预算报表需对表内的收入与支出项目细化。例如，根据地方政府债券发行种类的不同，分为一般债务收入与非债券形式的一般收入。第二，基本建设类项目的债务资金来源与项目支出情况。如编制基本建设类项目收入支出决算表可通过预算控制监督建设过程支出的合法性，利于地方政府债务完整科学地接受人大的审议和监督。

表 5–16　　　　　一般债务公共预算管理的债务资金
预算执行情况表　　　　　　　　单位：元

项　　目	本月数	本年累计数
一、一般公共预算本级收入		
二、补助收入		
三、上解收入		
四、地区间援助收入		
五、债务收入		
（1）一般债务收入		
（2）非债券形式一般债务收入		
六、债务转贷收入		
（1）外债转贷		
（2）地方政府一般债务转贷收入		
七、动用预算稳定调节基金		
八、调入资金		
收入合计		
一、一般公共预算本级支出		
二、补助支出		
三、上解支出		
四、债务支出		
（1）一般债务支出		
资本性支出		
其他资本性支出		

续表

项　目	本月数	本年累计数
（2）非债券形式—一般债务支出		
资本性支出		
其他资本性支出		
五、债务转贷支出		
地方政府一般债务转贷支出		
六、债务还本支出		
七、债务付息支出		
八、债务发行费用支出		
九、安排预算稳定调节基金		
十、调出资金		
支出合计		
结余转出		

表 5 –17　　　　　　政府性资金预算执行情况表　　　　　单位：元

项　目	本月数	本年累计数
一、政府性基金预算本级收入		
二、补助收入		
三、上解收入		
四、债务收入		
（1）专项债务收入		
（2）非债券形式专项债务收入		
五、债务转贷收入		
外债转贷		
地方政府专项债务转贷收入		
六、调入资金		
收入合计		

续表

项　目	本月数	本年累计数
一、政府性基金预算本级支出		
二、补助支出		
三、上解支出		
四、债务支出		
（1）专项债务支出		
资本性支出		
其他资本性支出		
（2）非债券形式专项债务支出		
资本性支出		
其他资本性支出		
五、债务转贷支出		
地方政府专项债务转贷支出		
六、债务还本支出		
七、债务付息支出		
八、债务发行费用支出		
九、调出资金		
支出合计		
结余转出		

3. RMO-LGDAS 预算会计要素及其确认

债务预算会计要素包括预算收入、预算支出与预算结余。预算收入是指债务会计主体在预算年度内依法取得并纳入预算管理的现金流入。预算收入一般在实际收到时予以确认，以实际收到的金额计量。在预算收入定义中强调纳入预算管理，其意义在于给预算收入的确认提供依据，这里的预算具有法律效力，即依据预算法规定的程序和批准立法机构通过的，同时得到政府主管部门的授权。新《预算法》规定地方政府违法违规担保承诺的债务，以及存量或有债务（担保债务和救助债务）都已经不属于政府债务，不属于预算管理范围的债务。只有政府纳入预算管理范围的地方政府债券，政府才依法承担全部偿还责任。因此，债务会计的预算收入除外债转贷外，只记录通过发行债券方式筹集获得的债务收入，包括一般债务收入与专项债务收入，分别依次纳入一般公共预算与政府性基金预算。预算支出是指债务会计主体在预算年度内依法发生并纳入预算管理的现金流出。预算支出一般在实际支付时予以确认，以实际支付的金额计量。预算支出具体核算地方债发行时支付的费用，以及收到资金的后续安排支出与还本付息支出。预算结余是指债务会计主体预算年度内预算收入扣除预算支出后的资金余额，以及历年滚存的资金余额。即预算收入－预算支出＝预算结余。设置预算结余会计要素是为了满足债务会计信息需求，因为信息用户除了关心预算收支外，还关心当期结余情况，这是作为本期预算执行情况安排和安排下期预算的参考依据。预算结余包括结余资金和结转资金。结余资金是指年度预算执行终了，预算收入实际完成数扣除预算支出和结转资金后剩余的资金。结转资金是指预算安排项目的支出年终尚未执行完毕或者因故未执行，且下年需要按原用途继续使用的资金。

设立地方政府债务预算收入与支出科目是构建地方政府债务预算体系与债务预算编制、执行的基础。为详细反映地方政府债务状况，结合《总预算会计制度》的科目设置要求，将债务预算收入与支出科目按"类""款""项""目"级进行科目分类。"类"核算范围最大，剩余层层递进，属于被包含的关系。具体而言，地方政府债务预算收入与支出分类科目如表5－18与表5－19所示。其中，地方政府债务预算收入分为债务收入与债务转贷收入，债务收入按发行债券的类型分为一般债务收入、非债券形式一般债务收入、专项债务收入、专项债务收入与非债券形式专项债务收入。债务转贷收入按用途划分为外债转贷、地方政府一般债务转贷收入与地方政府专项债务转贷收入。地方政府债务预算支出分为债务支出、债务转贷支出、债务还本支出、债务付息支出与债务发行费用支出。

表 5 - 18　　　　　　　　地方政府债务预算收入分类科目

科目编码				科目名称
类	款	项	目	
1				**债务收入**
	01			一般债务收入
		01		短期债券
			01	公开招标
			02	定向承销
		02		中期债券
			01	公开招标
			02	定向承销
		03		长期债券
			01	公开招标
			02	定向承销
	02			非债券形式一般债务收入
		01		短期债券
		02		中期债券
		03		长期债券
	03			专项债务收入
		01		短期债券
		02		中期债券
		03		长期债券
	04			非债券形式专项债务收入
		01		短期债券
		02		中期债券
		03		长期债券
2				**债务转贷收入**
	01			外债转贷
		01		国际金融组织或外国政府贷款转贷债务
	02			地方政府一般债务转贷收入
	03			地方政府专项债务转贷收入

表 5 – 19　　　　　　　　地方政府债务预算支出分类科目

科目编码				科目名称
类	款	项	目	
1				**债务支出**
	01			一般债务支出
		01		资本性支出
			01	基本建设支出
				公共安全
				社会保障和就业
				……
		02		其他资本性支出
	02			非债券形式一般债务支出
		01		资本性支出
			01	基本建设支出
		02		其他资本性支出
	03			专项债务支出
		01		资本性支出
			01	基本建设支出
		02		其他资本性支出
	04			非债券形式专项债务支出
		01		资本性支出
			01	基本建设支出
		02		其他资本性支出
2				**债务转贷支出**
	01			地方政府一般债务转贷支出
	02			地方政府专项债务转贷支出
3				**债务还本支出**
	01			地方政府一般债务
	02			地方政府专项债务
	03			非债券形式一般债务
	04			非债券形式专项债务

科目编码				科目名称
类	款	项	目	
4				**债务付息支出**
	01			地方政府一般债务
	02			地方政府专项债务
	03			非债券形式一般债务
	04			非债券形式专项债务
5				**债务发行费用支出**
	01			地方政府一般债务
	02			地方政府专项债务
	03			非债券形式一般债务
	04			非债券形式专项债务

5.4　本章小结

　　由于地方政府债务风险管理需要完整全面的债务基础原始信息，且基础信息又是量化地方债风险、构建政府债务风险评估指标体系以及建立预警机制的数据源。因此，本章提出客观原始的债务基础信息由风险管理导向的地方政府债务会计系统提供，风险管理导向的地方政府债务报告是债务资金管理的决策基石。应用地方政府债务报告的系列报表来识别"借、用、还"各环节的风险，实现地方债风险的主动报告。其中，应用债务余额情况表和一般债券/专项债券发行明细表识别债务举借阶段的总量风险与合规风险；应用政府的资本资产情况表、政府的基本建设类项目收入支出决算表和项目收入费用表识别债务使用阶段的项目风险；应用可流动性资产负债表和政府债券到期明细表识别债务偿还阶段的违约风险。为了验证风险管理导向的地方政府债务报告识别风险的可行性，基于债务报告报表采用实证分析方法研究探讨各省市的债务违约风险。最后，本章设计与构建了风险管理导向的地方政府债务会计系统，阐述了风险管理导向的"双轨制"地方政府债务会计系统的基本原理及其"双轨制"下两个系统的要素生成、定义以及要素的确认计量。

第6章

地方政府或有负债会计问题研究

当前，我国政府会计改革虽已取得可喜进展，但是，针对或有负债，财政部下发的《政府综合财务报告编制操作指南（试行）》仅作出了在综合财务报告的附注进行披露的要求，即"逐笔披露政府或有事项的事由和金额，如担保事项、未决诉讼或仲裁的财务影响等，若无法预计应说明理由；逐笔披露政府承诺事项的具体内容"。除了这条最基本的原则外，或有负债核算的制度规定寥寥。

政府或有负债在性质上与直接负债有很大不同，严格来说，其并非真正意义上的政府负债，只能作为"政府可能发生的负债"。而且，与企业或有负债相比，政府或有负债的内涵与构成更加复杂。究其原因，是因为政府主体本身是一个相对宏观的主体，其参与的经济社会活动、发挥职能的涵盖面甚广；根据前人的总结，政府主体的性质是"二元化"的，即政府是经济主体与公共主体兼为一身的特殊主体。一方面，作为经济主体，政府必须履行法律规定或合同约定的义务从而承担显性负债；另一方面，作为公共主体，政府必须要维护社会稳定，保障人民的公共利益不受侵害，相关义务可能并未由法律或经济合同明确规定，由此产生了隐性负债。而当上述显性或隐性负债对应的事项发生的可能性、时间和金额具备不确定性时，便形成了或有显性和或有隐性负债。相对于政府直接负债，或有负债的不确定性使我们更难以揭示其风险水平，若不加以妥善处理，或有负债造成的潜在财政压力积累到一定程度，或有负债转化为直接负债，将导致债务危机，威胁经济的稳定发展，妨碍我国全面建成小康社会目标的实现。

当前，政府会计系统对政府债务的反映和监督职能已经受到国内实务界和理论界的广泛重视。随着政府会计改革的推进，我国的地方政府债务管理已取得较为显著的成效。但是，对于政府或有负债，国内仍缺乏对其进行有效确认、计量、报告与披露的完善制度，不利于进一步提升我国地方政府债务管理水平。

因此，本章从风险管理导向的政府债务会计理论出发，探讨政府或有负债的确认、计量和报告，将有助于政府对防范与化解财政风险做出正确的决策，从而保障财政的可持续性，具有重要的理论与现实意义。下面将围绕三个方面展开论述：（1）政府或有负债的确认方面，讨论确认基础的选择，界定确认条件与具体判断标准，并对确认程序进行说明；（2）计量方面，将回答计量对象是什么，确定政府或有负债的核心计量属性，同时阐述计量的特征和计量的影响因素，并对计量方法及其应用进行讨论；（3）报告方面，结合我国国情"对症下药"，提出若干建议对策。

6.1　地方政府或有负债的确认研究

会计确认是政府或有负债会计处理最基础且至关重要的步骤。会计确认是一个过程，包含相关事项数据的识别、该数据是否应进入、何时进入会计系统的判断以及如何在会计系统内进行反映等一系列环节。此过程的运行需以统一的标准为前提，这个标准的制定因国情特点、经济发展特征、社会制度的不同而有所区别。美国 FASB 的《财务会计概念公告》对会计确认进行了详细说明，即"其是一个过程，是将某一事项按照资产、负债、收入、费用等计入某一会计主体财务报告之中，确认不但要记录该事项的发生，还要记录该事项后续的变动，包括从报表上剔除"[①]。

[①]　美国 FASB 发布的第五号财务会计概念公告（Statement of Financial Accounting Standards, SFAS No. 5）

本书认为，政府或有负债的确认是按照既定标准，采用数字与文字的形式，将原始的政府负债数据输入政府债务会计系统进行处理，使它们最终在政府财务报告中予以反映的过程。

6.1.1 地方政府或有负债的确认基础

目前，会计领域存在两种获得广泛认可的确认基础，即收付实现制（现金制）和权责发生制，二者最根本的区别在于现金收付确认的时点不同。大多数学者都认为逐步引入权责发生制是政府会计改革的大势所趋。我国实务界也遵循了这一趋势，最突出的表现是《政府会计准则——基本准则》的发布，它规定了权责发生制是政府会计的确认基础。政府或有负债是负债要素中的重要组成部分，因此理应以权责发生制进行确认。选择权责发生制的必然原因之一是收付实现制存在较多固有缺陷，无法满足政府或有负债管理的要求。

1. 收付实现制提供的政府或有负债信息缺乏完整性和如实反映性

收付实现制只对与现金相关的事项与交易进行确认，其提供的信息只反映现金流量的发生状况，即仅将政府当期通过借款、发行债券等形式实际收到的现金作为负债总额，反映的借款利息也只包括当期的利息支出，而并没有将归属于当期但未涉及现金支付的利息纳入会计的确认范畴。对于政府直接显性负债尚且如此，更不用说性质特殊的或有负债与隐性负债了。因此，收付实现制下，类似于政府提供的担保、养老金和其他福利计划、对下级政府的救助或补贴等或有负债均无法通过政府会计系统反映出来，导致政府债务会计信息是不完整的，而且与政府债务的实际情况相脱节，换言之，无法满足如实反映的会计信息质量要求。信息使用者难以把握政府的偿债能力，也不能对政府信用进行恰当的评估，毫无疑问，这将非常不利于地方政府债务风险的管控。

2. 收付实现制会计信息缺乏及时性和谨慎性

由于收付实现制将实际的现金流出时点作为政府负债的确认时点，因此，尽管相关政府负债已被证明属于政府主体当期承担的义务，但只要当期并未涉及现金流出，就无法进行确认，更不会考虑后续的计量、记录、报告以及披露环节了，如各类应付款。如此一来，政府财务报告将无法提供前瞻性的负债信息。同时，由于推迟了当期负债的确认时点，造成当期的政府负债被低估。而会计信息的谨慎性原则要求我们不应高估或低估当期负债，收付实现制会计信息违背了该要求。反之，若采用权责发生制，负债的确认时点是相关支付义务归属于政府的时点，其会计信息的及时性和谨慎性将得到显著的改善，能够有效满足信息使用者的需求。

3. 收付实现制会计信息缺乏可比性

需要强调一点，收付实现制会计信息并非完全没有可比性，其在某些情况下还是可比的。例如，当或有负债相关的现金流出的时间未发生较大程度的波动时，同一级政府在不同年度的负债信息具有相对的可比性。而现金支出若与以往相比出现较大的时间波动，负债信息的可比性将骤降，当或有负债转化为直接负债、隐性负债显性化就会发生上述情况。

4. 收付实现制会计信息缺乏可理解性

本书认为，"可理解"的债务会计信息指的是信息使用者能够通过对其的阅读，"直观"地掌握负债的"真实状况"。如果这种"直观"的会计信息无法反映"真实"，那么这种可理解就是"伪可理解"。虽然收付实现制的运用逻辑相较另一种确认基础更为简单，似乎具备更强的可理解性，但遗憾的是，其生成的负债信息无法让使用者了解地方政府或有负债的真实状况。这一确认基础仅单纯地阐述了政府债务会计主体的现金流动情况，如此传达的信息是片面的，很可能使信息使用者在直观理解上产生解读误差，最后诱使信息使用者作出有偏差的决策。

由上述内容可见，收付实现制无法提供关于政府或有负债完整、及时的会计信息，而且审慎性、可比性和可理解性均不足，对政府管控债务风险造成了阻碍。长此以往，必将导致政府债务的积累，大大不利于未来的财政稳定性，一旦政府或有负债变为直接负债，大量的财政支出将危及地区经济和社会可持续发展，爆发的风险汇总起来甚至可能造成国家动荡。相比之下，权责发生制相对能够为信息使用者提供更加完整、及时、审慎、可比和可理解的政府或有负债信息，有助于地方债的管控，这也是我国大力推行权责发生制政府会计改革的原因之一。

6.1.2 地方政府或有负债的确认条件

美国财务会计委员会（FASB）发布的《企业财务报表的确认与计量》规定了会计确认的标准，即可定义性、可计量性、相关性和可靠性。确认又有广义与狭义之分。前者包括（狭义的）确认、计量、记录和报告，后者仅是计量的前置步骤。本书中的政府或有负债的确认指的是后者。根据相关数据进入会计系统的阶段不同，确认可以分为初始确认、后续确认和终止确认。下面将对确认的三种类型进行分析，而初始确认是我们讨论的重点。

在初始确认阶段，我们首先应判断一项交易或事项是否满足确认标准，相关标准何时得到满足，以及应以何种方式进行确认。借鉴我国《企业会计准则》的做法，对于满足确认标准的或有负债作为预计负债反映在资产负债表中。确认标准包括：

（1）会计主体承担的义务是一种现时义务，进一步又分为法定和推定的。

（2）义务的履行很可能致使经济利益流出会计主体。我们在习惯上对可能性的界定采用概率的方式，表6-1列示了可能性的名称与对应的概率区间。

（3）相关义务的金额能够以货币进行可靠计量。

表6-1 或有事项判断标准

项目	发生的概率区间
基本确定	发生的可能性大于95%而小于100%
很可能	发生的可能性大于50%而小于等于95%
可能	发生的可能性大于5%而小于等于50%
极小可能	发生的可能性大于0而小于等于5%

其他国家的会计准则也提供了或有负债事项确认标准的相关参考，如新西兰会计准则提出只要有充分适当的证据表明或有负债会发生，而且该负债是可计量的，就应确认为或有负债，反映在专门的或有负债表当中。综合考虑我国企业会计准则和新西兰会计准则的经验，本章提出下列或有负债的确认条件：

（1）相关义务属于政府承担的"现时"义务（包括法定和推定的）；

（2）相关义务的履行"很可能"致使资源流出政府，可能性的判断标准参照企业会计准则对于预计负债的标准；

（3）相关义务的金额是能够可靠计量的。

当这些条件同时得到满足，就应确认为政府的预计负债。

初始确认后，倘若获取进一步信息表明已确认的或有负债发生了变动，就应对其进行后续确认；而当相关负债的义务已得到充分履行，或债权人放弃了求偿权，应终止或有负债的确认。

6.1.3　地方政府或有负债的确认程序

对于政府或有负债确认过程的具体组成步骤，本章提出至少包括以下方面：

（1）汇总政府承担的所有可能的未来义务的类型；

（2）对上一步汇总的各类政府或有负债，逐个分析是否符合既定的确认条件；

（3）确认相关负债信息是否满足会计信息质量要求；

（4）选择适当的披露方式对政府或有负债的相关信息进行披露。

上述第一步是政府或有负债确认的基础性工作。然而，由于政府主体的特殊性，其或有负债信息源是多元的，覆盖政治、经济和社会领域，收集汇总或有负债的工作较为繁重。但这不能成为不确认满足条件的或有负债的借口，政府会计人员应深入分析各类或有负债信息的本质，从而为政府或有负债的恰当确认奠定基础。

6.2　地方政府或有负债的计量研究

6.2.1　地方政府或有负债的计量对象

政府或有负债的性质特殊且内容构成的复杂性较高，因此我们首先需要考虑的是什么样的政府或有负债能够纳入计量范畴。葛家澍（2002）提出，计量对象分为财务报表对象和其他财务报告对象两类。某一负债是否能够在财务报表中进行计量的前提是能够进行会计确认。因此，在考虑计量对象时应该先明确确认的标准，并且能以货币计量。标准包括：可定义、可计量、可靠性以及相关性。

如果某政府或有负债同时满足上述确认条件，且能以货币计量，就应进入财务报表——资产负债表中进行反映。这些或有负债的发生时间和具体金额往往能够被合理估计出来，在会计领域称为预计负债。如果某政府或有负债未同时满足这些标准，但能够用货币计量，我们就将其按一定标准计量，纳入财务报告当中。可以通过编制专门的报表来反映，也可以仅作为报表附注披露关键性内容，但并不入表。而对于那些既不符合计量条件，也不能通过货币形式来体现的或有负债，只要按重要性原则，通过文字描述的方法在财务报告中予以体现即可。对计量对象的考虑过程如图6－1所示。

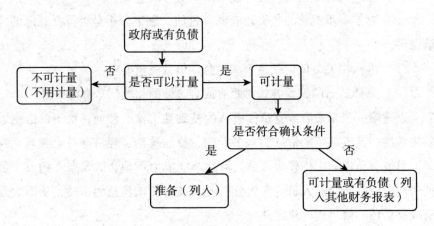

图6－1 政府或有负债的计量对象

6.2.2 地方政府或有负债的计量属性

1. 计量属性的定义及其解读

计量是现代会计体系的核心和基础，而计量属性是计量主要的构成要素之一，从性质上看，它是计量对象的外在特性或客观条件。

1984 年美国财务会计概念公告第 5 号（Statement of Financial Accounting Concepts No. 5，SFAC5）《企业财务报表的确认与计量》对计量属性进行了明确划分，包括：历史成本、现行成本、现行市价、清算净值以及未来现金流量贴现值。其中，历史成本是传统计量属性，它是过去的交易或者事项形成的、买卖双方自愿达成的交换价格。由于是过去的市场价格，其已剔除了市场价格的风险因素。虽然历史成本计量得出的信息较为可靠，不过其弊端也随着社会经济环境复杂性的提高而显现，因此，公允价值适合作为历史成本的补充。

2000 年美国财务会计概念公告第 7 号（Statement of Financial Accounting Concepts No. 7，SFAC7）《在会计计量中运用现金流量信息和现值》将 SFAC5 中的现值改成公允价值，指出公允价值是"公平交易中熟悉情况的双方自愿交换资产的价格"，而现值被视为计量技术。

2006 年美国财务会计准则公告第 157 号（Statement of Financial Accounting Standards No. 157，SFAC157）《公允价值计量》规定："公允价值是正常市场交易秩序下，交易参与者售出资产所收到或转让负债所支付的计量日价格"。另外，SFAS157 还对公允价值的运用条件和计量要求进行了说明。同年，我国企业会计准则对计量属性进行了分类，包括：历史成本、重置成本、可变现净值、现值以及公允价值。对于公允价值的定义是："在公平交易的前提下，交易双方自愿进行资产与负债交易的过程中支付的交易金额"，这种定义与 SFAC157 相比过于简单，并且已难以适应我国经济发展水平与市场的复杂性了。另外，此处的公允价值被定位为一种计量属性，忽略了复合计量的特征。实际上，公允价值可以视为由历史成本、现行市价、短期应收应付项目净现值、现行成本和未来现金流量净现值多重计量属性的复合。

我国财政部 2015 年 10 月发布的《政府会计准则——基本准则》规定，负债的计量属性包括历史成本、现值和公允价值。与长期实行的预算会计基本上仅使用历史成本相比，政府财务会计系统引入现值与公允价值，无疑是一次具有里程碑意义的突破。但公允价值和现值的地位是并列的，即仍未将前者上升为复合计量属性。

2. 政府或有负债计量属性的选择

无论是政府或有负债的产生过程，还是政府或有负债的内容，都具有鲜明的多样性与复杂性特点。具体而言，企业负债基本上都是由于企业自身的行为形成的，而政府或有负债中的很大一部分并非政府行为直接形成的，而是在社会和政治环境因素的共同作用下形成的，如政府为消除政治不稳定因素而承担的或有负债。从会计借贷方相对应的角度来看，对于这部分或有负债而言，政府承担相应偿还义务的同时，并未获得与该部分负债对应的、会计意义上的资产或权利。

会计计量领域鲜见专门将负债作为研究对象来探讨计量属性的研究，计量属性的研究主要集中在资产方面。负债往往仅是作为负资产，即资产的附属品，其计量属性一般与所对应的资产相一致。但是对于绝大多数政府或有负债而言，无法找到与其相对应的资产或权利，于是这种简单地将资产的计量属性移植到负债身上的方法自然行不通。那么，在会计领域现有的诸多计量属性当中，适合政府或有负债的是哪一种呢？

政府或有负债的发生与否、发生时间与具体金额均是不确定的，都取决于未来事项的发生，并且难以由政府控制。同时，政府债务会计的目标之一是提供政府负债风险管控决策的有用信息，而决策是面向未来的，所以未来信息的地位相对于历史信息而言更加重要。在现有计量属性当中，现值恰好能提供相关事项的未来信息。正如 SFAC7 所说，现值是对会计主体未来现金流量当期价值的反映。因此，我们认为，预计未来现金流出的金额的现值，是政府或有负债最适合的计量属性。选择该计量属性有助于为政府负债风险管控提供决策有用的信息。

国际会计准则委员会在 2001 年发布的《现值问题文稿》列示了应用现值计量的目的：第一，当通过观察方式确定公允价值失效时，现值是估计公允价值的有效手段；第二，确定哪些资产或者负债可通过实际利率法摊余成本；第三，确定资产或者某负债权利的价值。

上述现值计量目的是针对企业会计主体提出的。本书认为，对于政府或有负债来说，现值计量主要是为了实现上述第三个目的，即确定负债的价值，这是特殊的政府或有负债本身的计量难度所决定的。政府的或有负债内容与企业的相比，覆盖面更广，信息源更多元，例如有相当大一部分政府或有负债形成于对政治因素的考量，这增加了会计计量的难度，若选用传统的计量属性，最终提供的或有负债信息将不够全面，难以满足外部信息使用者的需求。

本书将公允价值视作复合计量属性，现值是公允价值的其中一种表现形式。根据国际上对公允价值的定义，对负债采用该复合计量属性的作用在于确定市场交易双方的负债转让价格。但这是企业负债所适用的，对于政府负债尤其是或有负债而言并非如此。政府会计信息的外部使用者关注的并非负债的转让价格，而是政府将如何妥善履行这些义务。由于政府或有负债的价值体现在政府对债权人的支付，外部信息使用者关注的是该价值的期望值，而非市场对其的预期，故很少涉及交易事项。因此，虽然现值是公允价值的表现形式之一，但使用其计量政府或有负债却难以发挥上述公允价值的传统作用——确定负债的转让价格。

另外，现值相对于历史成本等计量属性，其计量过程往往更加复杂，存在诸多难点，如对未来现金流量的估计等，有些情况下现值计量可能难以实现，那就不得不采用其他辅助的计量属性。但总体而言，应用现值计量来确定政府或有负债的价值是最佳选择。

6.2.3　政府或有负债现值计量的要素和原则

之前我们指出选择现值作为政府或有负债计量基础的合理性。那么，运用现值进行计量需要考虑哪些基本要素？又需要遵守哪些基本原则？

此处我们借鉴美国财务会计准则委员会的观点，即现值计量的基本构成要素包括五个方面：（1）对将来现金流量的估计；（2）对将来现金流量的确认时点、具体金额等因素及其可能变化的预期；（3）无风险利率计量的货币在不同时点的价值差异；（4）分摊资产、负债内在的价值不确定要素可能发生的价值变动；（5）难以识别的价值要素。

未来现金流量与折现率的估计是应用现值计量时需要考虑的两大关键因素。而根据或有负债性质和环境的变化，对这两大因素的确定方法会有所不同，不过，通常而言，任何方法都应该遵循以下原则：

（1）所选择的折现率和估计的现金流量应该能够体现满足正常交易秩序的前提下，相关未来事项与其所对应的不确定性等各类问题。

（2）将未来现金流量折算为现值的利率假设，必须和估计未来现金流量的利率假设一致，否则可能重复或遗漏计算一些影响。

（3）所有估计需保证独立与客观，与负债本身无关的其他因素不应影响估计。

（4）对利率或现金流量的估计结果是一个取值范围，而并非一个单独的数值，如最大值、最小值或平均值。

（5）估计利率或现金流量所应用的假设应该客观合理，而且估计人员必须熟悉这些假设。换言之，若估计人员没有相应的知识或经验以合理确定某些要素，就不应该将它们的影响纳入考量。

6.2.4 政府或有负债计量的特点

1. 计量结果的高度相关性与合理的如实反映性

依据 IASB 发布的 2018 年财务报告概念框架，相关性和如实反映是两大基本的会计信息质量特征。一方面，只要会计信息能让使用者作出关于未来结果的合理预测，或能为过去的估价提供反馈，即具备证实价值（证实过去预期结果的正确性或证实实际与过去预期的差异），或者兼具预测价值和证实价值，那么该信息就是就是相关的。政府或有负债的计量环节应该保证其处理得到的信息具备高度的相关性，既有利于信息使用者根据计量结果信息作出关于未来或有负债的实现对财政造成的压力的合理预期，还能够证实信息使用者过去对于或有负债实现的概率、时间与金额的估算与实际结果的差异是否处于可接受范围内。另一方面，IASB 提出在某些特殊情况下，高度的计量不确定性可能导致充分的如实反映难以实现。政府或有负债的计量不确定性具体体现在三个方面：一是或有负债事项变为"现实"的概率；二是负债实现的时间；三是具体的金额。我们认为，在既有信息真实、完整，获取来源可靠的前提下，政府或有负债计量结果的如实反映程度目前只能是"合理的"，虽然这种"合理的如实反映"已能够初步为政府制定财政政策提供有价值的参考，但仍有改进的空间。我们相信，随着信息技术的发展和计量手段的不断改良，对政府或有负债如实反映的程度会逐步提高，将来是能够实现"充分的如实反映"的。

2. 计量精度的相对性

如前所述，政府或有负债的计量存在诸多不确定性，因此，从性质上来看，政府或有负债的计量是一种以现有经验信息为基础的估算性质的评价，具有相对较高的主观性，从而导致计量精度也具有相对性。需要注意的是，在会计信息质量特征中并无精确的要求，虽然估算会增加计量不确定性，但不必然影响会计信息的有用性。因此，虽然或有负债计量环节的价值估算具有主观推定的成分，但只要或有负债的估算方法正确并在财务报告中加以充分适当的说明，就可以保证或有负债计量结果信息对使用者的决策是有用的。

3. 成本—效益原则的考量

政府债务会计系统的目的并非是完美的提供所有的债务信息，尤其对于性质特殊的或有负债，对其价值进行估算的可能具有非常高的难度系数。要揭示一切可能发生的负债一方面可能需要耗费大量成本，另一方面也不具备实务操作的可行性。此外，或有负债还有显性和隐性之分，对或有隐性负债的显性化概率的估计是该领域的重大难题，当前尚无法得到有效解决。因此，对于政府或有负债的计量需要符合成本—效益原则。例如，若存在多种或有负债的估算方法，应该根据经济性原则进行筛选，但必须保证最终应该能为防范地方债风险提供决策有用的信息。当然，由于政府是非营利机构，其对于成本—效益的考量程度应该低于企业，即有些特殊情况下不能仅出于成本的原因盲目暂停或者取消或有负债计量。

6.2.5　政府或有负债计量的影响因素

政府或有负债的计量过程中，有三个方面因素会对我们的计量产生重要影响，必须审慎对待，即风险因素、货币时间价值和未来事项。

1. 风险因素

风险可以说是无处不在，对于复杂的经济领域而言概莫如是，例如众所周知的系统性风险和非系统性风险。政府作为经济主体，定会受到市场中的风险和不确定性的影响；另外，政府作为公共主体还会受到其他诸多非经济类风险的影响，例如，政府负有救灾义务，而自然灾害的发生与受灾程度本就存在不确定性。这些风险与不确定性均影响着政府未来的现金流入流出的时间与金额。

风险本身也拥有一种不确定性，除了其发生的概率性，不确定性还体现在其可能造成损失，也有可能带来收益。如果某种情形下的风险只为政府招致了损失而未带来收益，就称为公共风险。

风险的不确定性导致相关事项的结果是可变的，一旦风险发生变化，很可能导致最初对政府或有负债的计量结果发生高估或低估。由于会计中的谨慎性要求我们对于负债既不能高估也不能低估，因此，我们必须在现值计量过程中持续谨慎地对待风险的影响，就算掺杂主观的推测也是有意义的，因为这样能够提高计量结果信息如实反映政府或有负债状况的程度。

2. 货币时间价值

现值计量过程大致可归纳为事先估算出以货币计量的政府履行相关偿债义务时支付的资金（未来现金流量），再运用合理的利率将其价值折算到当前时点，即得出可计量的政府或有负债的金额（现值）。在这一过程中，利率体现了货币的时间价值，由于是用来折现的，也称为折现率，是对负债风险和货币时间价值的评估结果，实际操作中可以采用实际利率。此外，若上述折现期超过一年，那么现值的数值将逐步递增，与之前估算的政府支付金额愈发接近。

3. 未来事项

现实中，可能存在一些事项会对政府未来履行义务造成直接影响，如果我们能够获得客观证据证明此类事项在将来一定会发生，那么必须考虑它们对政府偿债所产生的影响。例如，充分的客观证据表明通货膨胀会在政府履行或有负债相关义务时发生，那么就应该作为考虑因素之一。又如，有充分证据表明，未来随着技术进步，工业污染处理成本将显著下降，该因素也要纳入考虑，否则会影响政府或有负债金额估计的合理性。

艾斯纳（Eisner，1984）发现，法律会对政府或有负债的未来价值造成直接影响。新法律的颁布可能造成政府部门或政府整体的或有负债金额产生变化。若法律的有效执行能通过充分证据证明，那么计量必须考虑该法律因素。但证据的客观性与充分性在实践中可能难以验证，因为只有法律得到真正执行后才能真正知道相应证据是否可靠。

6.2.6　地方政府或有负债计量的方法

1. 现值计量的基本方法

应用现值来计量政府或有负债将面临两个巨大考验：一是对现金流量发生时间和具体金额的估计；二是对相关风险与不确定性的调整。这两大考验也是该研究领域试图解决的重要难点。根据对风险的处理方法不同，可以将现值技术分为传统法和期望现金流法。这两种技术的内涵及其应用如下：

（1）传统法。传统法实质上是通过识别单一风险与其对应的现金流量估计组合，确定该组现金流量应当使用的折现率，从而计算项目的现值。在传统法下，风险的大小只由利率的高低来反映。风险水平越高，折现率越高，反之亦然。因此，这种方法使用起来简洁方便。传统法主要运用于合约性资产负债的价值计量。传统法在不同的应用场景下有着不同的表现形式。例如，在估计现金流量时，以现金流量的风险属性作为分类依据，将现金流量分为不同的部分，对每个部分的现金流量赋予不同的折现率；同样，在收益计算时，可以利用收益的风险属性区分正常收益与非正常收益。风险相对较小的正常收益使用较低的折现率，风险相对较大的非正常收益采用较高的折现率。

传统法虽然简单易行，但仍具有极大的局限性。传统法只适用于单一一组现金流量对应单一的折现率的情况。正如之前所提及的，传统法下风险的大小只由利率的高低来反映，项目的不确定性完全折射到利率之中。这就要求我们使用传统法时必须能够确定一个与市场利率高度相关联的折现率。倘若该折现率无法确定，传统法便无法应用。因此，传统法在很多较为复杂的应用场景中很难发挥作用。

（2）期望现金流量法。期望现金流量法（expected cash flow approaches）是指一种较为优越的负债计量方法，与传统方法有所区分的是，这种方法在利用现金流量预期这一因素的时候，将所有可能的预期都纳入计量范围内。现阶段，这种方法有两种较为典型的模型：第一种模型采用了无风险利率作为折现率，通过现金流量来体现风险；第二种模型选择了与风险相称的折现率，通过折现率的调整折现风险。

期望现金流量法不同于传统法，它在预期未来现金流量的时候充分考虑了所有可能的影响因素。这正是期望现金流量法相较于传统法的优越之处。前人研究得出了期望现金流量法的两类经典模型：第一，以无风险利率作为折现率，风险的大小通过未来现金流量的预期来体现；第二，折现率随着风险变动，风险的大小通过折现率的调整进行反映。

在较为复杂的应用场景下，不确定因素较多，仅通过利率反映风险的传统法不再适用，此时期望现金流量法便可发挥它的优势。下面列举两个适用期望现金流量法的情形。

第一种，现金流量发生的时间不确定。例如，未来三年每年都可能流出 600 元，未来三年中每年流出的概率分别为 10%、50% 和 40%，对应的利率分别为 5%、5.3% 和 5.7%。则使用期望现金流量法计算预计现值的计算公式是：$600 \times 10\% \div (1 + 5\%) + 600 \times 50\% \div (1 + 5.3\%)^2 + 600 \times 40\% \div (1 + 5.7\%)^3 = 530.93$（元）。

第二种，现金流量金额不确定。例如，三年后的折现率为 6%，同时该年中存在三种可能的流出金额：100 元、200 元和 300 元，它们流出的概率分别为 10%、50% 和 40%。则使用期望现金流量法计算预计现金流量的计算公式是：$100 \times 10\% + 200 \times 50\% + 300 \times 40\% = 230$（元），现金流量现值的计算公式为 $230 \div (1 + 6\%)^3 = 193.11$（元）。

2. 政府或有负债计量的其他技术

由于将现值引入政府或有负债的计量环节，我们可以选择更多的评估方法预估现金流量发生的时间和具体的金额，在此基础上对风险进行评估，并对不确定因素进行调整。影响选择负债计量方法的因素有很多，如负债性质、构成内容、财务财政支出信息等。由此不难看出在计量政府或有负债时的不确定性极大，尤其是政府或有隐性负债，要对其进行充分的把握可能极其困难。但我们仍可以利用多种方法计量或有负债规模，从而为揭示政府负债的整体规模状况做出贡献。

（1）风险概率法。风险概率法的最大特点是依据风险的概率对概率档次进行了划分，从而依据不同的概率档次展有开针对性的计量工作，公式如下：

$$D = d_1 p_1 + d_2 p_2 + \dots + d_n p_n \tag{6.1}$$

式（6.1）对或有负债的隐性部分进行了显性化，并将显性化概率分为 n 档。D 代表政府或有负债总额，p_n 和 d_n 分别代表从 $1 \sim n$ 各自档次下的概率值和或有负债金额。为了简化处理，我们可以固定档次的设定方式，甚至可以假定每个档次的概率值。例如，我们可以将政府或有负债划分为低风险、中等风险、较高风险和高风险四档，同时可以假定这四档的政府或有负债显性化风险概率分别为 95%、70%、50% 和 15%。值得注意的是，假设方法并不拘泥于上述一种，我们可以根据当地的实际情况，因地制宜地进行假设。如捷克选择了上述假设方法，在担保型或有负债的计量中取得了较为准确的结果。使用这种方法时最重要的问题便是概率值的选取，最终的计量结果会直接受到所选取概率值的影响。在计量其他类型的或有负债时，可将上述方法作为借鉴。

综上所述，制约政府或有负债计量效率的主要因素包括：第一，如何选择合理的计量方法；第二，怎样划分风险概率档次，如何选择风险概率值。这两方面问题值得在今后政府或有负债计量的理论研究与实务工作中进一步探究。

（2）保险精算技术。保险精算技术运用的前提是事先收集了充分的关于过去损失状况的数据，基于此，该方法采用统计技术对未来的损失状况做出估计，有助于预测与计量政府的潜在损失。在保险精算技术的运用过程中，历史数据是输入值，结合对未来的考量从中作出适当调整，可以得出关于未来的合理估计，从而有效避免发生损失。另外，保险精算技术还有助于我们宏观地把控风险分配的情况，利用这种分配能够估计未预期或预期成本。由于保险精算技术对历史数据的依赖性较高，因此历史数据的真实、可靠与完整性是我们运用该技术之前所必须保证的。同时，精算评估的操作难度较大，因此该方法对操作人员的知识水平与实践能力也提出了相当高的要求。

（3）计量经济模型。由于精算技术无法预测具有非线性分布的损失的趋势，因此，我们难以运用此法分析与预测对经济波动较为敏感的项目。此时，计量经济模型的优势就凸显出来，弥补了前述缺陷，能科学解释预期损失分配时间的变化情况。进一步地，计量经济模型可以有效地计算和预测未来的变动情况以及损失分配参数，利于政府作出正确的决策。首先，它充分发掘了损失结果的影响因素；其次，通过损失模型的建立进行动态分析与预测，更好地适应了损失事件的不确定性特征，使该方法具备更强的损失预测能力。

本书再三强调政府或有负债的计量是面向未来的，而计量经济模型对于历史数据的要求不如保险精算技术那样高，无疑更适合于政府或有负债的计量。

（4）或有权益分析。或有权益分析法是在对政府担保展开评估与分析的过程中常会用到的方法。这种方法的优势在于其能够在缺乏历史数据的前提下进行操作。或有权益未来计量日的价值取决于其他类型的可交易证券价格。从国际上的实务案例来看，已经有以美国为代表的有多个国家成功运用了该方法。美国运用此法对政府担保的预算成本进行了有效预测。

综合分析上述四种或有负债计量方法，我们不难发现，后面三种方法对操作人员的专业知识水平和实践能力及经验的要求较高，实务中很可能需要借助专业部门的力量才能顺利开展政府或有负债的计量工作。尽管政府或有负债的计量工作难度系数较高，但也具备可行性。现今，国外许多企业都开发出了较为先进的计量技术，可以对各种风险计量工具进行熟练运用，这对我国政府部门财会人员而言既是挑战，也是激励，应该积极引入国外技术，结合国情发展出适合我国政府或有负债计量的有效工具。

6.2.7　地方政府或有负债计量方法的应用

1. 政府或有负债准备的估值技术

对政府或有负债计提相应的准备金能够为或有负债风险防范筑起一道重要防线。而或有负债准备金的货币价值应当是一个最佳估计数。最佳估计数的估算可以借鉴企业会计中的方法。第一，若义务的履行导致的财政支出是一个连续范围，且范围内各类结果具有相同的发生可能性，那么可以取范围的中间值来确定我们的最佳估计。第二，或有负债的相关支出不存在连续范围，或者范围内各种支出发生的可能性并不相同，此时如果或有事项涉及单个项目，则按最可能的金额来取值；如果涉及多个项目，按各种可能的支出结果和对应的概率来进行计算，得出或有负债实现的可能的权重成本，即准备金的最佳估计。

政府或有负债准备金的数值不是一旦确定就一成不变的。我们需要定期对准备金的金额进行估计，这种估计应以政府部门的判断为主、外部专家的报告为辅。如果政府事先计提了或有负债准备金，以应对未来某项目的重大失误可能导致的财政支出，那么该准备金的金额应该随着未来某些事项的发生而不断调整。

2. 政府担保的估值技术

政府担保是政府或有负债的重要组成部分。要得到政府担保形成的或有负债的价值，需要借助各类估值技术。那么应如何在众多估值技术中进行选择呢？本书认为，政府担保支付信息和担保结构情况是进行选择时应当考虑的两大因素。下面介绍两类经典的政府担保或有负债的估值技术。

（1）蒙特卡罗模拟。该方法假设初始价值发挥决定性作用，价值的分布情况和增长率状态等都是应用该方法需要考虑的因素。实际计量过程中，首先应确定预期值与概率分布。本质上看，担保的价值即贴现现值。虽然蒙特卡罗模拟的适用性较广，但其结果的精确度可能不足。

（2）布莱克—斯科尔斯期权定价公式（简称"B-S 期权定价公式"）。前人在蒙特卡罗模拟的基础上，提出大量的假设分析，最终提出了该公式。

该定价公式在担保估值中亦有广泛的应用，例如常常运用在汇率担保的场合。默顿（1977）是运用该公式进行研究的著名学者之一，他创造性地将该公式引入担保款以及存款保险领域。该估值技术的优缺点与蒙特卡罗模拟分析正好相反，它增加了估值的准确性，但其应用面相对较窄。

作为经典的估值技术，蒙特卡罗模拟和 B-S 期权定价公式在实践中很好地发挥了它们的作用，为政府担保的管理提供了极大的助力。例如，智利政府主要在公路经营领域充分运用了上述两种估值技术，为其他国家提供了管理政府担保的有效参考与借鉴。需要说明的是，担保估值领域还存在其他许多具备良好应用效果的技术方法，并不仅限于上述两类经典技术，如有限差分方法、近似风险权数方法、二项式树等。

在政府编制年度预算报告时，我们应当充分考虑政府担保的估值结果，该结果应全面反映在公共财政报告中。

6.3　地方政府或有负债报告

6.3.1　地方政府或有负债报告的内容

地方政府或有负债报告的内容是指地方政府需要披露的或有负债相关信息。本书研究认为，政府或有负债除需披露表内信息外，还需披露表外信息。其中，符合确认条件的，在资产负债表中列报；不符合确认条件的，在表外披露。

1. 资产负债表中列报和披露的信息

根据是否符合地方政府或有负债的确认条件，地方政府或有负债信息披露分为表内列报和表外披露。如果该项政府或有项目属于地方政府应承担的现实义务，包括推定现实义务或法定现实义务，并且与该义务相关的金额能够可靠地计量，则该或有项目符合地方政府或有负债的确认条件。符合确认条件的地方政府或有负债，应进行相应的确认与计量，并最终单独列报于资产负债表中。当地方政府或有负债项目较多时，则汇总反映于资产负债表中。

地方政府或有负债首先应当在资产负债表中列报，除此之外，还需要以附注形式披露详细信息。针对任何一项地方政府或有负债，以下六项相关内容是必须说明的：（1）财务报告期间内地方政府新增的或有负债；（2）报告期间内地方政府减少的或有负债；（3）报告期间内地方政府或有负债的返还金额；（4）因货币时间价值和折现率波动导致的或有负债增加额；（5）分类说明地方政府或有负债的性质，并指出每一类或有负债经济利益流出的预期时间及预期流出金额；（6）对或有负债的流出时间及金额的不确定性进行说明。

2. 表外披露信息

对于政府或有事项（负债）信息不符合其或有负债确认条件的，主要通过以下方式进行披露：（1）借鉴已经采用权责发生制政府会计的美国、英国等国家所采用的方式，对政府财务报告中的内容进行合并说明，不进行可计量和不可计量划分；（2）借鉴新西兰、澳大利亚等国家所采用的方式，将其划分为可计量和不可计量两种形式，其中，单独计量与说明可计量的或有事项（负债）。本书认为，我国应采取循序渐进的方式披露表外信息，宜采用第一种披露方式。因为我国的权责发生制政府会计改革才推进不久，有关政府或有负债的信息还很匮乏，计量方面还很生疏。随着权责发生制政府会计改革的深入推进，可进一步对可计量和不可计量项目进行划分，以更加详细地反映政府或有事项（负债）相关信息，为相关部门决策提供依据。

6.3.2　地方政府或有负债报告的国际借鉴

从本质上讲，财务求索权是政府或有负债的本质，在这一权利下，特定时期政府的资源将会外流。目前，新西兰、澳大利亚等发达国家已经承担起主动管理或有负债的义务。这些国家在或有负债方面的做法，能够为我国推行或有负债报告提供经验借鉴。由于新西兰相对完善的披露了政府或有负债，因此介绍新西兰的经验对我国或有负债报告更具借鉴意义。下面将展开说明新西兰的经验。

世界上进行政府或有负债报告的国家很少，新西兰就是这些为数不多的国家之一。建立了一套政府或有负债核算和报告体系是新西兰对政府或有负债进行管理的特色之处。1994 年 7 月 1 日，《财政责任法》在新西兰生效。《财政责任法》要求中央政府将"财务状况表"、"或有负债与或有资产"和"承诺表"包含在财政年度和半年度财政报告中，并由议会进行审议，同时在媒体上公布。

新西兰能够成功编制或有负债报告并对外披露，与其建立的权责发生制政府会计系统密切相关。在对或有负债报告时，新西兰的政府会计系统要求专门列示可计量的或有负债，并按照担保和赔偿、诉讼程序和纠纷、未缴资本、其他可计量项目几个类别进行列示。同时还应该按照覆盖的范围，即新西兰储备银行（中央银行）、王国政府机构（中央政府的预算内机构）以及国有企业进行列示。这样能够为政府或有负债的信息使用者提供不同性质以及不同承担主体的信息，更有利于信息使用者据此信息进行决策。此外，国有企业承担的或有负债以及公务人员年金计划的缺口也包含在新西兰政府或有负债中，报告还说明了其规模，同时分析了政府或有负债发生的可能性。为保证所有报告的或有负债信息的真实性，财政部门需对每项或有负债信息进行核实，各部门应对其上报的负债信息的完整性和真实性负责。

新西兰政府分别按照未缴资本、诉讼程序和纠纷、担保和赔偿、其他可以计量的或有负债对可计量的或有负债项目进行列示。其中，未缴资本包括政府应向国际金融机构（如世界银行等）缴纳但仍待缴纳或未缴纳的认购股款；诉讼程序和纠纷指政府机构和国有企业在诉讼判决中因败诉而造成的损失，包括可能被要求支付的本金和利息；担保和赔偿指政府为企事业单位借款所提供的担保，有关单位或个人造成的价值损失和财产坏损而进行的赔偿等；其他可计量的或有负债则包括政府向国际金融组织签发的应付票据，向国有企业要求的其他索赔，与政府机构补助和履约条件有关的或有负债等。

需要指出的是，在新西兰政府财务报告中，凡是政府或有负债超过1000 万新元时就需要单独进行披露。此外，新西兰政府专门设置一些针对重要项目的或有负债账户，如 2002 年新西兰参与签署了《京都议定书》，约定了到 2012 年实现的温室气体排放总量，为此，新西兰政府专门设置了"京都协议下的负债准备"账户，来核算为履行该项承诺而支付的义务，确认为 2012 年前发生的或有负债。新西兰政府不仅披露了上述的可计量的或有负债，还要提供无法计量的或有负债资料，使会计信息使用者能够准确把握政府所面临的债务风险。

除了新西兰之外，其他国家，如南非、澳大利亚等，也基于本国国情出台了有关政府或有负债的相关准则和规定。但相对而言，由于这些国家的准则和规定都不如新西兰的系统、完整，在此不再进行详细说明。

6.4　规范地方政府或有负债报告的建议

目前，我国经济发展正处于新旧动能转换的关键时期，政治、经济和社会环境相对复杂，无论从定量还是定性角度都很难对政府或有负债进行准确地分析。随着政府会计改革的推进，政府或有负债在确认、计量、报告等问题上都取得了一定的研究与实践进展，虽然或有负债领域存在的问题短期内仍难以解决，但"世上无难事，只怕有心人"，只要凝聚理论界与实务界的智慧和努力，政府或有负债的难点都将被一一攻破。本书在国内外现有政府综合财务报告相关成果的基础上，通过专家访谈与实地调研，针对我国政府或有负债报告的规范问题提出如下建议。

6.4.1　以权责发生制政府会计改革为基础

政府或有负债报告制度的建立应当以完善的政府会计准则为基础。美国、英国等西方发达国家通过制定权责发生制基础的政府会计准则，以实现对政府综合财务报告编制的有力规范。美国联邦政府、州和地方政府编制政府综合财务报告之前，会计准则委员会分别发布了以政府会计要素确认、计量、记录和报告为内容的 36 项与 56 项准则，包括资产、负债、收入、费用等，以规范联邦政府与州和地方政府综合财务报告的编制。同样地，英国政府在参照国际财务报告准则的基础上，制定了《政府财务报告手册》来规范政府综合财务报告的编制。该手册对政府综合财务报告的内容提出了更全面的要求，不仅包括资产、负债等会计要素的确认、计量、记录和报告的相关规定，还对处理诸如政府税收、或有负债等特殊事项提出了明确的规范要求。通过对政府综合财务报告编制进行指引与规范，这些准则有利于规避确认、计量、记录与报告的不一致带来的不利影响，从而确保各财务报表信息之间的可比性。想要建立政府或有负债报告制度，必须先有完善的或有负债会计准则作为前提保证，为或有负债的确认、计量、记录提供统一规范的指引。

现阶段，权责发生制已经逐步取代了收付实现制，成为西方发达国家政府会计的普遍选择。在借鉴西方成熟经验的基础上，我国也逐步着手进行权责发生制政府会计改革，并且得到了理论界与实务界的双重肯定。继续推进权责发生制政府会计改革是大势所趋，是制定健全的政府或有负债会计准则的前提，是建立政府或有负债报告制度的基础，是规范政府综合财务报告的根本保障。

6.4.2 或有负债报告应体现"系统、全面、综合"的要求

通过对国外有关政府综合财务报告进行广泛研究，我们发现美国联邦政府各部门财务报告主要包括资产负债表、净营运成本表、财务状况变化表、预算资源情况表等六张财务报表和附注两部分。除了这两部分核心内容之外，联邦政府层面财务报告还应当披露政府或有负债等表外信息，整体层面的财务报告还应当披露政府托管、管理层讨论与分析等信息及其相关附注；州和地方政府层面的财务报告则由部门介绍、财务以及统计三部分组成，此外还应提供基金财务报表。英国《政府财务报告手册》则跨越了中央政府与地方政府层面，对所有公共部门的合并财务报告进行了统一规范。除了年度财务报表与附注两大核心内容之外，英国政府的综合财务报告还应当包括年度工作报告、审计声明、内部控制声明等。加拿大联邦政府财务报告要求的内容更为全面，包括经审计的财务报表、财务数据摘要、各部门财务状况等财务信息，以及潜在风险、不确定事项与相关趋势

分析等非财务信息。我们通过对美国、英国以及加拿大等西方发达国家政府综合财务报告的研究分析得出，财务信息与非财务信息均是政府综合财务报告的重要组成部分，政府综合财务报告的作用不仅在于如实地反映政府的财务状况、运营成本以及预算执行情况，它还能够提升政府的公信力与公众认同度，塑造良好公众形象的同时对财政可持续性提供了有力支持。因此，政府或有负债报告所提供的信息应当尽可能地全面、系统和综合，兼顾各类财务信息与非财务信息，以满足各种信息使用者的需求。

6.4.3 审计制度是政府或有负债报告质量的重要保证

很多西方发达国家的政府财务报告在形成过程中需要进行多次审计。在美国，政府部门向财政部递交年度财务报告时还需要聘请外部审计机构对该年度财务报告进行审计，由联邦财政部完成最终的政府综合财务报告。在此报告向社会公众公布之前，美国的政府问责局需要对其出具审计意见，以确保对外公布的政府综合财务报告的真实可靠性。除此之外，州政府及地方政府编制的综合财务报告对外公布之前，也需要经过外部审计机构的审计。在英国，四大类政府部门向财政部提交合并财务报告，然后财政部完成政府综合财务报告的编制并递交给议会，在这个过程中，四大类政府部门提交的合并财务报告需要由审计总署进行审计。在加拿大，审计在政府财务报告的形成过程中也扮演了重要角色，联邦各部门财务报告经过审计才能报给总出纳长办公室。除此之外，经由审计总长审计的加拿大 1/3 的联邦政府部门和机构的审计报告还要提交给议会审核。

审计是保证财务报告信息真实可靠的重要手段，同时能够减少财务舞弊的发生，更能确保经济活动的合法合理性。经过审计的政府财务报告才更具公信力。因此，我国除了积极推进政府会计改革，还应有健全的政府内部控制制度、政府或有负债报告审计制度以及公开制度，为政府或有负债报告的质量提供重要保证。

6.4.4 完善的会计系统是政府或有负债报告的重要支撑

完善的会计系统对政府财务报告的形成也发挥了重要作用。在财务报告的编制过程中，美国联邦政府以会计系统作为连接各部门的信息沟通桥梁，保证了财务报告编制的效率性。各部门财务报告经过审计之后由网络系统传递给财政部和总统预算办公室，这个传递过程随着互联网技术的发展而变得愈发方便快捷。财政部内部的财务报告系统接收数据，相关负责人下载这些数据后立即着手对数据进行分类和汇总，最终编制出政府整体层面的年度综合财务报告。英国的 CONS（the Combined Online Information System）系统将四大类部门各自编制的合并财务报表数据进行转换，进而形成政府整体层面的财务报告。加拿大总出纳长办公室的核心财务管理报告系统负责接收各部门经过汇总和调整后的用于编制政府财务报告的数据。从以上各国的会计系统在政府财务报告编制过程中的作用可以看出，完善的会计系统是顺利编制报告的重要支撑。

政府或有负债构成内容的复杂性决定了编制相应的报告需要处理、计算庞大的数据，可谓一项系统工程。报告本就是会计系统的重要一环。而且会计系统的规范性较强，遍布各个政府部门，利于数据的处理和在不同部门间的传递。未来的会计系统借助物联网、大数据技术，能使报告的编制更有效率。因此，政府或有负债信息系统的建立与完善对政府或有负债财务报告的编制至关重要。在研究或有负债报告的准则和制度时，应对政府债务会计系统予以足够的重视。

6.5 本章小结

本章对地方政府或有债务的确认、计量和报告进行了较为深入的研究。针对政府或有负债的确认问题，讨论了或有负债的确认基础、条件和程序，认为确认环节是之后计量、记录和报告的前提，也是该领域的研究难点。本章还围绕政府或有负债的计量问题进行了重点论述，具体包括计量属性的选择、计量对象的界定、计量的相关影响因素以及估值技术等。我们从政府或有负债的本质特征出发，对现值给予了高度肯定。另外，本章还探讨了政府或有负债的报告，并基于新西兰等国的或有负债报告经验，提出规范我国政府或有负债报告的建议。

第 **7** 章

PPP 与地方政府债务的关系研究

近年来，为了管控地方政府债务风险，我国财政部与发改委等部门相继发文，加之《预算法》的修订，使"治存量、开前门、堵后门、修围墙"的政府性债务管理方针得到了切实贯彻。

另一大重头戏是引入政府和社会资本合作（Public – Private Partnership，PPP），以民间资本替代部分财政资本，弥补地方财力与民生建设（如城镇化建设）需求的缺口，短期内能够一定程度地缓解地方政府的债务压力。同时，借助竞争机制优胜劣汰，既能降低建设运营成本，又可以优化公共产品及服务的供给质量，因此获得了广泛推崇。但是 PPP 与地方政府债务之间真是简单的"此长彼消"关系吗？根据权威媒体的报道①，我国西北某省份的 PPP 数量在几年间飞速增长，2017 年底入财政部项目库的数量达到 500 个，2018 年第一季度该省发改委召开防范地方债风险的紧急会议，叫停政府付费类 PPP 项目，进行全面清理与整顿。表明在实务界中，相关监管部门意识到 PPP 同样可能蕴含政府性债务问题。

进一步地，学术界关于 PPP 中政府支付义务是否属于政府债务的激烈争论将上述问题推上风口浪尖。其实，PPP 与地方政府债务之间的关系可以进一步分解为以下问题：（1）PPP 是否会直接形成政府债务？（2）若

---

① 财经网：《地方债高悬之忧：隐性债务的水有多深?》，https://mp.weixin.qq.com/s/H5EclQAJ-9Jk9yzOF-kwiA，2018 年 7 月 10 日。

是，相关债务是否应在政府资产负债表内进行确认？（3）若 PPP 存在政府债务风险，应如何防范？本章通过逐一回答这些问题，以期厘清 PPP 项目的政府支付义务与政府债务、政府负债之间的关系并丰富防范地方债风险的对策。

7.1 关于 PPP 是否直接形成政府负债的争论

近年来学术界出现了 PPP 项目的政府支付义务与地方债关系的激烈争论，观点主要形成两大阵营：PPP 会产生政府债务且可能形成政府负债及 PPP 不直接形成政府债务但蕴含债务风险。

7.1.1 PPP 会产生政府债务①且可能形成政府负债

部分学者提醒 PPP 本身会形成新型政府债务（马恩涛，2014），可能成为政府债务风险的源头之一。现有研究大都将目光聚焦在政府对 PPP 项目的担保或承诺责任上（M. A. 拉希德和 F. 费萨尔，2013），认为它们是形成政府直接或者隐性、或有债务的主要源头；由于政府会计准则不完善，使 PPP 有关的政府债务短期内难以在资产负债表内得到恰当反映，产生了"债务出表效应"，加剧了财政风险（安娜·科尔巴却、格尔德·施瓦茨，2008）。有学者归纳了 PPP 的七类政府担保，包括最低收入担保、最低车流或客流担保、价格调整担保、债务担保、最高利率担保、竞争限制担保和政府购买担保，提出这些担保义务属于政府或有负债（Yong Jiang，2017）。目前，尽管固定、刚性回报相关的政府担保、承诺已受到我国担保法明令禁止，却不意味着所有政府担保均不复存在。根据财政部《关于印发政府和社会资本合作模式操作指南（试行）的通知》，政府应该承担项目的最低需求风险，即政府对需求风险或使用量的担保是合法的（马恩涛、孔振焕，2017）。

---

① 本章对于政府债务和政府负债进行了严格的界定，两者的概念范围不同，详见下文。

　　还有学者依据政府债务的不同分类方式讨论 PPP 项目可能存在的政府债务。一是按国务院的政府性债务分类标准，结合政府承担的风险与对应合同或政策的特点，分析得出 PPP 存在政府负有偿还责任的债务、负有担保责任的或有债务以及可能承担一定救助责任的其他相关债务（周小付和赵伟，2015）。二是从财政风险矩阵视角，指出 PPP 项目可能存在四类政府债务（董再平，2016）：认为政府长期购买合同、合同约定的运营补贴等属于直接显性债务；由于社会压力或道义的长期补贴属于直接隐性债务；对项目收益风险的担保合同会产生或有显性债务；未在合同上事先约定的、项目失败后的必要救助将导致或有隐性债务。

　　从 PPP 项目的回报机制角度看，分为使用者付费、政府付费以及可行性缺口补助三类。除了第一类回报完全依赖于公共产品或服务的最终使用者，后两者均涉及政府的支出义务。对于政府付费类和可行性缺口补助类 PPP 项目，政府与私人部门签订 PPP 合同时，就形成了现时义务，该义务来源于"合同签订"这一过去事项，在未来履行的时候预期将带来经济资源流出，如此一来，此类义务有可能满足会计上政府负债的定义（张琦等，2017）。另有学者提出，PPP 中的政府支出责任是否会形成政府债务应以财政可承受能力为分割线，在可承受范围内只能算作或有负债，超越阈值透支后则变成政府负债（何杰，2017）。另外，王芳、万恒（2016）提出政府在 PPP 中的配套投入支出责任，如土地征收和整理、建设部分项目配套措施等也可能形成政府负债。

　　国际公共部门会计准则委员会（IPSASB）认为：PPP 项目会产生政府债务，其中符合条件的债务作为负债项目在政府资产负债表上进行确认。IPSAS 32——《服务特许权安排：授予方》规定了参与 PPP 项目的公共部门的会计处理，但局限于公共部门取得项目资产的控制权的 PPP，即包括 BOT[①]、ROT[②] 和 TOT[③] 等的特许经营类 PPP，属于狭义 PPP 范畴，而不包括 BOO[④] 等私有化类 PPP。IPSAS 32 认为，特许权授予方（政府）应在确

---

① BOT（Build-Operate-Trasrfer），即"建设—经营—移交"。
② ROT（Renovate-Operate-Trasrfer），即"重整—经营—移交"。
③ TOT（Trasrfer-Operate-Trasrfer），即"移交—经营—移交"。
④ BOO（Build-Owning-Operation），即"建设—拥有—经营"。

认特许服务安排资产的同时，将该资产相关的支付义务确认为一项负债。但如果这项资产是属于授予方的原有资产，只是在此次安排事项中被重新分类为特许服务安排资产，就不应确认负债。从这条准则来看，IPSASB 确认负债的条件是资产的确认，且该资产是特许权接受方（私人部门）新建设的或由其直接提供（所有权可能属于私人部门或第三方）的现存资产。即负债义务的确认时点是接受私人部门资产的时点。IPSAS 32 还提及，当政府确认的负债义务属于无条件义务时，须确认为一项金融负债。此处无条件负债义务是指公共部门事先的承诺，包括两类：一是金额已经确定的承诺；二是使用者付费与事先指定金额之间的缺口数额。即使这种支付要取决于私人部门的资产是否达到指定质量或效率要求，即支付并不确定，但 IPSASB 并未说明此处的不确定性是指支付的可能性不确定还是支付的金额不确定。IPSASB 认为，特许经营类 PPP 中形成的金融负债和预计负债都需要在政府资产负债表上确认。其中，金融负债主要是指以现金或金融资产形式存在的政府付费；预计负债则可能产生于政府付费与使用者付费之间的缺口补助。另外，IPSAS 32 还强调了 PPP 项目中产生的其他债务和或有负债参照 IPSAS 19——《准备、或有负债和或有资产》来处理。

7.1.2 PPP 不直接形成政府债务但蕴含债务风险

另有学者在新媒体平台上撰文发表了与上述不同的观点①，质疑将 PPP 有关的政府支出义务作为政府债务的合理性。主要理由归纳如下：

首先，PPP 中的政府支付不具有偿还刚性，政府并不一定要对私人部门进行支付，而且支付的金额也不确定，因此不符合资产负债表上的负债确认条件。

其次，PPP 项目是"未来获得资产或服务、未来支付"，与"先获得资产或服务、后支付"的债务存在本质区别，只有当政府已经"控制"了

---

① 宗文龙、袁淳：《政府视角下的 PPP 项目债务风险探析》，https：//mp. weixin. qq. com/s/E6TXtkoArA9uUluBbmPBTQ，2017 年 5 月 17 日；微信公众号"财税大观"，《PPP 支出算地方债务吗？这篇将给你答案》，https：//mp. weixin. qq. com/s/OrgilTaWkkVRy6ipqL0KPA，2017 年 7 月 1 日。

私人部门的服务，而且对 PPP 的支付责任超出财政承受能力而难以在当期支付，支付责任需递延到以后期间，才形成权责发生制内涵下的负债；倘若虽然达到"控制条件"但相关支付责任可从当期财政中得到兑付，就仍属于收付实现制的核算范畴，当期责任当期支付并予以在账上记录。

最后，PPP 项目虽然本身不直接形成政府债务，但的确蕴含政府债务风险，风险的形成机制主要包括三个方面。（1）忽视财政承受能力盲目投资 PPP 项目，可能导致未来巨额的政府支付责任，迫使政府通过发行债券等举债方式进行支付，从而产生政府债务风险。为应对此类风险，国家出台了财政承受能力论证、物有所值评价政策以及 10% 的一般公共预算支出红线。（2）PPP 项目的准公益性难免削弱项目的收益性，可能出现项目运营不善，由于维持这些准公共品的正常、持续提供是政府的责任，为最大化社会福利，政府无法完全对 PPP 项目的运营不善置之不理，危急关头必须"接盘"，其中的资金缺口将带来新的政府债务。（3）不规范的 PPP 引致政府隐性债务风险，如明股实债、关于固定收益的承诺、刚性化本应依据项目绩效或质量安排的政府支出责任，这些"变异 PPP"违背了共担风险、同享收益的根本原则，它们造成的问题不能归咎于 PPP 本身。

7.2　PPP 中政府支付义务的性质界定

基于上述两大学术阵营的分歧，PPP 中的政府支付义务在性质上究竟属于政府债务、政府负债还是仅作为政府的预算支出？

7.2.1　政府债务的内涵及负债的确认条件

为了回答该问题，首先应明确政府债务相对于政府负债而言是个广义的概念，既包括能够入资产负债表的政府负债，又包括表外的或有负债。其次，参照《政府会计——基本准则》中负债的定义："负债是指政府会计主体过去的经济业务或者事项形成的，预期会导致经济资源流出政府会计主体的现时义务。现时义务是指政府会计主体在现行条件下已承担的义务。未来发生的经济业务或者事项形成的义务不属于现时义务，不应确认为负债。"该定义指出了作为表内负债必须满足的三个主要条件。

PPP 中政府支付义务是否确认为表内负债，首先，取决于这种支付义务是否为现时义务，即究竟是政府部门过去的经济业务或事项所形成，还是基于未来业务或事项的发生而形成？负债的这一特征同时决定了负债的确认时点。其次，负债导致的经济资源流出很可能发生。最后，相关金额应该是确定的，或至少能够可靠估计。

我国对 PPP 的定义是广义的，据发改委 2014 年发布《国家发展改革委关于开展政府和社会资本合作的指导意见》，PPP 是指"政府为增强公共产品和服务供给能力、提高供给效率，通过特许经营、购买服务、股权合作等方式，与社会资本建立的利益共享、风险分担及长期合作关系"。张德刚和刘耀娜（2016）根据财政部对 PPP 运作方式的说明，结合最终项目资产的私有化程度，将 PPP 项目分为外包类、特许经营类与私有化类。而诸如 IPSASB 和拥有丰富 PPP 经验的英国关于 PPP 项目的会计准则主要受用对象分别是特许经营权类 PPP 和私人融资（private finance initiative, PFI），都是某类狭义的 PPP，因此不能直接照搬其中的会计规定来判断我国 PPP 政府支付义务的性质。

广义 PPP 政府支付义务的来源主要包括：政府付费支出、可行性缺口补助项目的补贴支出、项目配套投入支出以及承担项目破产风险的救助支出等。项目破产风险的救助支出形成政府的或有负债，在前人的研究中多有提及。本章重点关注前两类支付义务，因为它们是政府在 PPP 运营中最基本、最主要的支付义务。基于政府负债的定义与确认条件，结合 PPP 各付费机制的特点，本章对两类政府支付义务在不同时点是否属于政府债务，又是否应确认为政府负债进行辨析。

7.2.2 不同 PPP 的政府支出义务在各时点的性质转化

之前介绍第一学术阵营观点时，有专家认为 PPP 合同一经签订即形成政府的现时义务，笔者认为此看法值得商榷。PPP 合同订立生效时，合同条款中明确的支付义务并非过去经济业务或事项形成，因为此时政府还未正式接受私人部门所提供的资产或服务，是未来发生的经济事项，还未正式承担支付义务。PPP 合同中一般商定，当私人部门提供的资产与服务质量等达到政府事先指定的标准，政府才接受。试想如果某项目设施建成后在验收时质量不合格，政府无法接受，那么就不应该承担项目的支付义务。因此，签订 PPP 合同时，是否承担政府支付义务由未来事项发生与否——政府是否接受设施或服务决定，是潜在义务，只能作为或有负债。那么，政府支付义务何时才从潜在义务转化为现时义务？由于政府付费和可行性缺口补助 PPP 本身的付费机制不同，以下分别讨论。

1. 政府付费类 PPP 的政府支出义务

对于政府付费类 PPP 而言，在项目建成、政府验收完成并接受相关资产时，现时义务就产生了，这与 IPSAS 32 的负债确认时点类似。根据财政部 2014 年发布的《PPP 项目合同指南（试行）》（以下简称《指南（试行）》），政府付费项目又可分为三类。

（1）可用性付费（availability payment）。此种付费方式下，政府付费的多少与项目公司最终建成供给的设施或服务的可用性挂钩，可用性的界定是核心要素，可用与否基于合同约定的设施容量或服务能力标准而非实际需求。以基础设施为例，项目设施建成后，政府按照合同事先约定的可用性程度进行评估，若触发其中的不可用条件，则先缓于"惩罚"，而是给予一定的宽限期，若项目公司仍未在期限内实施纠正，政府才按不同比例扣减付费金额。政府最终会发生多少支出费用在合同订立之日并未就此确定，相应的货币金额只有项目建成后，甚至是经历赋予项目公司的宽限期后才能可靠计量。

（2）使用量付费（usage payment）。此种付费方式下，付费的动因是设施或服务的实际使用量。《指南（试行）》提出了一种分层级付费机制，通过约定最低使用量与最高使用量，界定了政府付费的下限与上限，但具体付费金额仍不固定。

（3）绩效付费（performance payment）。此种付费方式下，政府通过绩效监控对项目公司的绩效表现实施测评，倘若未达标，政府将扣减付费，换言之，付费金额视绩效表现而定，无法在合同订立之初获得确切的计量。

　　从政府支付义务的发生可能性来看，对于政府付费项目，一旦政府接受项目资产或服务，发生财政支出的可能性基本上可界定为"很可能"，这与政府的诚信需求相符，否则将严重影响社会资本对公私合作的信心。

　　从支付义务的金额确定性上看，可用性付费项目的金额基本能够确定，因为相关资产或服务的可用性在验收时或纠正宽限期截止日就需确定；使用量付费项目只能计算出一个估计数，只能到项目实际使用阶段才能获取准确的数值；绩效付费项目更需等到项目运营、通过绩效观测才能确定具体的支付金额。由此看来，对于政府付费PPP，在政府验收完成并接受相关资产或服务时，可用性付费类的政府支付义务符合政府负债确认的条件①；而使用量付费类的支付义务的金额虽不确定，但通过计算公式能够可靠估计，作为预计负债；绩效付费类的政府支付义务由于相关金额无法可靠计量，作为或有负债。三者都属于政府债务这一广义范畴。具体如表7-1所示。

表7-1　　　　　政府付费类PPP的不同机制与政府负债的确认

负债确认条件	政府付费机制		
	可用性付费	使用量付费	绩效付费
是否为现时义务	(1)合同签订时：潜在义务，作为或有负债；(2)政府验收并接受：形成现时义务	(1)合同签订时：潜在义务，作为或有负债；(2)政府验收并接受：形成现时义务	(1)合同签订时：潜在义务，作为或有负债；(2)政府验收并接受：形成现时义务
经济资源流出政府的可能性	政府接受项目，经济资源流出就确定为很可能	政府接受项目，经济资源流出就确定为很可能	政府接受项目，经济资源流出就确定为很可能
支付金额的确定性	项目验收并当即被政府接受或宽限期截止日：支付金额可确定，按合同原金额或扣减后的支付金额，确认为政府负债	实际使用时才能完全确定，但项目验收并被政府接受时能够可靠估计支付金额，确认为预计负债	实际运营，绩效观测后才能完全确定，项目验收并被政府接受时相关金额无法可靠计量，作为或有负债

---

① 政府接受的相关资产，即使在宽限期截止时没达标，政府依照比例扣减支付后，仍可基本确定支付金额。

2. 可行性缺口补助类 PPP 的政府支出义务

对于可行性缺口补助（viability gap funding，VGF）来说，则是私人部门无法通过使用者付费取得合理收益或成本补偿时，政府才施以援手，以补助的方式使项目变得可行，从而激发社会资本的投资动力。也就是说，只有当私人部门运营 PPP 项目出现资金缺口时，政府的支付义务才能算作现时义务，同时，经济与资源流出政府主体的可能性已是 100%。

VGF 机制下，政府支付义务金额计量的可靠性需要视具体补助形式而定。VGF 的形式十分丰富，包括投资补助、价格补贴、无偿划拨土地、提供优惠贷款等，其间涉及的政府支付义务是否均应在合同中事先约定，财政部的《指南（试行）》并未逐一列举，仅是提及一二。例如，投资补助形式的政府义务需在项目融资计划中或项目合同签订前确定，即此时的投资金额虽然存在一定程度的不确定性，但具体金额可以得到可靠的估计。那么对于投资补助形式的 VGF，私人部门无法通过使用者付费取得合理收益或成本补偿时，就形成了一项政府预计负债，需要在资产负债表内确认。然而，其他形式的补助也可能无法事先可靠地估计金额，只能作为或有负债。是否符合负债的确认条件需要会计人员进行原则性判断。

综上所述，政府付费支出、VGF 的补贴支出义务都属于广义的政府债务范畴，而判断它们是否为政府会计意义上的负债，是否应纳入权责发生制下的资产负债表，则应在 PPP 项目的每个阶段牢牢把握这些支出义务的本质，包括义务真实承担与否、经济资源流出的可能性、相关金额的计量或估计可靠性。合同订立之日，无论是政府付费还是 VGF，相关政府支付义务由于只是潜在义务，都不形成能在表内确认的政府负债，但产生了或有负债，而或有负债也属于政府债务范畴。随着时间的推移，政府付费和 VGF 可能形成政府负债。一方面，对于政府付费类 PPP，在政府验收完成并接受项目时，产生现时义务，而根据支付金额的确定性程度不同，可用性付费类确认为一般性质的政府负债；使用量付费类作为预计负债；而绩效付费类仅是或有负债，只是增加了政府债务但无法入表确认。另一方面，VGF 引起的政府支付义务，在资金缺口确定发生的当期期初，如果有关金额能够可靠估计，如投资补助，则作为预计负债在表内确认，否则作为或有负债处理。

需要注意的是，以上分析的是各类政府付费机制或可行性缺口补助单独运作的情况。而财政部印发的《关于规范政府和社会资本合作（PPP）综合信息平台项目库管理的通知》（以下简称《项目库管理通知》）出台后，则明确了无论是政府付费还是可行性缺口补助，凡是新 PPP 项目入库必须满足前置条件——与项目产出绩效挂钩，而且实际与绩效考核结果挂钩部分占比至少要达 30%，以禁止固化政府支出责任。如此一来，对于不同的机制组合情形（如 VGF 结合绩效付费），绩效付费部分的政府支出责任作为政府或有负债，其余部分的政府支出责任按照上文所述进行处理。

7.3　PPP 项目所蕴含的地方债风险的防范之策

为防止各类变相 PPP，如明股实债、优先劣后等可能造成的地方政府债务风险，2016 年财政部发布的《关于进一步共同做好政府和社会资本合作（PPP）有关工作的通知》明确指出："坚决杜绝各种非理性担保或承诺、过高补贴或定价，避免通过固定回报承诺、明股实债等方式进行变相融资"，该政策对变相 PPP 进行了强有力的打击与封锁。但通过前述分析论证可以发现，即使是正规 PPP 项目，相关的政府支付义务在一定时点上也会形成政府负债或产生或有负债，也可能积累地方债风险，为了应对正规 PPP 相关的地方政府债务风险，除了纠正地方政府对 PPP 的本质认识、将债务纳入政府中长期预算管理，还需考虑以下四个方面。

7.3.1　严格规范 PPP 的遴选、降低项目失败风险

为防止 PPP 项目运营不善导致政府"接盘"而形成政府债务，在 PPP 项目的遴选阶段政府就要对项目质量严格把关。对项目进行定量与定性相结合的物有所值评价，不应流于形式，而应落到实处，包括识别项目生命周期内的各项风险。项目甄别过程中，应注重培训政府人员的专业能力，降低人为决策失误。在 PPP 合同设计阶段，首先，政府应设计合理的风险

分担与回报机制，保障社会资本方的基本利益，有效实现"风险共担，利益共享"，也能够吸引更多优质的社会资本。其次，要设计保证 PPP 可持续性的配套机制。由于 PPP 运营周期较长，期间可能遭遇市场环境的巨大变化，公共产品或服务的价格容易受诸如通货膨胀率、利率、汇率等因素影响，政府应事先设计合理的调价机制，既要结合考虑物价指数等市场因素，同时还应保证公共品价格的相对稳定性。此外，建立社会资本方信誉名单，对参与 PPP 的私人部门的信誉进行评价，对以后 PPP 社会合作方的筛选形成信息反馈。

7.3.2　进一步完善财政承受能力评价

地方政府应严格将政府付费与补助类支付义务控制在财政承受能力范围内。目前，我国规定年度 PPP 支出应不超过地方一般公共预算支出的 10%，然而，为什么政策红线设定在 10%，此标准是否合理，在官方文件中并未说明。按有关专家的说法，该政策红线借鉴了西方发达国家的统计数据。然而这些国家的发展阶段与我国不同，他们的建设任务着力点已经从经济基础设施过渡到社会性基础设施建设。虽然我国的政策红线是在英国等国 6% ~7% 的基础上，结合我国当前城镇化发展战略的考量制定的，具备一定政策合理性，但 10% 的控制线是否一直适合我国经济与社会福利发展还有待实践检验。另外，我国幅员辽阔，不同地区的发展情况与基建、社会福利需求通常存在差异，使用"一刀切"的红线控制可能会阻碍一些情况特殊的地方借力 PPP 项目促进经济、社会福利发展的区域需要。正确做法应是根据我国未来阶段的基础设施建设任务和人民的社会福利需要进行适时调整。

7.3.3　通过政府会计系统将风险充分透明化、显性化

PPP 项目的政府支付义务在时机成熟时有一部分满足政府表内负债的确认条件，应同时纳入政府预算会计和财务会计框架，分别进行收付实现制和权责发生制的核算。

而 PPP 引起的或有负债虽然不在表内确认，但同样会使政府的债务风险增加。发生概率与金额的不确定性特征使或有负债相对于确定性负债更难控制，对财政的影响也不易估计，若由于政府支付义务属于或有负债就不予重视则可能积累潜在的风险，埋下隐患。

对于政府或有负债的管控，通过在政府综合财务报告中进行披露是我们可采纳的有效途径之一。目前，我国《政府会计准则——基本准则》尚未对或有负债如何披露进行统一规定，这将使政府综合财务报告中的政府负债信息缺乏完整性。放眼国际，不乏或有负债信息的披露实践。新西兰政府将可计量的或有负债纳入专门的"或有负债与或有资产表"中，该表的负债部分由四个主要项目组成：担保和赔偿、未缴国际金融机构的股本、诉讼程序和纠纷以及其他或有负债，具体项目的计量需要依靠现值技术；而不可计量的或有负债则在该报表的附注中予以定性披露。国际货币基金组织（Internation Monetary Fund，IMF）关于或有负债以及政府偿还情况的信息披露要求体现在《财政透明度手册》中，该手册建议或有负债的相关信息应在年度预算、对立法机关的年终报告和决算报告中进行披露。

我们可以借鉴企业会计的处理方法，在地方政府资产负债表的附注中披露：（1）或有负债的类型；（2）负债驱动因素，是什么导致了某项或有负债的产生；（3）政府主体经济资源流出的可能性，以概率表示；（4）影响预期，即或有负债将对财政产生多大程度的影响等。除了及时披露，政府还应对或有负债进行持续评价，比照预计负债的确认条件把握好表内确认的时点。对于合同签订日作为或有负债的政府付费和缺口补助 PPP 项目，后期可能转化为表内的政府负债，故必须进行持续测试评价。此处不妨参考澳大利亚政府的做法，编制"或有事项进度表"和"承诺进度表"等附表，对不满足主表——资产负债表确认条件但能够量化的或有负债在这些附表中进行报告，以实现对或有负债的分阶段反映。另外，可在进度表内添设结转项目，如"或有负债转化"，其下按负债类别分设明细，作为或有负债总额的抵减项，直观反映当期转化为主表中预计负债的数额。

7.3.4 设立或有债务基金以构成自我保险

基于国内学者马恩涛和李鑫（2018）的调查研究，以下归纳整理了澳大利亚、菲律宾的或有债务基金设置情况，并提出我们对或有债务基金设立的新思考，以期提供有价值的参考。

（1）澳大利亚。或有债务基金即担保基金的设立需求根据信用级别的不同而不同。如果地方政府的信用级别达到了较高的水平，如维多利亚州的信用级别就达到 AAA 级，那么地方政府就没有设立担保基金的必要。因为地方政府的信用级别是由权威评级机构评估的，信用级别较高就表示该地方政府的财政状况良好，而且政府杠杆即政府负债比率通常也偏低，采取担保基金这种防范或有债务风险的手段必要性不大。

（2）菲律宾。由于该国将政府机构获取资金的渠道严格限定于预算拨款，或有债务的偿还资金也必须纳入国会的预算拨款审批当中。如果国会不同意拨款，执行机构下一年也不能再尝试申请；就算国会批准，实际支付也要等到债务发生后的 1 ~ 2 年才能执行。拨款的风险使得菲律宾政府设立"未编制计划基金"，PPP 风险管理计划作为该基金支持的一部分，不必等到或有债务实际发生再进行预算，可以使或有债务得到尽快支付。然而，未编制计划基金并非真正意义上的或有债务基金，菲律宾政府正计划设立专门的或有债务基金，该基金的来源基础是各部门量化的或有债务期望值。期望值是变化的，当期望值超过某部门对基金的前期缴款，则当期需要按照差额增加缴款。

或有债务基金在本质上类似于会计上计提准备金的理念，其作为一种备用的资金池，能够在 PPP 政府或有负债转换为直接负债时进行先行垫支，实现自我保险，减轻或有负债的转换对当期财政的冲击。由上述国家的或有债务基金或类似基金的设立经验可见，或有债务基金不需要强制设立，设立与否可建立在权威评级机构对地方政府的信用评级基础上。或有债务基金的资金充足度应处于持续监控之中，并且或有负债①的期望值估算方法也亟待完善，从而根据期望值与前期缴款额的差额确定补缴款额度，及时对基金资金池进行补充。另外，需要为或有债务基金的资金来源、运行情况编制专门报告并进行公开披露，该报告应与政府综合财务报告一起接受政府审计，从而有助于政府性债务风险的监控。

---

① 本书所使用的"或有负债"与"或有债务"为同义词，可互为替换。

7.4 本章小结

自公私伙伴关系（PPP）模式在我国兴起以来，其多被定位成一剂缓解地方政府债务压力的"良药"，鲜有文献关注 PPP 模式本身是否可能引致地方债风险。进一步地，PPP 产生的政府支付义务是否应归属于地方政府债务，又可否确认为政府会计意义上的负债，鲜有研究对此进行深入剖析。因此，本章结合我国 PPP 的运行方式，从《政府会计基本准则》中政府负债的定义出发，对政府付费与可行性缺口补助形成的政府支出义务是否属于政府债务、政府负债进行研究，指出两类付费机制的支出义务均属于政府债务，并可能形成表内政府负债；也可能仅产生或有负债，待符合条件时作为预计负债在表内确认。最后，我们在前人研究的基础上进行了延伸思考，对防范 PPP 运营所蕴含的地方政府债务风险提出了四方面对策建议，包括：严格规范 PPP 的遴选、降低项目失败风险；进一步完善财政承受能力评价；将 PPP 相关政府负债纳入政府会计系统；完善或有负债披露机制，以及借鉴国际经验考虑设立或有债务基金。

第 **8** 章

地方政府债务风险预警系统设计

前面分析了地方政府债务会计的现状，构建了政府债务会计概念框架和会计系统，并进一步探讨了或有负债确认、计量、报告等问题，本章主要介绍地方政府债务风险的预警。首先，简要介绍地方政府债务风险预警系统的总体框架；其次，在分析地方政府债务风险影响因素的基础上，构建地方政府债务风险的预警指标体系和预警模型，并以 A 市为例进行实证分析，得到其预警结果，并给出改善建议。

8.1　地方政府债务风险预警系统的总体框架

地方政府债务风险预警系统，是指通过构建指标体系选择数理模型，对预警主体的债务情况进行监测评估的系统。通过该系统及时发现地方政府债务风险的来源，了解其风险状况和趋势，进而为及时采取管控措施奠定基础。从该定义可以看出，设计地方政府债务风险预警系统目的有两个：一是通过该系统实现对地方政府债务风险状况的客观把握和准确反映；二是掌握地方政府债务风险的发展趋势，并及时采取管控措施。通过研究，我们构建的地方政府债务风险预警系统总体框架如图 8 – 1 所示。

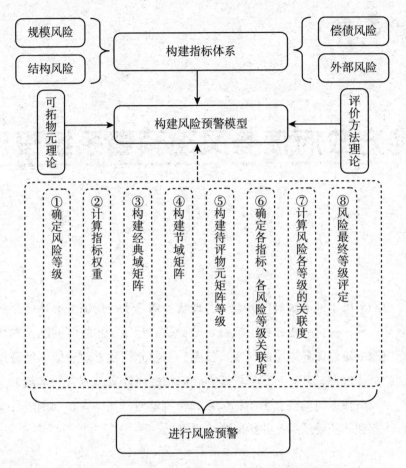

图 8 – 1 地方政府债务风险预警总体框架

8.2 地方政府债务风险预警指标体系的设计

指标体系设计是地方政府债务风险预警系统的第一步，也是进行地方政府债务风险预警的基础。预警指标体系的科学性关乎预警结果的准确性和有效性，本部分旨在分析地方政府债务风险影响因素的基础上，构建科学的地方政府债务风险预警指标体系。

8.2.1　地方政府债务风险影响因素分析

在构建地方政府债务风险预警指标体系之前，有必要首先探究地方政府债务风险的影响因素。所谓地方政府债务风险影响因素，是指对地方政府债务风险产生直接或间接影响的各种内外因素。这些因素综合起来共同影响地方政府债务风险的状况，使其大小产生变化。

债务规模是影响地方政府债务风险的首要因素。债务规模包括显性债务规模和隐性债务规模。负债存量、债务增长率、债务资金利息率、隐性债务额和外债数额，从不同的角度对地方政府债务规模产生影响。债务存量，顾名思义，指的是债务的库存数量，指是在某一时点地方政府的负债规模。债务存量越大，未来的偿债数额也就越大；反之，也就越小。当地方政府的债务存量与其偿债能力相适应时，地方政府债务风险将会很小，甚至不存在；反之，当债务存量超过了地方政府的偿债能力时，将刺激债务风险的发生。债务增长率一般是指地方政府债务年增长率，债务增长率越大，地方政府债务规模集聚的速度也就越快，未来地方政府债务偿还的数额也就越多。在未来的某一时刻，一旦需要偿还的债务规模超过了地方政府的偿债能力，就会诱发债务风险的发生。债务资金利息率是地方政府借债的代价和对债权人的一种补偿。债务资金利息率的高低，将影响地方政府在未来一定时期内的还款额，挑战地方政府的债务偿还能力，进而影响地方政府债务风险的大小。隐性债务额是指地方政府可能承担的潜在债务数额。据报道，当前不少地方政府通过债务融资平台或以 PPP 形式变相举借债务，使地方政府承担的隐形债务数额不断上升。更为堪忧的是，由于当前政府债务会计系统不完备，地方政府承担的隐形债务究竟有多少，仍是未解之谜。这些隐性债务一旦"显化"，将会使地方政府承担的债务规模急剧膨胀，加剧地方政府的债务风险，甚至对整个社会造成不可估量的影响。随着全球化进程的加速和外国资本的进入，地方政府举借外债也悄然而起。由于受全球经济形势和金融政策的影响，举借外债的数额越大，不确定的风险就越大，地方政府债务风险也就越大。

债务结构是影响地方政府债务风险的又一因素，主要包括债务来源结构、债务成本结构和债务期限结构。债务来源结构是指地方政府举债对象的组成情况，一般而言，多样化的债务来源能够在一定程度上分散债务风险。债务来源主要包括银行借贷、发行债券、个人借款等。根据2011年和2013年审计署发布的审计公告可知，以上三种均是地方政府举债的主要形式，其中银行借贷更是占到了60%以上，一旦银行收缩银根，追讨欠款，将使地方政府面临巨大的债务风险。此外，根据审计公告显示，BT、信托、融资租赁等作为债务资金来源渠道的重要性逐渐凸显，但这些债务资金往往具有较强的隐蔽性，规范性也较差，这很容易诱发隐性债务的大幅增加，加重地方政府债务风险。债务成本是指地方政府为获取债务资金而付出的成本，如向银行或个人借款需要支付贷款利率等。当前审计署发布的审计公告并未说明地方政府的举债成本，但据有关专家估计，我国地方政府的举债成本大多"价格不菲"。在严重依赖某一种举债形式的情况下，很容易刺激债务成本的增加，加重地方政府债务风险。所谓债务期限结构是地方政府债务还款期限的组成情况。合理的债务期限能够缓和地方政府的偿债压力；反之，不合理的债务期限，将会增大地方政府的偿债压力。加大地方政府的债务风险，如债务期限过长将使地方政府的还款数额过大，加重借款成本；债务期限过短将使地方政府短时间内还款数额过大，加重还款压力。

债务效率指地方政府债务资金的使用效率，是地方政府还本付息的重要保障，效率的高低将对地方政府债务风险产生重大影响，包括投资融资决策的科学性、债务资金的投向以及债务资金的使用监管情况。债务资金经过举借、使用和偿还组成了一个完整的流转过程。债务举借是债务资金流转的第一步，举债决策的科学性，特别是与举债决策密切相关的投融资决策的科学性，直接关乎债务资金的使用效率。地方政府在举债前是否进行过科学的论证，是否对投资项目的发展前景和市场情况进行过科学的预测，将关系到地方政府的偿债能力和债务风险。债务资金的投向，顾名思义是指债务资金所投资的对象。由于政府部门具有公共性，因此债务资金往往投资于市政建设、科教文卫、生态建设等基础性和公益性的项目。从长远来看，这些项目将对经济和社会的发展具有重要作用，但却不能在短期内为地方政府创造偿债资金，也就很容易使地方政府陷入债务风险的泥淖。因此，在保障民生项目投资的同时，平衡营利项目的发展，才能拓展地方政府的偿债来源，降低债务风险。此外，在债务资金使用的过程中，还应加强监管。缺少必要的监管机制，将会使债务资金在使用过程中出现跑、冒、滴、漏等问题，直接影响债务资金的使用效率，加大债务风险。

地方政府债务风险的产生与其所处的内外环境密切相关。地区经济发展状况、国家宏观经济政策、政府财政收支状况、偿债准备金、债务风险监管、债务转嫁程度以及政府举债偏好都对地方政府债务风险具有重大影响。

（1）地区经济发展状况。当前，税收收入仍是地方财政的重要来源，良好的地区经济发展状况能够为地方政府财政收入提供保障，为地方政府适时偿还债务奠定基础，进而降低地方政府债务风险；反之，糟糕的地区经济发展状况将导致政府财政收入拮据，加重地方政府债务风险。

（2）国家宏观经济政策。中央政府出台的有关信贷、利率、汇率、土地等经济政策将对地方政府债务风险状况产生重大影响。以信贷政策为例，当前，地方政府往往采用"借新还旧"的方式周转债务。在信贷政策宽松时，地方政府容易通过获取新的债务资金偿还旧债的方式来化解债务风险。但在信贷政策紧缩，地方政府无法获取新的债务资金或取得新的债务资金成本较高时，则会加大地方政府债务风险。

（3）政府财政收支状况。地方政府财政收支状况，尤其是财政收支的不确定性，是影响地方政府债务风险的重要因素。地方政府能否实现预计的财政收入目标，将直接影响其债务偿还预算目标能否实现，同时，地方政府的财政支出预算是否会由于突发事件等不可抗力的影响而挤压偿债资金预算的执行，进而造成财政支出目标的不确定性，是影响地方政府如期偿债的又一因素。

（4）偿债准备金。偿债准备金是为了保证按时偿债，专门用于偿还债务的资金。审计署审计公告将建立偿债准备金制度作为化解债务风险的重要举措。地方政府是否按照中央政府的要求建立并落实偿债准备金制度，关系到地方政府的偿债能力和应对债务风险的能力。

（5）债务风险监管。地方政府债务风险监管是指上级政府或者同级政府的相关部门对政府债务资金的取得、使用和偿还的整个过程的监督和管理。健全的债务资金取得、使用和偿还监管机制能够有效地防控地方政府债务风险；相反，债务风险缺乏监管将使地方政府及相关部门对风险状况缺乏了解和把握，不能及时地掌握地方政府债务风险的状况，为管控债务风险提供决策依据。

（6）债务转嫁程度。债务转嫁是指地方政府将承担的债务转嫁给自身之外的其他部门或组织。我国政府的政治体制决定了中央政府和地方政府之间存在着密切的"父子关系"，因此，当出现到期无法偿还的债务风险时，地方政府往往寄希望于中央政府的"救助"，将债务风险转嫁给中央政府，由中央政府承担兜底责任。如此一来，地方政府的债务转嫁程度也就成为影响其风险状况的重要因素。

（7）政府举债偏好。举债偏好是指在地方政府在举债过程中所持有的或激进、或保守、或保守的态度。风险偏好型的地方政府可能会采取较为激进的债务政策，而风险回避型的地方政府则往往采取较为保守的债务政策。因此，在当前债务资金使用效率不高的情况下，地方政府的举债偏好将在很大程度上影响其风险状况。

8.2.2 地方政府债务风险预警指标体系设计的原则

1. 灵敏性与代表性

预警指标的科学性要求选用的指标具有高度的灵敏性、良好的客观性和广泛的代表性。代表性和灵敏性优越的指标体现出较强的稳定性，不仅能够及时有效地收集到可用数据，还能够客观真实地反映出地方政府的债务情况。

2. 全面性与重要性

构建的债务风险预警指标体系需要尽可能地覆盖影响地方政府债务风险的各个要素。同时，还应做到选择的预警指标繁简适宜，既不能太多，导致计算工作重复冗杂，指标使用效率低；又不能过少，以致无法涵盖地方政府的整个债务状况，导致预警结果丧失客观性，这就要求所设定的指标两头兼顾，在全面性和重要性方面达到有效的平衡。

3. 针对性与普适性

针对性要求地方政府债务风险预警指标设定综合考虑地方政府的财政特点，因地制宜选择灵活契合的数据表征，真实地反映地方政府的债务状况。预警指标的普适性是指选择的指标要在一定区域内都适用，增强数据的可比性，使预警结果在空间上可以横向对比，时间上可以纵向对比。

8.2.3　地方政府债务风险预警指标体系构建

基于以上分析，本书构建了地方政府债务风险预警指标体系，共涉及4个一级指标，18个二级指标。具体指标及含义如下：

1. 规模风险

规模风险可以通过债务依存度、债务负担率、债务率、债务增长率、债务增速与 GDP 增速比、债务增速与财政收入增速比六个指标反映。

（1）债务依存度。债务依存度即财政支出对债务收入的依赖程度，表明财政支出中有多少是通过负债筹集的，是衡量地方政府财政风险的重要标志。债务依存度与地方政府的债务风险成正比关系。

$$债务依存度 = \frac{本期新增债务额}{本期财政支出总额} \times 100\%$$

（2）债务负担率。债务负担率反映地区单位 GDP 所要承担的债务额。表明经济总规模对政府债务的承载能力。债务负担率与地方政府债务风险成正比关系。

$$债务负担率 = \frac{本期债务余额}{本期 GDP} \times 100\%$$

（3）债务率。债务率反映地方政府本期财政收入对偿债需求的承受能力和保证程度。其他条件不变的情况下，债务率与地方政府债务风险呈正相关关系。

$$债务率 = \frac{本期债务余额}{本期财政收入} \times 100\%$$

（4）债务增长率。债务增长率反映地方政府一定时期内的债务增长趋势。债务增长率越高，说明债务规模扩大越快，未来需要偿还的债务额也就越多，地方政府的偿债压力也就越重，债务风险也就越大。

$$债务增长率 = \frac{本期期末债务余额 - 本期期初债务余额}{本期期初债务余额} \times 100\%$$

（5）债务增速与 GDP 增速比。债务增速与 GDP 增速比是用来衡量 GDP 的增长速度与地方政府债务的增长速度是否同步。当债务增速与 GDP 增速比小于等于 1 时，说明地方政府债务的增速小于 GDP 的增速，或与 GDP 的增速持平；当债务增速与 GDP 增速比大于 1 时，说明地方政府债务的增速大于 GDP 的增速。因此，债务增速与 GDP 增速比越大，地方政府债务风险也就越大。

$$债务增速与 GDP 增速比 = \frac{债务增速}{GDP 增速} \times 100\%$$

（6）债务增速与财政收入增速比。债务增速与财政收入增速比是用来衡量财政收入的增长速度与地方政府债务的增速是否一致。与债务增速与 GDP 增速比同理，当债务增速与财政收入增速比小于或等于 1 时，说明地方政府债务的增速小于财政收入的增速，或与财政收入的增速持平，反映地方政府债务率尚且处于可控空间；当债务增速与财政收入增速比大于 1 时，说明地方政府债务的增速大于财政收入的增速。因此，债务增速与财政收入增速比越大，地方政府债务风险也就越大。

$$债务增速与财政收入增速比 = \frac{债务增速}{财政收入增速} \times 100\%$$

2. 结构风险

结构风险可以通过或有债务比、短期债务比、外债比这三个指标反映。

（1）或有债务比。或有债务比即地方政府潜在偿还义务占负债总额的比重。反映地方政府债务风险中的隐蔽性和不确定性。由于或有隐性债务会随着外部条件的变化部分或者全部转化为显性债务，一旦发生，对政府的财政状况可能造成严重的后果。其风险难以准确判断和防范。或有债务比与债务风险有着明确的正相关关系，或有债务比越大，债务风险也就越大。

$$或有债务比 = \frac{期末或有债务余额}{期末债务总额} \times 100\%$$

（2）短期债务比。短期债务比反映地方政府短期的偿债压力。短期债务比越大，说明未来短时间内需要偿还的债务额也就越大，地方政府的偿债压力也就越重，债务风险也就越大。

$$短期债务比 = \frac{期末短期债务余额}{期末债务余额} \times 100\%$$

（3）外债比。外债比反映外债在地方政府债务余额中所占的比重。由于外债受汇率和世界经济形势波动的影响较大，也就会对地方政府债务风险产生较大影响，因此，外债占地方政府债务余额的比重越大，所面临的外汇风险就越大，债务风险也就越大。

$$外债比 = \frac{期末外债余额}{期末债务余额} \times 100\%$$

3. 偿债风险

偿债风险可以通过债务偿还率、债务逾期率、借新还旧率、债务项目投入产出比、资产负债率、偿债准备金率六个指标反映。

（1）债务偿还率。债务偿还率反映地方政府财政收入中用于偿还债务本息的比重。债务偿还率越小，说明单位数量的财政收入中用于偿还债务的数额越小，地方政府的偿债能力越强，地方政府的债务风险也就越小；反之，债务风险也就越大，财政恶化的可能性越大。从另一个角度来说，如果地方政府的债务偿还率越大，在既定财政收入的情况下，政府举债的压力也就越大，财政状况恶化的趋势也就越强。

$$债务偿还率 = \frac{本期还本付息额}{本期的财政收入总额} \times 100\%$$

（2）债务逾期率。债务逾期率反映地方政府偿还债务的及时性。债务逾期率越高，说明地方政府的偿债压力越大，地方政府的信用风险和债务风险也就越大。

$$债务逾期率 = \frac{本期到期应还而未还的债务本息额}{本期期末债务余额} \times 100\%$$

（3）借新还旧率。借新还旧率反映地方政府真实的偿债情况。借新还旧率越高，说明地方政府无法有效处理存量债务，化解债务压力乏术。地方政府的真实偿债情况也就越差，可能形成财政的恶性循环，地方政府的债务风险也就越大。反之，地方政府的债务风险也就越小。

$$借新还旧率 = \frac{本期借新债还旧债数额}{本期借债总额} \times 100\%$$

（4）债务项目投入产出比。债务项目投入产出比反映债务项目的收益状况，可用于评价债务项目绩效。债务项目投入产出比越大，说明项目的借债资金利用率越高，盈利状况越好；债务项目投入产出比越小，说明债务项目的收益状况越差。

$$债务项目投入产出比 = \frac{债务项目运行期内产出总额}{债务项目的全部投资额} \times 100\%$$

（5）资产负债率。资产负债率反映地方政府资产与负债的结构，也反映其最大偿债能力。资产负债率与债务风险成正比，资产负债率越低，侧面反映债务杠杆越低，厚实的"家底"能够对偿债提供一定的保障，地方政府的最大偿债能力也就越高，债务风险也就越小；资产负债率越高，地方政府的最大偿债能力也就越低，债务风险也就越大。

$$资产负债率 = \frac{期末债务余额}{期末可以动用的全部偿债资产额} \times 100\%$$

（6）偿债准备金率。偿债准备金是地方政府避免还债扣款冲击地方预算所设置的缓冲地带，是构建偿债体系的重要举措。偿债准备金率越大，说明地方政府的债务偿还能力越强；偿债准备金率越小，说明地方政府的偿债能力越弱。

$$偿债准备金率 = \frac{期末偿债准备金额}{期末债务余额} \times 100\%$$

4. 外部风险

外部风险可以通过经济增长率、财政赤字率、财政收支变动率三个指标反映。

（1）经济增长率。GDP 反映了国家或地区生产活动的最终成果。故地区的经济增长状况可以借助 GDP 指标的增长来反映。GDP 是衡量地方政府经济运行状况的有效工具。GDP 的增长率越高，说明地区的经济发展形势越好，偿债能力也越强。

$$经济增长率 = \frac{本期增加的 \; GDP}{本期期初的 \; GDP} \times 100\%$$

（2）财政赤字率。财政赤字率反映财政存在入不敷出的可能性。财政赤字率越大，地方政府为应对赤字更有动机对外举债，从而加剧偿债压力，扩大债务风险；财政赤字率越小，财政资金能在内部良好的融通循环，地方政府寻求外部融资的可能性也就越小，偿债压力和债务风险也就越小。

$$财政赤字率 = \frac{本期的财政赤字或盈余}{本期期末的 \; GDP} \times 100\%$$

（3）财政收支变动率。财政收支变动率反映财政支出增长速度与地方政府收入增速是否匹配。当财政收支变动率小于等于 1 时，说明地方政府财政支出的增速小于财政收入的增速；或与财政收入的增速持平，一定程度上反映财政收入能满足财政支出的增长需求；当财政收支变动率大于 1 时，说明地方政府财政支出的增速大于财政收入的增速。

$$财政收支变动率 = \frac{财政支出增长率}{财政收入增长率} \times 100\%$$

8.3　地方政府债务风险预警模型的构建

本节将运用可拓物元理论以及层次分析法设计地方政府债务风险预警模型。可拓物元理论是蔡文 20 世纪 80 年代所提出的，以物元理论和可拓集理论为基础，通过构建经典域矩阵、节域矩阵、待评物元矩阵以及关联函数来计算待评物元关于评价等级的关联度，进而确定待评物元的综合等级。该理论对解决复杂不相容的矛盾问题具有较大优势，已成功应用于交通运输工程、航道安全建设等领域。运用该理论进行评价预警，能够克服传统方法中无法识别单指标、评价对象总体与评价等级之间的隶属程度，以及评价结果中间状态转化过程等信息的缺陷；能够综合运用各种评价信息，极大地拓展研究范围，揭示了更多的分异信息；可以对评价等级、评价对象进行形式化的描述，通过对单指标的关联函数计算得到单要素评价等价，利用模型集成得到多指标的综合评价结果，并实现评价结果的定量化表示；用关联度大小对评价对象发展变化趋势进行判断，表征复杂系统的变化过程，提高了判定的客观性和科学性。针对地方政府债务风险预警而言，选用可拓物元理论能够将地方政府债务风险预警中的矛盾问题转化为相容问题，描述事物由量变到质变的动态变化规律；能够通过关联函数计算得到不同层级预警指标的风险关联度，以及地方政府债务风险综合预警结果。

此外，本节还选用层次分析法确定各风险预警指标的权重。现有研究中计算指标权重采用的方法主要有德尔菲法、变异系数法、主成分分析法等。然而，这些方法都有各自的缺陷。例如，使用德尔菲法测量的过程中专家选择没有明确的标准，有较强的不确定性，受外在环境条件的约束，预测结果往往缺乏严谨的科学分析，带有较强的主观色彩；变异系数法对指标背后所代表的经济意义诠释不够，结果会存在难以修正的偏差；主成分分析法的应用前提是变量之间的关系为线性关系，但在实际应用中，变量之间若存在非线性关系，就可能对测量结果造成一定的影响，此外，主成分分析法对样本量提出比较大的要求，在测量的过程中，随着样本指标进行，样本量大小会不断影响评价的结果。为了给地方政府债务风险预警指标体系中各指标赋予客观、合理的权重，本书选用层次分析法。选择该方法的原因有二：一是层次分析法处理问题的程序具有顺序性和层次性，符合地方政府债务风险预警指标体系的特点；二是层次分析法既有定性分析，又有定量分析，简洁实用，能够系统地提供更加科学的权重决策依据。

基于以上分析，笔者认为引入可拓物元理论和层次分析法构建地方政府债务风险预警可拓物元模型是科学、可行的。运用可拓物元模型进行地方政府债务风险预警的基本步骤如下：

1. 确定地方政府债务的风险等级

本书将地方政府债务风险设置为三个等级：无风险、中等风险和高风险。无风险表明地方政府的财政运行状况良好，债务风险处于安全区域之内；中等风险表明地方政府预算的财政状况面临一定的风险，但债务风险尚未超过设定的警戒线，处于可控空间内；高风险则表明地方政府的财政状况存在严重的债务问题，地方政府债务风险很高，财政越是紧张，可能积累更多的地方债务，爆发债务危机的可能性很大。为了便于有效预警地方政府债务风险，设定数值从 1 到 3 表示风险等级，数值越大，表明风险越高。地方政府债务风险状况和地方政府债务风险等级值的对应关系如表8－1 所示。

表 8－1　　　　　　地方政府债务风险状况与风险等级值对应关系

风险等级	无风险	中等风险	高风险
风险等级值	1	2	3

2. 计算指标的权重

采用层次分析法确定指标权重的步骤如下：

步骤 1：构建层次结构模型。该模型一般包括三层：目标层、中间层和指标层。本书已经构建了地方政府债务风险预警指标体系，该体系中目标层即地方政府债务风险状况；中间层为一级指标，包括规模风险、结构风险、偿债风险和外部风险；指标层即 18 个二级指标，如表 8－2 所示。

表 8－2　　　　　　　地方政府债务风险预警指标体系

目标层	中间层	指标层
地方政府债务风险状况 U	规模风险 U_1	债务依存度 U_{11}
		债务负担率 U_{12}
		债务率 U_{13}
		债务增长率 U_{14}
		债务增速与 CDP 增速比 U_{15}
		债务增速与财政收入增速比 U_{16}
	结构风险 U_2	或有债务比 U_{21}
		短期债务比 U_{22}
		外债率 U_{23}

续表

目标层	中间层	指标层
地方政府债务风险状况 U	偿债风险 U_3	债务偿还率 U_{31}
		债务逾期率 U_{32}
		借新还旧率 U_{33}
		债务项目的投入产出比 U_{34}
		资产负债率 U_{35}
		偿债准备金率 U_{36}
	外部风险 U_4	经济增长率 U_{41}
		财政赤字率 U_{42}
		财政收支变动率 U_{43}

步骤2：构造判断矩阵。从层次结构模型的中间层开始，根据本层指标对上一层从属指标的影响程度，按照1~9标度计值法构造判断矩阵，直到最后一层。以中间层规模风险 U_1 为例，将债务依存度 U_{11}、债务负担率 U_{12}、债务率 U_{13}、债务增长率 U_{14}、债务增速与 CDP 增速比 U_{15} 和债务增速与财政收入增速比 U_{16} 两两之间进行对比，确定重要性和重要性程度，按照1~9标度对重要性程度赋值，标度值及含义如表8-3所示。

表8-3   指标两两比较的标度值及含义

标度值	含义
1	表示两个指标同等重要
3	表示两个指标相比，前者比后者稍重要
5	表示两个指标相比，前者比后者明显重要
7	表示两个指标相比，前者比后者强烈重要
9	表示两个指标相比，前者比后者极端重要
2、4、6、8	表示重要程度介于两个相邻尺度之间

对于中间层 U_1，6个指标之间相对重要性比较后得到一个比较判断

矩阵：

$$A = \left(a_{ij} \right)_{6 \times 6} = \begin{bmatrix} a_{11} & a_{12} & \cdots & \cdots & a_{16} \\ a_{21} & \vdots & \vdots & \vdots & \vdots \\ \vdots & \vdots & \vdots & \vdots & \vdots \\ \vdots & \vdots & \vdots & \vdots & \vdots \\ a_{61} & a_{62} & \cdots & \cdots & a_{66} \end{bmatrix}$$

其中，a_{ij} 是规模风险 U_1 下属的各个指标相对于其的重要性标度值。判断矩阵中，$a_{ij} > 0$，$a_{ij} = 1/a_{ji}$，$a_{ii} = 1$。

步骤 3：一致性检验。构造出判断矩阵后，就可以求出该矩阵的最大特征值及最大特征值向量，求最大特征值和特征向量的方法中最常用的是方根法。步骤如下：

（1）计算判断矩阵 A 每行元素的乘积：$M_i = \prod_{j=1}^{n} a_{ij} (i, j = 1, 2, ..., n)$；

（2）计算 M_i 的 n 次方根：$w_i = \sqrt[n]{M_I} (i = 1, 2, ..., n)$；

（3）进行归一化处理，有 $\bar{w}_i = \dfrac{w_i}{\sum\limits_{i-1}^{n} w_i} (i = 1, 2, ..., n)$；

（4）得出判断矩阵的特征向量：$W = (\bar{w}_1, \bar{w}_2, ..., \bar{w}_n)^T$ 和最大特征值 $\lambda_{max} = \sum\limits_{i-1}^{n} \dfrac{AW}{n\bar{w}_i}$。

然后对该矩阵进行一致性检验。只有该矩阵是一致性矩阵才能保证结论的可靠性。所谓的一致性矩阵是指判断矩阵的所有元素满足条件 $a_{ij} \times a_{jk} = a_{ik}$。判断矩阵是否是一致性矩阵需要计算一致性指标 CI。设判断矩阵的最大特征值为 λ_{max}，则：

$$CI = \frac{\lambda_{max} - n}{n - 1}$$

将 CI 与平均随机一致性指标 RI 样本均值进行比较（1 ~ 12 阶矩阵的 RI 样本均值如表 8 - 4 所示），得出检验系数 CR。

$$CR = \frac{CI}{RI}$$

表8-4 1~12阶矩阵的 *RI* 样本均值

阶数	1	2	3	4	5	6	7	8	9	10	11	12
RI	0	0	0.52	0.89	1.12	1.25	1.35	1.42	1.46	1.49	1.52	1.54

当 $CR < 0.1$ 时，判断矩阵通过一致性检验，否则，不满足一致性检验，需要更换判断矩阵中的元素，直到通过一致性检验。

步骤4： 确定指标权重。判断矩阵通过一致性检验后，求出的最大特征值和最大特征值向量，经过归一化处理后得到该层指标的权重向量。多层指标的总权重通过单层指标权重相乘得到。

3. 构建预警模型的经典域矩阵

经典域是某个风险等级所有预警指标的取值范围。令 p_j 表示债务风险的第 j 个等级，C_i 表示第 j 个债务风险等级下第 i 个预警指标，$x_{ji} = \langle a_{ji}, b_{ji} \rangle$ 为 p_j 关于预警指标 c_i 的取值范围，即经典域，则预警模型的经典域矩阵可表示为：

$$R_j = (p_j, C_i, x_{ji}) = \begin{bmatrix} p_j & c_1, & x_{j1} \\ & c_2, & x_{j2} \\ & \vdots & \vdots \\ & c_n, & x_{jn} \end{bmatrix} = \begin{bmatrix} p_j & c_1 & \langle a_{j1}, b_{j1} \rangle \\ & c_2, & \langle a_{j2}, b_{j2} \rangle \\ & \vdots & \vdots \\ & c_n, & \langle a_{jn}, b_{jn} \rangle \end{bmatrix}$$

4. 构建预警模型的节域物元矩阵

节域是指所有风险等级中各个预警指标的取值范围。令 p 表示全体债务风险等级，c_i 表示第 i 个预警指标，x_{pi} 为预警指标 c_i 关于全体债务风险等级 p 的取值范围，即节域，则预警模型的节域矩阵可表示为：

$$R_p = (p, C, x_{pi}) = \begin{bmatrix} p, & c_1, & x_{p1} \\ & c_2, & x_{p2} \\ & \vdots & \vdots \\ & c_n, & x_{pn} \end{bmatrix} = \begin{bmatrix} p & c_1 & \langle a_{p1}, b_{p1} \rangle \\ & c_2, & \langle a_{p2}, b_{p2} \rangle \\ & \vdots & \vdots \\ & c_n, & \langle a_{pn}, b_{pn} \rangle \end{bmatrix}$$

5. 构建预警模型的待评物元矩阵

在地方政府债务风险预警中，令 P 表示待评物元，x_i 为 P 关于预警指

标 c_i 的量值，则：

$$R = (P, \ C_i, \ x_i) = \begin{bmatrix} P, & c_1, & x_1 \\ & c_2, & x_2 \\ & \vdots & \vdots \\ & c_n, & x_n \end{bmatrix}$$

6. 确定地方政府债务风险各指标关于各风险等级的关联度

根据物元理论中关联函数建立的过程，将其运用到地方政府风险预警的研究中，得到地方政府债务风险预警指标体系中各指标关于各个风险等级的关联函数表达式：

$$K_j(x_i) = \begin{cases} \dfrac{\rho(x_i, x_{ji})}{\rho(x_i, x_{pi}) - \rho(x_i, x_{ji})}, & \rho(x_i, x_{pi}) - \rho(x_i, x_{ji}) \neq 0 \\ -\rho(x_i, x_{ji}) - 1, & \rho(x_i, x_{pi}) - \rho(x_i, x_{ji}) = 0 \end{cases}$$

其中，$\rho(x_i, x_{ji}) = \left| x_i - \dfrac{1}{2}(a_{ji} + b_{ji}) \right| - \dfrac{1}{2}(b_{ji} - a_{ji})$

$$\rho(x_i, x_{pi}) = \left| x_i - \dfrac{1}{2}(a_{pi} + b_{pi}) \right| - \dfrac{1}{2}(b_{pi} - a_{pi})$$

7. 计算地方政府债务风险关于各等级的关联度

设 $K_j(x_i)$ 为债务风险关于各等级的关联度，λ_i 为各预警指标的权重且 $\sum\limits_{i-1}^{n} \lambda_i = 1$，$K_j(P)$ 为债务风险关于各等级的综合关联度，则：

$$K_j(p) = \sum_{i=1}^{n} \lambda_i K_j(x_i)$$

8. 地方政府债务风险最终等级评定

若 $K_j(P) = \max K_j(p)$，$j = 1, 2, ..., m$，则债务风险 P 属于等级 j；

当 $K_j(P) > 0$ 时，债务风险属于某等级，数值越大，属于该等级的倾向越大；

当 $-1 \leqslant K_j(P) \leqslant 0$ 时，债务风险不属于某等级，但有可能转化为该等级，并且数值越大，转化为该等级的可能性越大；

当 $K_j(P) < -1$ 时，债务风险不属于某等级，并且不具备转化为该等级的条件，并且数值越小，与该等级的距离越远。

另外，也可以通过计算变量特征值，从数据上分析待评物元偏向相邻等级的程度，计算方法如下：

$$\bar{K}_j(P) = \frac{K_j(p) - \min\limits_{j} K_j(p)}{\max\limits_{j} K_j(p) - \min\limits_{j} K_j(p)}$$

$$j^* = \frac{\sum\limits_{j=1}^{m} j\bar{K}_j(P)}{\sum\limits_{j=1}^{m} \bar{K}_j(P)}$$

8.4　A市债务风险案例分析

为了具体阐述和检验地方政府债务风险预警系统如何运行，本节以 A 市为例进行展开叙述。由于目前我国尚未完全过渡到权责发生制地方政府债务会计核算体系，同时由于地方政府债务信息的保密性和数据的不易获取性，本节所采用的债务信息除来自于公开年报和统计年鉴外，还结合了实地调查和专家访谈等方式，尽可能地保证所应用的数据信息充分、客观、真实和完整，为预警地方政府债务风险的准确性和可行性奠定基础。

8.4.1　A市简介

A 市位于我国东部沿海某省，历史悠久，是我国东部地区最主要的中心城市之一，也是所在省份重要的经济贸易中心，同时也是世界性的区域贸易中心。2013 年 A 市的 GDP 为 8006.60 亿元，与 2012 年的 7302.11 亿元相比增长了 10.00%。其中，第一产业 352.40 亿元，增长 2.10%；第二产业 3641.40 亿元，增长 10.20%；第三产业 4012.80 亿元，增长 10.50%。全市财政收入约 788.72 亿元，与 2012 年的 670.18 亿元相比增长 17.70%；全市财政支出约为 1014.23 亿元，与 2012 年的 765.98 亿元相比增长 32.40%。2013 年 6 月底 A 市的债务余额为 1177.80 亿元，与 2012 年底的

1035.20 亿元相比增长 13.78%。其中，负有直接偿还责任的债务约为 852.46 亿元，与 2012 年底的 771.10 亿元相比增长 10.55%；负有担保责任的债务为 127.39，与 2012 年底的 124.16 亿元相比增长 2.6%；可能承担一定救助责任的债务为 197.95 亿元，与 2012 年底的 139.94 亿元相比增长 41.45%。从债务的未来偿债情况来看，2013 年下半年需要偿还的债务总额为 123.85 亿元。其中，负有偿还责任的债务的偿还额约为 88.32 亿元；负有担保责任的债务的偿还额约为 8.34 亿元；承担一定救助责任的债务偿还额约为 27.19 亿元。① 由于现有的债务信息统计数据截止日期为 2013 年 6 月底，因此为了增加数据的可比性，本节按照上半年的相关债务信息，将相关的债务数据调整到 2013 年底，调整后的相关数据如表 8 - 5 所示。

表 8 -5　　　　　　　　　A 市 2013 年底债务情况

序号	类别	金额（亿元）
1	上年债务余额	1035.20
	1.1 负有偿还责任的债务	771.10
	1.2 负有担保责任的债务	124.16
	1.3 可能承担一定救助责任的债务	139.94
2	本年债务余额	1340.10
	2.1 负有偿还责任的债务	969.93
	2.2 负有担保责任的债务	144.94
	2.3 可能承担一定救助责任的债务	225.23
3	上年财政收入总额	788.72
4	本年财政收入总额	670.18
5	上年财政支出总额	1014.23
6	本年财政支出总额	765.98
7	上年 GDP 总量	7302.11
8	本年 GDP 总量	8006.60

① 笔者根据统计年鉴和 A 市审计公告整理所得。

续表

序号	类别	金额（亿元）
9	本年外债余额	15.25
	9.1 负有偿还责任的债务	12.22
	9.2 负有担保责任的债务	3.03
	9.3 可能承担一定救助责任的债务	0.00
10	短期债务额	216.27
	10.1 负有偿还责任的债务	148.36
	10.2 负有担保责任的债务	27.36
	10.3 可能承担一定救助责任的债务	40.55
11	本年偿债准备金余额	18.22

资料来源：笔者根据统计年鉴和 A 市审计公告整理所得。

为保证数据的完整性，债务偿还率、债务逾期率、借新还旧率、项目的投入产出比和资产负债率在公布的信息中没有明示，因此，债务偿还率、债务逾期率和借新还旧率取全省范围的数据，分别为 32.25%、12.49%、20.00%；项目的投入产出比用全市规模以上市属企业的平均投入产出比计算，2013 年为 34.32%；资产负债率以全市规模以上市属企业的平均资产负债率计算，2013 年为 64.91%。

8.4.2 A 市债务风险预警指标及其权重确定

根据前面的研究，我们构建的 A 市债务风险预警指标包括 4 个一级指标和 18 个二级指标，如表 8 - 2 所示。在运用可拓物元模型对 A 市的债务风险进行预警之前，需要对各项指标赋以权重。假设规模风险 U_1、结构风险 U_2、偿债风险 U_3 和外部风险 U_4 的权重分别为 W_1、W_2、W_3、W_4。规模风险 U_1 下属的指标债务依存度 U_{11}、债务负担率 U_{12}、债务率 U_{13}、债务增长率 U_{14}、债务增速与 GDP 增速比 U_{15}、债务增速与财政收入增速比 U_{16} 的权重分别为 W_{11}、W_{12}、W_{13}、W_{14}、W_{15}、W_{16}；结构风险 U_2 下属的指标或有债务比 U_{21}、短期债务比 U_{22}、外债率 U_{23} 的权重分别为 W_{21}、W_{22}、W_{23}；偿债风险 U_3 下属的指标债务偿还率 U_{31}、债务逾期率 U_{32}、借新还旧率 U_{33}、项目的投入产出

比 U_{34}、资产负债率 U_{35}、偿债准备金率 U_{36} 的权重分别为 W_{31}、W_{32}、W_{33}、W_{34}、W_{35}、W_{36}；外部风险 U_4 下属的指标经济增长率 U_{41}、财政赤字率 U_{42}、财政收支变动率 U_{43} 的权重分别为 W_{41}、W_{42}、W_{43}。

如前所述，本节采用层次分析法对各项指标赋权，即首先选定 9 人组成专家小组。专家小组成员构成如下：高校学者（教授、副教授）3 名，政府审计部门工作人员 3 名，政府财政部门工作人员 3 名。为了避免专家之间相互影响，整个过程采取匿名方式，确保小组成员之间不存在横向联系，通过问卷调查，共收回 9 份有效问卷。对于每一层级上的要素，由专家按照 1~9 标度法，将其下一层级的每两个要素之间的相对重要程度进行判断，得出判断矩阵表如表 8-6 所示。

表 8-6　　　　　　　　判断矩阵

U	U_1	U_2	U_3	U_4
U_1				
U_2				
U_3				
U_4				

在判断矩阵表 8-6 中，如果认为 U_1 比 U_2 重要，那么根据重要程度的不同，可以打分 2、3、4、5、6、7、8、9，如果认为 U_1 不如 U_2 重要，则打分 1/2、1/3、1/4、1/5、1/6、1/7、1/8、1/9。之后对所有专家的判断结果进行加权平均，就可以得到判断矩阵 $A=(a_{ij})$，再用求最大特征值和对应特征向量的方法，求得每个指标所占的权重，并进行一致性检验。本书的评价体系包括三个层次，现以中间层指标对目标层的权重确定为例，说明权重的确定过程。计算过程采用软件 yaahp 0.6 来完成，结果如表 8-7 所示。

表 8-7　　　　　中间层指标对目标层的权重确定

U	U_1	U_2	U_3	U_4	W_i
U_1	1	2	1/2	2	0.2685
U_2	1/2	1	1/2	2	0.1899
U_3	2	2	1	3	0.4203
U_4	1/2	1/2	1/3	1	0.1213

中间层对目标层的比较判断矩阵如下：

$$A = \begin{bmatrix} 1 & 2 & 1/2 & 2 \\ 1/2 & 1 & 1/2 & 2 \\ 2 & 2 & 1 & 3 \\ 1/2 & 1/2 & 1/2 & 1 \end{bmatrix}$$

以上判断矩阵 A 中，各指标是专家评分的加权平均值，当加权平均值不为整数时，将其四舍五入为整数。判断矩阵 A 一致性比例为 0.0265，通过一致性检验，各项指标的权重为 0.2685、0.1899、0.4203、0.1213，将其写成矩阵形式，即：W = （0.2685，0.1899，0.4203，0.1213）。其他层次指标权重的计算方法相同，计算结果如下：

W = （0.2685,0.1899,0.4203,0.1213）

W_1 = （0.2225,0.1573,0.2497,0.0883,0.1249,0.1573）

W_2 = （0.1958,0.4934,0.3108）

W_3 = （0.0941,0.2587,0.1357,0.2466,0.0855,0.1794）

W_4 = （0.1634,0.2970,0.5396）

各项预警指标在总目标层中所占的最终权重如表 8 – 8 所示。

表 8 – 8	A 市预警体系各指标的权重		
W_{11}	0.0597	W_{31}	0.0395
W_{12}	0.0422	W_{32}	0.1087
W_{13}	0.0671	W_{33}	0.0570
W_{14}	0.0237	W_{34}	0.1036
W_{15}	0.0335	W_{35}	0.0359
W_{16}	0.0422	W_{36}	0.0754
W_{21}	0.0372	W_{41}	0.0198
W_{22}	0.0937	W_{42}	0.0360
W_{23}	0.0590	W_{43}	0.0655

8.4.3 A 市债务风险预警指标各风险区间的量值

由于各地的人口特点、经济发展水平、债务资金的利用效率等实际情况各有不同，地方政府抵御债务风险的能力也存在差异。如果使用统一的标准或风险区间量值来预警不同地区的政府债务风险，预警结果的客观性就很容易引起质疑，准确性也会随之降低。因此，设置地方政府债务风险预警指标的风险区间必须与当地经济发展状况和社会具体特征充分结合。本书参考国际上通用的预警标准，通过文献研究、专家访谈和实地调研，将 A 市的债务风险预警指标设定在三个风险等级区间——无风险、中等风险和高风险区间，预警指标各风险区间的量值及实际值如表 8－9 所示。

表 8－9　　　　A 市债务风险预警指标各风险区间的量值和实际值

指标	无风险（1）	中等风险（2）	高风险（3）	实际值
U_{11}	[0, 0.2)	[0.2, 0.8)	[0.8, 1)	0.4450
U_{12}	[0, 0.2)	[0.2, 0.6)	[0.6, 1)	0.1674
U_{13}	[0, 0.9)	[0.9, 1.5)	[1.5, 3)	1.9996
U_{14}	[0, 0.2)	[0.2, 0.5)	[0.5, 1)	0.3293
U_{15}	[0, 0.5)	[0.5, 2)	[2, 5)	3.4124
U_{16}	[0, 1)	[1, 3)	[3, 5)	1.8615
U_{21}	[0, 0.25)	[0.25, 0.5)	[0.5, 1)	0.2762
U_{22}	[0, 0.1)	[0.1, 0.3)	[0.3, 1)	0.1614
U_{23}	[0, 0.15)	[0.15, 0.3)	[0.3, 1)	0.0114
U_{31}	[0, 0.15)	[0.15, 0.5)	[0.5, 1)	0.3225
U_{32}	[0, 0.1)	[0.1, 0.3)	[0.3, 1)	0.1249
U_{33}	[0, 0.1)	[0.1, 0.4)	[0.4, 1)	0.2000
U_{34}	[0.5, 3)	[0.25, 0.5)	[0, 0.25)	0.3432
U_{35}	[0, 0.6)	[0.6, 1)	[1, 3)	0.6491
U_{36}	[0.05, 1)	[0.03, 0.05)	[0, 0.03)	0.0176
U_{41}	[0.07, 1)	[0.02, 0.07)	[0, 0.02)	0.0965
U_{42}	[0, 0.03)	[0.03, 0.1)	[0.1, 0.5)	0.0012
U_{43}	[0, 1)	[1, 1.5)	[1.5, 3)	0.5463

8.4.4　基于可拓物元模型的 A 市债务风险预警研究

首先，我们以规模风险为例，对预警过程进行说明。根据表 8－10 和经典域矩阵、节域矩阵以及待判物元矩阵的表达式，A 市债务规模风险评价中，其经典域矩阵 R_{1j}、节域 R_{1p} 和待判物元矩阵 R_1 分别表达为：

$$R_{11} = \begin{bmatrix} \{1\text{级}\} & c_{11} & \langle 0,0.2 \rangle \\ & c_{12} & \langle 0,0.2 \rangle \\ & c_{13} & \langle 0,0.9 \rangle \\ & c_{14} & \langle 0,0.2 \rangle \\ & c_{15} & \langle 0,0.5 \rangle \\ & c_{16} & \langle 0,1 \rangle \end{bmatrix}$$

$$R_{12} = \begin{bmatrix} \{2\text{级}\} & c_{11} & \langle 0.2,0.8 \rangle \\ & c_{12} & \langle 0.2,0.6 \rangle \\ & c_{13} & \langle 0.9,1.5 \rangle \\ & c_{14} & \langle 0.2,0.5 \rangle \\ & c_{15} & \langle 0.5,2 \rangle \\ & c_{16} & \langle 1,3 \rangle \end{bmatrix} \qquad R_{13} = \begin{bmatrix} \{3\text{级}\} & c_{11} & \langle 0.8,1 \rangle \\ & c_{12} & \langle 0.6,1 \rangle \\ & c_{12} & \langle 1.5,3 \rangle \\ & c_{14} & \langle 0.5,1 \rangle \\ & c_{15} & \langle 2,5 \rangle \\ & c_{16} & \langle 3,5 \rangle \end{bmatrix}$$

$$R_{1p} = \begin{bmatrix} p & c_{11} & \langle 0,1 \rangle \\ & c_{12} & \langle 0,1 \rangle \\ & c_{12} & \langle 0,3 \rangle \\ & c_{14} & \langle 0,1 \rangle \\ & c_{15} & \langle 0,5 \rangle \\ & c_{16} & \langle 0,5 \rangle \end{bmatrix} \qquad R_1 = \begin{bmatrix} U_1 & c_{11} & 0.4450 \\ & c_{12} & 0.1674 \\ & c_{13} & 1.9996 \\ & c_{14} & 0.3293 \\ & c_{15} & 3.4124 \\ & c_{16} & 1.8615 \end{bmatrix}$$

在上式中，1 级、2 级、3 级分别表示无风险、中等风险和高风险三个风险等级；p 表示无风险、中等风险和高风险三个风险等级的集合；R_{11}、R_{12}、R_{13} 分别表示无风险、中等风险和高风险时规模风险 U_1 的经典域；R_1 表示待评物元规模风险 U_1 的矩阵；c_{11}、c_{12}、c_{13}、c_{14}、c_{15}、c_{16} 分别表示债务依存度、债务负担率、债务率、债务增长率、债务增速与 GDP 增速比、债务增速与财政收入增速比。根据预警指标关于各个风险等级的关联函数，可得规模风险 U_1 各指标关于各风险等级的关联度值，如表 8 - 10 所示。

表 8 - 10　　　　A 市债务规模风险各指标关于各风险等级的关联度值

$K_j(x_i)$	$j = 1$	$j = 2$	$j = 3$
$i = 1$	- 0. 3551	1. 2250	- 0. 4438
$i = 2$	0. 2418	- 0. 1630	- 0. 7210
$i = 3$	- 0. 5236	- 0. 3331	0. 9976
$i = 4$	- 0. 2819	0. 6465	- 0. 3414
$i = 5$	- 0. 6472	- 0. 4708	8. 0616
$i = 6$	- 0. 3164	0. 8615	- 0. 3795

表 8 - 10 中，$j = 1$，2，3 表示债务风险的三个等级无风险、中等风险和高风险；$i = 1$，2，…，6 分别表示债务依存度、债务负担率、债务率、债务增长率、债务增速与 GDP 增速比、债务增速与财政收入增速比。

将债务规模风险下属的 6 个指标的关联度与单层权重相乘，可得 A 市债务规模风险的评价结果，如表 8 - 11 所示。

表 8 - 11　　　　　　　　A 市债务规模风险评价结果

安全等级	1	2	3	j^*
评价结果	- 0. 32721	0. 2975	- 0. 0529	2. 3051

从表 8 - 11 中可知，风险等级 2 对应的值为正值，说明 A 市债务规模风险处于中等风险行列，级别的变量特征值 $j^* = 2.3051$，表明 A 市债务规模风险有向高风险发展的趋势。

同理可得 A 市债务结构风险各预警指标关于各风险等级的关联度值及预警结果，如表 8 - 12、表 8 - 13 所示；A 市债务偿还风险各预警指标关于各风险等级的关联度值及预警结果，如表 8 - 14、表 8 - 15 所示；A 市债务外部风险各预警指标关于各风险等级的关联度值及预警结果，如表 8 - 16、表 8 - 17 所示。

表 8 - 12　　A 市债务结构风险各指标关于各风险等级的关联度值

$K_j(x_i)$	$j = 1$	$j = 2$	$j = 3$
$i = 1$	- 0. 0866	0. 1048	- 0. 4476
$i = 2$	- 0. 2756	0. 6140	- 0. 4620
$i = 3$	- 0. 9886	- 0. 9240	- 0. 9620

表 8 - 13   A 市债务结构风险预警结果

安全等级	1	2	3	j^*
评价结果	- 0. 4602	0. 0363	- 0. 6146	1. 8083

表 8 - 14   A 市债务偿还风险各指标关于各风险等级的关联度值

K_j (x_i)	$j = 1$	$j = 2$	$j = 3$
$i = 1$	- 0. 3485	1. 1500	- 0. 3550
$i = 2$	- 0. 1662	0. 2490	- 0. 5837
$i = 3$	- 0. 3333	1. 0000	- 0. 5000
$i = 4$	- 0. 3136	0. 3728	- 0. 2136
$i = 5$	- 0. 0703	0. 0818	- 0. 3509
$i = 6$	- 1. 0433	- 0. 4133	2. 3846

表 8 - 15   A 市债务偿还风险预警结果

安全等级	1	2	3	j^*
评价结果	- 0. 3915	0. 3331	- 0. 0929	2. 4006

表 8 - 16   A 市债务外部风险各指标关于各风险等级的关联度值

K_j (x_i)	$j = 1$	$j = 2$	$j = 3$
$i = 1$	0. 3786	- 0. 2154	- 0. 2154
$i = 2$	- 0. 9988	- 0. 9600	- 0. 9960
$i = 3$	4. 8996	- 0. 4537	- 0. 6358

表 8 - 17   A 市债务外部风险预警结果

安全等级	1	2	3	j^*
评价结果	2. 4090	- 0. 5651	- 0. 6741	1. 0341

根据 A 市债务风险预警各指标的关联度和各指标的最终权重，可以得到该市债务风险综合预警结果，如表 8 - 18 所示。

表 8 - 18   A 市债务风险综合预警结果

安全等级	1	2	3	j^*
评价结果	- 0. 0473	0. 1581	0. 0966	2. 4120

从表 8 - 18 可知，A 市的债务风险综合评价等级为 2，即进入中等风险行列。级别的变量特征值 $j^* = 2.4120$，表明 A 市债务风险有向高风险发展的趋势。

8.4.5　A 市债务风险预警结果的分析

通过上述预警过程所反映出的结果看，可从总体上将 A 市债务风险判断为中等风险阶段，并有向高风险发展的趋势；下属的 4 个一级指标规模风险、结构风险、偿债风险和外部风险中，除尚处于无风险阶段的外部风险外，规模风险、结构风险和偿债风险均已进入中等风险行列。由表 8 - 11 至表 8 - 18 可知，规模风险下属的 2 个二级指标债务率和债务增速与 GDP 增速比更是已经迈入高风险区域，3 个二级指标债务依存度、债务增长率、债务增速与财政收入增速比属于中等风险，只有 1 个二级指标债务负担率尚处于无风险的阶段；结构风险下属的 3 个二级指标，除外债率外，或有债务比、短期债务比 2 个指标进入了中等风险行列；偿债风险下属的 6 个二级指标中，债务偿还率、债务逾期率、借新还旧率、项目投入产出比、资产负债率 5 个指标都进入了中等风险行列，偿债准备金率更是进入了高风险行列；外部风险下属的 3 个二级指标经济增长率、财政赤字率和财政收支变动率均处于无风险阶段。从指标的权重来看，偿债风险的权重最大，其次是规模风险、结构风险，外部风险的权重最小。因此，A 市中等债务风险形成的原因很重要的一部分为该市债务规模和债务偿还风险较大。

8.4.6　改善 A 市债务风险的建议

债务规模、债务结构、偿债能力以及外部环境共同促成了 A 市的债务风险处于中等风险行列。因此，要改善 A 市的债务风险不能仅从某一方面着手，而应该统筹兼顾，全方位、多角度加强债务管理，可从但不限于从以下几点着手：

首先，举债要规范。近年来，中央不断加大对地方政府债务的管控力度，连续出台一系列法规政策。就 A 市而言，首先要认真学习领悟中央政府的相关规定，保证举债行为合乎规定，并在此基础上结合本市实际出台债务举借和担保制度。从 A 市的公告上可以看出，该市的债务规模增速较快，特别是个别地区还出现了违规担保等行为。因此，A 市首先要对举债行为进行规范，特别是对借前的审查，债务担保行为的管控等，防止显性和隐性债务的违规增加。

其次，用债要科学。举借债务的目的是要"用"。高质量、高效率地使用债务资金能够有效降低债务风险。从 A 市的审计公告来看，该市的债务资金主要流向基础设施和公益项目，这也是全国大部分地方政府债务资金的流向。截至目前，我们尚不清楚这些项目的收益状况如何，但在债务资金的使用上，做好项目论证、项目运营的监管，以及项目绩效考核，都将对提高债务资金的使用效率和效益具有重要意义。

再其次，偿债要真实有效、及时。通过举债、用债和最后的偿债，债务资金实现了完整循环。地方政府债务健康发展的重要保证是要实现真实、有效和及时的偿债。为了保证偿债的真实有效，就要杜绝借新还旧；为了实现偿债的及时，就需要建立偿债机制，如偿债准备金制度。就目前审计部门发现的问题来看，不少地区都出现程度不一的借新债、还旧债的问题，这种"换汤不换药"的做法对规避地方政府债务风险只能是扬汤止沸，而无法做到釜底抽薪。偿债准备金制度是及时有效偿债的重要保证，偿债准备金率越高，对于及时有效偿债就越有利。基于以上分析，就 A 市而言，在严控借新债还旧债的前提下，建立健全偿债准备金制度，不断提高偿债准备金，将对确保偿债的真实、有效、及时具有重要意义。

最后，要实现地方政府债务风险早发现、早治理，就很有必要建立一套完整的地方政府债务风险预警机制。从 A 市审计公告发现的问题来看，虽然个别地区初步建立了债务风险预警机制，但预警机制的准确性、科学性都存在一定的问题，无法真正实现债务风险的预告和警示。因此，针对 A 市的情况，建立一套科学合理的债务风险预警机制很有必要，也势在必行。

8.5 本章小结

本章共分为四个部分，包括地方政府债务风险预警总体框架、预警指标体系设计、预警模型构建，以及以 A 市为例的实证分析。总体框架是对预警系统的总括性概述，描述了整个预警的流程。在预警指标体系方面，通过文献研究和专家深度访谈，构建了地方政府债务风险预警指标体系，包括债务规模风险、债务结构风险、债务偿债风险和外部风险 4 个一级指标以及债务增长率、短期债务比、债务偿还率和财政赤字率等 18 个二级指标。第三部分预警模型，本书首次引入可拓物元理论构建地方政府债务风险预警模型。第四部分以 A 市为例进行实证分析，采用本章构建的模型对该地方政府债务风险进行预警分析，并给出改善建议。

第 **9** 章

总结与展望

9.1 总结

本书以政府债务管理的重要基础和最薄弱环节——债务会计系统改革为切入点，系统探讨风险管理导向的政府债务会计体系及风险预警机制构建问题。虽然地方政府债务会计领域的研究基础比较薄弱，涉及问题的面广且复杂，面对的理论和实践难点较多，政府债务数据的公开受限，使项目组在资料收集和处理方面也遇到不少困难，但我们仍力求通过大家的努力，深入讨论、系统论证，为丰富和发展政府债务会计理论体系建构贡献绵薄之力；为提供全面客观的地方债风险管理信息，实现主动报告地方债风险，从信息源头管控债务风险，为防范债务风险提供有效的解决方案添砖加瓦。

我们在对国内外相关研究进行全面梳理和系统研究的基础上，对地方政府债务会计及预警机制进行一系列探索，得出一系列重要研究结论。主要包括：

（1）风险管理导向的政府债务会计系统是地方政府债务管理的重要前提。它能够提供客观全面的债务会计信息，这些信息有利于地方政府准确核算债务规模，科学甄别和规范地方政府债务，对债务资金管理形成有效约束，从而实现"借、用、还"相统一的地方债管理机制的建立。同时，它又是量化地方债风险、构建风险评估指标体系以及建立预警机制的原始数据源，有助于消除债务信息断层，准确识别与评估债务资金举借、使用和偿还各阶段的风险。

（2）风险管理导向的地方政府债务会计报告体系是全面识别政府债务资金"借、用、还"各阶段风险的决策工具。现行政府会计体系不能真实地反映政府债务存量、规模总体情况及其构成信息，单一会计系统难以满足地方债管理的需求，地方债预算管理的事前控制职能相对薄弱，难以动态监控和全面评估地方债风险。

基于以上问题，本书设计了风险管理导向的地方政府债务会计系统，并详细阐述如何应用风险管理导向的地方政府债务会计报告体系来全面识别债务举借、使用和偿还阶段中可能存在的各类风险，实现地方债风险的主动报告。包括应用债务余额情况表和一般债券/专项债券发行情况表识别举借阶段的总量风险与合规风险；应用政府的资本资产情况表、政府的基本建设类项目收入支出决算表和项目收入费用表识别债务使用阶段的项目风险；应用可流动性资产负债表和政府债券到期明细表识别债务偿还阶段的违约风险等。

（3）政府债务会计系统需要建立收付实现制和权责发生制双轨并用制度，有利于实现政府债务公共受托责任与决策有用的目标。

政府债务会计系统不仅需要反映合规性管理的受托责任信息，如债务资金预算编制、取得与使用时调整及执行过程中的预算信息；更应该提供多元化的决策有用信息，如地方承担债务总体规模、存量结构、债务资金使用以及偿还能力情况等财务信息。单一的会计确认基础难以服务于受托责任与决策有用目标，更无法适应政府债务管理目标由"合规"管理向"绩效"管理的转变。若贸然在政府债务会计系统中摒弃收付实现制，直接采用权责发生制，不仅收付实现制和权责发生制难以协调匹配，还将削弱地方政府债务会计中预算会计功能，造成债务预算管理目标和决策有用（绩效受托责任）目标都不能有效实现的两难境地。因此，政府债务会计系统要建立收付实现制和权责发生制双轨并用的制度。即一方面保留收付实现制的预算会计，另一方面在财务会计子系统中引入权责发生制，在明确各自目标的情况下完成政府债务预算会计与财务会计系统的衔接。

（4）风险管理导向的债务会计系统必须以理论概念框架的构建为基础。构建政府债务会计的概念框架，为我国政府债务会计改革提供理论指引。

政府债务会计的概念框架，是构建债务会计系统的重要理论基础。目前，国内外尚未达成共识，导致政府债务会计改革难以推进，亟须理论突破。因此，本书进行了政府债务会计框架研究探讨，尝试构建我国政府债务会计概念框架。其内容包括：政府债务会计目标定位、双会计主体、债务会计信息质量特征、二元结构的会计要素以及政府债务报告等基础理论问题。这将为深化我国地方政府债务会计研究提供重要参考，也为我国地方政府债务会计改革提供理论借鉴。

（5）政府债务信息的披露应以政府债务信息使用者的多元化需求为导向，其信息披露的内容与质量是债务信息市场供给需求双方利益与力量博弈的结果。

本书采用规范研究与实证研究相结合的方式，研究我国政府债务信息披露的现存问题。调查结果发现，政府债务信息市场表现出债务信息供给与需求不均衡状况。制度变迁理论表明，信息市场的供需均衡状况被打破，会触发原先的制度安排，最终引发政府债务会计改革。信息需求理论则表明，政府债务会计是一种人造的信息系统，它的产生源于信息使用者对政府债务会计信息的需求。各级人民代表大会常务委员会、各级政府及其有关部门、社会公众和纳税人、证券监管部门、评级机构与债券投资者是政府债务会计信息的主要需求方与直接利益相关者，利益相关者对政府债务会计信息需求、能力、意愿越强烈，越有利于债务会计信息的披露。政府（债务信息供给主体）的偏好与利益行为选择直接影响着信息披露的内容与质量。政府债务会计信息披露最终的均衡水平是债务信息市场供给需求双方利益与力量博弈的结果。研究我国政府债务信息市场的供给与需求状况，能够为构建政府债务会计系统提供现实依据和实践基础。

（6）权责发生制是政府或有负债确认基础的必然选择，现值符合政府或有负债对计量属性的要求。

地方政府或有负债是未来特定事件如发生可能导致资源流出政府会计

主体的义务。由于收付实现制基础提供的会计信息缺乏完整性与及时性，难以如实反映我国地方政府负债的实际情况，而且相关信息的谨慎性、可理解性与可比性不足，因此不符合我国政府债务的管控要求。相比之下，权责发生制能够保证负债得到及时的确认，且不易造成低估，能够使地方债得到如实反映；同时也有效提升了政府债务会计信息产品的可理解性与可比性，从而权责发生制的引入有助于推进我国地方政府债务管理进程。

政府或有负债本身充满了不确定性，其发生概率、发生的时间与具体金额都取决于未来事项；对于这类特殊的负债，我们需要获取的是其未来信息，作出的决策也是面向未来的，因此，或有负债的计量属性也应体现未来的影响因素，现值正好满足这一需要。现值计量的基本方法包括传统法和期望现金流量法，后者具有更广泛的适用范围。而风险概率法、保险精算技术、计量经济模型和或有权益分析等可作为辅助方法。运用现值的过程中，我们应该综合考虑风险、货币时间价值与未来事项的影响。另外，估值技术的选择应以或有负债的类型为基础。

（7）政府债务是个广义的概念，其包含政府负债、政府或有负债。政府付费与可行性缺口补助两类付费机制 PPP 的政府支出义务均属于政府债务，并且可能形成政府表内负债，也可能仅作为或有负债，或有负债具有可转换性。

本书基于政府债务会计理论，结合我国 PPP 项目的运行方式，从《政府会计基本准则》中政府负债的定义出发，对政府付费与可行性缺口补助类 PPP 形成的政府支出义务是否属于政府债务、政府负债进行了较为深入的研究，提出政府付费与可行性缺口补助两类付费机制 PPP 的政府支出义务均属于政府债务，并且在满足政府债务会计相应的确认条件时可能形成资产负债表内的政府负债，并且应同时纳入政府预算会计和财务会计框架，分别进行收付实现制和权责发生制的核算；不满足表内确认条件时作为或有负债，或有负债随着时间的推移可能转换为预计负债在表内确认。

另外，PPP 政府性债务风险防范对策的论述中，我们提出几个延伸性思考：第一，PPP 政府支出财政承受能力控制的 10% 红线的效果性可能会受到我国地区差异因素的影响，"一刀切"的 10% 红线控制是否能满足所有地方经济、社会的实际情况有待实践检验。第二，编制或有事项进度表和承诺进度表等附表以实现对或有负债的分阶段反映，建议在进度表内添设结转项目，如或有负债转化，其下按负债类别分设明细，作为或有负债总额的抵减项，直观反映当期转化为主表中预计负债的数额。第三，考虑借鉴国外政府的经验设立或有负债基金，各个地方政府或有债务的设立与否可视各个政府的信用级别而定；或有债务基金的资金充足度应处于持续的监控之中，而为了实现有效监控，或有负债期望值的可靠估算方法是理论界与实务界需要解决的问题；应该针对或有债务基金的资金来源、运行情况编制专门的报告并实现公开披露。

（8）风险预警机制的设计应对接债务会计信息系统，消除信息断层，保证从信息源到信息渠道的通畅。

本书提出了风险管理导向的地方政府债务会计理论体系，设计了地方政府债务风险预警机制，包括预警指标体系和预警模型的构建。在指标体系构建部分，构建了包括债务规模风险、债务结构风险、债务偿债风险和外部风险4个一级指标，以及债务增长率、短期债务比、债务偿还率和财政赤字率等18个二级指标的风险预警指标体系。在预警模型方面，首次引入可拓物元理论和层次分析法，构建地方政府债务风险预警模型。为进一步说明地方政府债务风险预警系统的运行方法，选择A市作为案例，对其债务风险情况进行预警分析。得出A市债务规模风险、债务结构风险、债务偿还风险和外部风险的预警结果以及A市债务风险综合预警结果，然后对预警结果进行分析，最后提出政策建议。

9.2　研究局限与研究展望

本书采用定性和定量结合的多种研究方法，针对风险管理导向的地方政府债务会计系统及预警机制开展了一系列深入的研究和讨论，并进行部分内容的实证检验，然而本书还存在如下有待完善与探索之处：

（1）关于政府债务会计体系的二元结构如何实现适度分离与协调的研究内容是笔者希望进一步探讨的。

（2）本书利用风险管理导向的地方政府债务报告体系，消除债务信息断层，识别地方债"借、用、还"环节的风险，为信息用户提供全面基础的地方债风险管理信息，使其更直观了解债务风险状况的信息。但会计系统提供的基础债务信息仅作为其决策的基础，而不能代替决策。如何实现有效地对地方政府债务会计信息产品进行充分利用是笔者希望今后深入发掘的。

（3）地方政府或有债务部分，我们主要对或有负债的确认、计量和报告进行研究，或有负债的计量是我们探讨的重点。但由于或有负债性质的特殊性与内容的复杂性，有关地方政府的或有负债计量仍是难题，如计量方法等仍需要进一步的研究加以完善。而关于或有负债的报告方面的研究也只是提出构想，其可行性和可操作性有待进一步检验。

（4）围绕着"PPP 和地方政府债务关系界定"主题，本书运用政府债务会计理论探讨了新兴的 PPP 是否会形成政府债务，若形成政府债务是否应在政府资产负债表内确认，以及 PPP 若存在政府债务风险如何防范等。然而，本书主要是理论层面的讨论，目前不规范的 PPP 实务操作很可能存在更加复杂的情形，需要我们直面现象与实务界进行更多地深入的互动，将一线经验升华到理论层面，对现有理论进一步做出必要的补充或检验形成完善有用的新理论。

政府债务问题与风险管理是国际社会长期密切关注的两大重要议题。放眼我国，当前转轨期经济、社会发展新常态、特殊的财政体制以及还未完善的政府会计体系等各方因素交织在一起，使我国地方政府债务问题独具中国特色。在此形势和背景下，如何发展经济，将地方政府债务问题与风险管理以及政府会计相联系，均为学术界提供了潜在研究空间。我们认为未来可进一步研究的主要有：

（1）目前，二元结构体系下政府债务会计面临的最大挑战是双轨制的政府债务会计在实施过程中如何体现适度分离与协调的特征。若只要求两套核算体系独立进行核算，那么分离较为简单。然而，在传统政府会计核算模式下，"协调"又是有难度的。政府债务会计如何实现政府债务会计"双核"模式（财务会计核算和预算会计核算并存）之间的相互联系、协调和驱动是未来实现双轨制政府债务会计所需解决的重要问题，"双核"模式下如何对政府债务会计对象和政府债务会计信息进行整合以及技术改进也是推进政府债务会计改革的难点所在。

（2）地方政府债务信息从信息源到预警系统的顺畅对接是为了更好地利用信息。所以，我们可以进一步探索地方政府债务会计信息的有效利用问题；在预警方面还可以根据新发展、新兴经济业态等持续地完善预警指标体系，尝试引入更多元化的数理统计方法等实现债务会计系统与风险预警更高效的利用，从而更好地为债务管理决策服务。

（3）针对地方政府或有负债，除了完善这类负债的计量，鉴于当前关于或有负债的披露机制的研究还较少，如何构建完整的政府或有负债披露体系将成为未来的研究重点之一。其中包括政府或有负债报告的设计，以及后续对或有负债报告的运用与持续监控环节等。另外，在"大政府会计"理念下，可在政府审计领域的研究中探索或有负债的审计标准、方法与审计质量的评价等。

（4）有关 PPP 与地方政府性债务关系的研究还可以从两方面展开。一是 PPP 政府支付义务形成的政府负债具体如何在政府会计系统进行处理，涉及负债计量方法与计量属性的选择、会计科目与会计分录的设置，以及报告与披露的形式；政府预算会计与财务会计两大系统如何对 PPP 政府负债进行反映，如何有效发挥会计系统的监控功能。二是针对 PPP 形成的政府或有负债，可重点研究 PPP 或有负债的量化方法和或有债务基金的设立等。

此外，在研究范式方面，今后还可以进行交叉学科研究，如可以将博弈论运用到政府债务相关利益方的行为研究；尝试采用系统动力学等动态评价方法对地方政府债务风险进行预警等。

附录 关于政府债务信息现状的调查问卷

一、基本情况

××女士/ 先生：

（   ）1. 您的年龄：

A. 20～30 岁　　B. 31～40 岁　　C. 41～50 岁　　D. 51 岁以上

（   ）2. 您的单位：

A. 财政部门　　　　　　　　B. 其他政府机构

C. 人大或政协机关　　　　　D. 其他

（   ）3. 您的专业背景：

A. 财会相关专业　　　　　　B. 其他专业(除财会相关专业以外)

（   ）4. 您的工作性质：

A. 从事财政或会计工作　　　B. 从事非财政会计工作

二、问卷调查内容

（   ）1. 根据目前政府公开披露信息，您可以判断各项政府债务支出的合法性。

A. 完全同意　　　　　B. 基本同意　　　　　　C. 中立

D. 基本不同意　　　　E. 完全不同意

（   ）2. 根据目前政府公开披露信息，您可以了解政府所支配经济资源的总额。

A. 完全同意　　　　　B. 基本同意　　　　　　C. 中立

D. 基本不同意　　　　E. 完全不同意

（   ）3. 您期望政府机构说明其所控制的公共财务资源。

A. 完全同意　　　　　B. 基本同意　　　　　　C. 中立

D. 基本不同意　　　　E. 完全不同意

（   ）4. 您经常阅读政府财务报表或者其他关于政府债务会计相关的资料。

A 完全同意 　　　　　　　　B. 基本同意 　　　　　　　　C. 中立

D. 基本不同意 　　　　　　　E. 完全不同意

（　　）5. 您认为现有政府公开信息已披露政府的各项收入情况。

A 完全同意 　　　　　　　　B. 基本同意 　　　　　　　　C. 中立

D. 基本不同意 　　　　　　　E. 完全不同意

（　　）6. 您能够方便地获取有关地方政府债务资金运用的信息。

A 完全同意 　　　　　　　　B. 基本同意 　　　　　　　　C. 中立

D. 基本不同意 　　　　　　　E. 完全不同意

（　　）7. 您通过政府财务报告能够了解政府支出的真实性。

A 完全同意 　　　　　　　　B. 基本同意 　　　　　　　　C. 中立

D. 基本不同意 　　　　　　　E. 完全不同意

（　　）8. 除了公开披露的债务信息外，您可以通过其他渠道了解政府债务的相关信息。

A 完全同意 　　　　　　　　B. 基本同意 　　　　　　　　C. 中立

D. 基本不同意 　　　　　　　E. 完全不同意

（　　）9. 您通过现有政府披露的债务信息了解并判断当地政府的债务风险。

A 完全同意 　　　　　　　　B. 基本同意 　　　　　　　　C. 中立

D. 基本不同意 　　　　　　　E. 完全不同意

（　　）10. 您认为只有深化公共管理改革，我国政府财务报告才能提供更全面的政府财务信息。

A 完全同意 　　　　　　　　B. 基本同意 　　　　　　　　C. 中立

D. 基本不同意 　　　　　　　E. 完全不同意

（　　）11. 人大代表能够有效地行使对本级政府债务资金使用情况的监督权。

A 完全同意 　　　　　　　　B. 基本同意 　　　　　　　　C. 中立

D. 基本不同意 　　　　　　　E. 完全不同意

（　　）12. 您期望政府说明潜在债务负担（或有负债）的情况。

A 完全同意 　　　　　　　　B. 基本同意 　　　　　　　　C. 中立

D. 基本不同意 　　　　　　　E. 完全不同意

（　　）13. 如果政府在今年有一大笔债务支出，您期望政府他们说明支出遵循预算制度的情况。

A 完全同意　　　　　　B. 基本同意　　　　　　C. 中立

D. 基本不同意　　　　　E. 完全不同意

（　　）14. 如果国际组织（或债券市场评级机构）在评价各政府的偿债能力时，要求各政府能够提供横向可比较的信息，您认为这有助于推动政府债务会计改革。

A 完全同意　　　　　　B. 基本同意　　　　　　C. 中立

D. 基本不同意　　　　　E. 完全不同意

（　　）15. 您认为目前政府公开信息已披露政府承担的全部负担。

A 完全同意　　　　　　B. 基本同意　　　　　　C. 中立

D. 基本不同意　　　　　E. 完全不同意

（　　）16. 若当地政府发行债券获得一笔资金，您期望政府说明这笔资金的投入与使用情况。

A 完全同意　　　　　　B. 基本同意　　　　　　C. 中立

D. 基本不同意　　　　　E. 完全不同意

（　　）17. 由于资产特定时点的市场价格能够反映资产的真实价值，您认为政府资产应该按市场价值列示在资产负债表上。

A 完全同意　　　　　　B. 基本同意　　　　　　C. 中立

D. 基本不同意　　　　　E. 完全不同意

（　　）18. 您认为政府当年发生的项目费用应该是指其当年项目实际对外支付的各种款项。

A 完全同意　　　　　　B. 基本同意　　　　　　C. 中立

D. 基本不同意　　　　　E. 完全不同意

（　　）19. 如果政府在2015年年底发生一笔预支下年的费用，如2016年的项目建设费用，您赞同将这项支出记录为2015年的费用。

A 完全同意　　　　　　B. 基本同意　　　　　　C. 中立

D. 基本不同意　　　　　E. 完全不同意

（　　）20. 政府的实际收入包括今年应收而未收到现金的收入。

A 完全同意　　　　　　B. 基本同意　　　　　　C. 中立

D. 基本不同意　　　　　E. 完全不同意

（　　）21. 政府负债仅是指政府当期尚未履行的法定付款义务，如政府当年承诺未来若干年内加大在环保或社会福利方面的投入，您认为这种承诺应该作为政府当年的债务。

A 完全同意　　　　　B. 基本同意　　　　　C. 中立

D. 基本不同意　　　　　E. 完全不同意

（　　）22. 您会主动监督政府的财务行为。

A 完全同意　　　　　B. 基本同意　　　　　C. 中立

D. 基本不同意　　　　　E. 完全不同意

（　　）23. 您会积极通过各种途径（如报纸、网站）主动关注政府披露的债务信息。

A 完全同意　　　　　B. 基本同意　　　　　C. 中立

D. 基本不同意　　　　　E. 完全不同意

（　　）24. 如果关注政府债务信息会花费您的时间和金钱，这会影响您关注政府财务信息的热情。

A 完全同意　　　　　B. 基本同意　　　　　C. 中立

D. 基本不同意　　　　　E. 完全不同意

（　　）25. 您认为现有的政府公开信息已披露需要披露的债务信息。

A 完全同意　　　　　B. 基本同意　　　　　C. 中立

D. 基本不同意　　　　　E. 完全不同意

（　　）26. 如果政府今年有大型的项目支出，您期望政府说明项目支出的效果与效用情况。

A 完全同意　　　　　B. 基本同意　　　　　C. 中立

D. 基本不同意　　　　　E. 完全不同意

（　　）27. 若人大代表未认真审核政府债务资金运作的效率与效果，导致无效开支与浪费的发生，将面临被罢免的风险。您认为这种情况下，人大代表会要求政府提供更详细更有用的债务信息。

A 完全同意　　　　　B. 基本同意　　　　　C. 中立

D. 基本不同意　　　　　E. 完全不同意

（　　）28. 如果公众监督会提高政府债务资金运作的效率，会增加您监督的热情。

A 完全同意　　　　　　B. 基本同意　　　　　　C. 中立

D. 基本不同意　　　　　E. 完全不同意

（　）29. 您对目前所接受的公共服务的效率与效果感到满意。

A 完全同意　　　　　　B. 基本同意　　　　　　C. 中立

D. 基本不同意　　　　　E. 完全不同意

（　）30. 您认为政府债务会计改革能够提高有关政府债务经济活动的效率和效果。

A 完全同意　　　　　　B. 基本同意　　　　　　C. 中立

D. 基本不同意　　　　　E. 完全不同意

参 考 文 献

［1］安秀梅：《地方政府或有负债的形成原因与治理对策》，载于《当代财经》2002 年第 5 期。

［2］白海娜、马骏：《财政风险管理：新理念与国际经验》（梅鸿译校），中国财政经济出版社 2003 年版。

［3］北京市财政局课题组、王彦、王建英，等：《政府综合财务报告应用体系研究》，载于《预算管理与会计》2016 年第 5 期。

［4］财经网：《问计国家资产负债表》，http://misc. caijing. com. cn/chargeFullNews. jsp?id = 111886704&time = 2012 - 06 - 11&cl = 106，2012 年 6 月 11 日。

［5］财经杂志：《地方债高悬之忧：隐性债务的水有多深?》，https://finance. qq. com/a/20180710/037489. htm，2018 年。

［6］财政部：《关于进一步共同做好政府和社会资本合作（PPP）有关工作的通知》，http://jrs. mof. gov. cn/zhengwuxinxi/zhengcefabu/201605/t20160530_2059156. html，2016 年。

［7］财政部：《关于印发政府和社会资本合作模式操作指南（试行）的通知》，http://jrs. mof. gov. cn/zhengwuxinxi/zhengcefabu/201412/t20141204_1162965. html，2014 年。

［8］财政部：《政府会计准则——基本准则》，http://www. mof. gov. cn/mofhome/tfs/zhengwuxinxi/caizhengbuling/201511/t20151102_1536662. html，2015 年。

［9］财政部：关于印发《政府和社会资本合作项目财政承受能力论证指引》的通知，http://jrs. mof. gov. cn/zhengwuxinxi/zhengcefabu/201504/t20150414_1216615. html，2015 年。

[10] 财政部办公厅：《关于规范政府和社会资本合作（PPP）综合信息平台项目库管理的通知》，http://jrs.mof.gov.cn/zhengwuxinxi/zhengcefabu/201711/t20171116_2751258.html，2017年。

[11] 财政部会计准则委员会：《国际公共部门会计文告手册》，中国财政经济出版社2010年版。

[12] 陈工孟、邓德强、周齐武：《我国预算会计改革可行性的问卷调查研究》，载于《会计研究》2005年第5期。

[13] 陈红、黎锐：《我国地方政府表外负债的相关问题研究》，载于《商业会计》2015年第13期。

[14] 陈纪瑜、陈静：《论我国政府负债会计改革的战略蓝图——基于公共受托责任》，载于《经济体制改革》2013年第5期。

[15] 陈均平：《我国地方政府举借债务会计问题探讨》，载于《中央财经大学学报》2014年第1期。

[16] 陈均平：《中国地方政府债务的确认、计量和报告》，中国财政经济出版社2010年版。

[17] 陈立齐：《美国政府会计准则研究》，中国财政经济出版社2009年版。

[18] 陈梦根、尹德才：《政府债务统计国际比较研究》，载于《统计研究》2015年第32期。

[19] 陈艳利、弓锐、赵红云：《自然资源资产负债表编制：理论基础、关键概念、框架设计》，载于《会计研究》2015年第9期。

[20] 陈志斌、陈颖超：《地方政府债务管理视角下的政府会计信息效应研究》，载于《商业会计》2016年第3期。

[21] 刁伟涛：《国有资产与我国地方政府债务风险测度——基于未定权益分析方法》，载于《财贸研究》2016年第3期。

[22] 董再平：《我国PPP模式政府性债务类型及特征分析》，载于《地方财政研究》2016年第9期。

[23] 杜思正、冷艳丽：《地方政府性债务风险预警评价研究》，载于《上海金融》2017年第3期。

[24] 高英慧、高雷阜：《基于混沌理论的地方政府债务风险预警管理

研究》，载于《社会科学辑刊》2013 年第 4 期。

[25] 葛家澍：《会计确认、计量与收入确认》，载于《会计论坛》2002 年第 1 期。

[26] 葛家澍、刘峰：《论企业财务报告的性质及其信息的基本特征》，载于《会计研究》2011 年第 12 期。

[27] 耿建新、胡天雨、刘祝君：《我国国家资产负债表与自然资源资产负债表的编制与运用初探——以 SNA 2008 和 SEEA 2012 为线索的分析》，载于《会计研究》2015 年第 1 期。

[28] 郭煜晓：《地方政府或有负债的确认与计量》，载于《地方财政研究》2018 年第 1 期。

[29] 国家发展和改革委员会：《关于开展政府和社会资本合作的指导意见》，http://www.ndrc.gov.cn/gzdt/201412/t20141204_651014.html，2014 年。

[30] 何杰：《PPP 的十个问题研究》，载于《财政科学》2017 年第 10 期。

[31] [法] 亨利·法约尔：《工业管理与一般管理》（迟力耕、张璇译），机械工业出版社 2007 年版。

[32] 洪源、刘兴琳：《地方政府债务风险非线性仿真预警系统的构建——基于粗糙集－BP 神经网络方法集成的研究》，载于《山西财经大学学报》2012 年第 3 期。

[33] 黄志雄：《政府综合财务报告编制问题与对策研究——基于事权划分与支出责任匹配的探讨》，载于《财政研究》2018 年第 3 期。

[34] 嵇建功：《事项会计理论的事项概念与会计信息演进研究》，载于《会计研究》2013 年第 2 期。

[35] 吉富星：《我国 PPP 模式的政府性债务与预算机制研究》，载于《税务与经济》2015 年第 4 期。

[36] 吉富星：《我国 PPP 政府性债务风险治理的研究》，载于《理论月刊》2015 年第 7 期。

[37] 吉富星、樊轶侠：《述评：PPP 立法研究中的热点问题》，载于《经济研究参考》2016 年第 15 期。

[38] 贾康、刘微、张立承、石英华、孙洁：《我国地方政府债务风险

和对策》，载于《经济研究参考》2010 年第 14 期。

[39] 姜宏青、李慧娴：《基于问卷数据的政府会计信息需求分析》，载于《商业会计》2016 年第 13 期。

[40] 姜宏青、于红：《地方政府治理与债务信息披露的耦合》，载于《财政科学》2016 年第 11 期。

[41] 姜宏青、于红：《基于管理流程的地方政府债务风险预警模式构建》，载于《会计之友》2017 年第 16 期。

[42] 姜威：《PPP 基金导致"高杠杆"和"不并表"加剧债务风险问题解析》，载于《中国财政》2017 年第 23 期。

[43] 金荣学、张楠、张迪：《我国地方政府性债务风险预警模型构建研究》，载于《湖南财政经济学院学报》2013 年第 2 期。

[44] 考燕鸣、王淑梅、王磊：《地方政府债务风险预警系统的建立及实证分析》，载于《生产力研究》2009 年第 16 期。

[45] 雷霞：《PPP 模式在政府债务危机中的应用研究》，载于《安徽农业大学学报》（社会科学版），2016 年第 25 期。

[46] 李斌、郭剑桥、何万里：《一种新的地方政府债务风险预警系统设计与应用》，载于《数量经济技术经济研究》2016 年第 12 期。

[47] 李建发：《政府会计论》，厦门大学出版社 1999 年版。

[48] 李靠队、蒋欣呈、孔玉生、潘俊：《政府债务、PPP 与权责发生制综合财务报告》，载于《地方财政研究》2016 年第 4 期。

[49] 李腊生、耿晓媛、郑杰：《我国地方政府债务风险评价》，载于《统计研究》2013 年第 10 期。

[50] 李思瑾：《PPP 模式下政府负债的会计处理》，载于《会计之友》2017 年第 7 期。

[51] 李晓峰、徐玖平：《基于物元与可拓集合理论的企业技术创新综合风险测度模型》，载于《中国管理科学》2011 年第 19 期。

[52] 李扬、张晓晶、常欣等：《中国主权资产负债表及其风险评估（上）》，载于《经济研究》2012 年第 6 期。

[53] 廖家勤、伍红芳：《地方政府债务风险预警模型探索》，载于《金融理论与实践》2015 年第 10 期。

［54］林忠华：《国家和政府资产负债表编制难点及建议》，载于《地方财政研究》2014 年第 1 期。

［55］刘纪学、李娜：《地方政府债务风险管理评价体系研究》，载于《现代管理科学》2014 年第 1 期。

［56］刘梅：《PPP 模式与地方政府债务治理》，载于《西南民族大学学报》（人文社科版），2015 年第 36 期。

［57］刘明辉、孙冀萍：《论"自然资源资产负债表"的学科属性》，载于《会计研究》2016 年第 5 期。

［58］刘溶沧、赵志耘：《中国财政理论前沿Ⅲ》，社会科学文献出版社 2003 年版。

［59］刘尚希：《财政风险：从经济总量角度的分析》，载于《管理世界》2005 年第 7 期。

［60］刘尚希：《财政风险：一个分析框架》，载于《经济研究》2003 年第 5 期。

［61］刘尚希：《财政风险及其防范问题研究》，经济科学出版社 2004 年版。

［62］刘尚希：《中国财政风险的制度特征："风险大锅饭"》，载于《管理世界》2004 年第 5 期。

［63］刘尚希、郭鸿勋、郭煜晓：《政府或有负债：隐匿性财政风险解析》，载于《中央财经大学学报》2003 年第 5 期。

［64］刘尚希、赵全厚、孟艳等：《"十二五"时期我国地方政府性债务压力测试研究》，载于《经济研究参考》2012 年第 8 期。

［65］刘小芳：《风险循环评价导向下政府债务会计体系研究》，重庆工商大学硕士学位论文，2012 年。

［66］刘星、岳中志、刘谊：《地方政府债务风险预警机制研究》，经济管理出版社 2005 年版。

［67］陆建桥、王文慧：《国际财务报告准则研究最新动态与重点关注问题》，载于《会计研究》2008 年第 1 期。

［68］路军伟：《政府财务报告使用者及其需求的国际比较与分析——兼论我国政府财务报告使用者构成》，载于《会计与经济研究》2015 年第

29 期。

[69] 路军伟、李海石、马威伟:《美国政府财务报告的历史演进与述评——技术选择背后的制度变迁》,载于《中南财经政法大学学报》2015年第6期。

[70] 路军伟、田五星:《政府会计改革:驱动因素与变革效率——基于政治伦理、市场逻辑与组织行为的视角》,载于《会计研究》2014年第2期。

[71] 罗党论、佘国满:《地方官员变更与地方债发行》,载于《经济研究》2015年第6期。

[72] 马蔡琛、苗珊:《全球公共预算改革的最新演化趋势:基于21世纪以来的考察》,载于《财政研究》2018年第1期。

[73] 马德功、马敏捷:《地方政府债务风险防控机制实证分析——基于KMV模型对四川省地方债风险评估》,载于《西南民族大学》(人文社会科学版),2015年第2期。

[74] 马恩涛:《公私伙伴关系与政府或有债务研究》,载于《财政研究》2014年第12期。

[75] 马恩涛:《中国经济转型中政府或有负债研究》,厦门大学博士学位论文,2007年。

[76] 马恩涛、孔振焕:《我国地方政府债务限额管理研究》,载于《财政研究》2017年第5期。

[77] 马恩涛、李鑫:《PPP政府或有债务风险管理:国际经验与借鉴》,载于《财政研究》2018年第5期。

[78] 马恩涛、李鑫:《PPP政府或有债务风险管理:国际经验与借鉴》,载于《财政研究》2018年第5期。

[79] 马恩涛、李鑫:《PPP政府债务风险管理:国际经验与启示》,载于《当代财经》2017年第7期。

[80] 马海涛、崔运政:《地方政府债务纳入预算管理研究》,载于《当代财经》2014年6期。

[81] 马骏:《地方政府资产负债表的编制和使用》,载于《中国金融》2014年第14期。

[82] 马骏、张晓蓉、李治国：《中国国家资产负债表研究》，社会科学文献出版社 2012 年版。

[83] 毛永彤、钱建平、裘家瑜：《PPP 化解地方政府债务风险的模式研究》，载于《中国乡镇企业会计》2017 年第 10 期。

[84] 孟淼：《基于全面风险管理的地方政府或有债务会计研究》，载于《财会通讯》2014 年第 7 期。

[85] 缪小林、伏润民：《我国地方政府性债务风险生成与测度研究——基于西部某省的经验数据》，载于《财贸经济》，第 2012 年第 1 期。

[86] 潘琰、吴修瑶：《权责发生制政府综合财务报告探讨：欧盟的经验与启示》，载于《财政研究》2015 年第 3 期。

[87] 裴育、欧阳华生：《地方债务风险预警程序与指标体系的构建》，载于《当代财经》2006 年第 3 期。

[88] 彭金道、王桂花：《PPP 模式下安徽省地方政府债务风险管理研究》，载于《合作经济与科技》2017 年第 10 期。

[89] 平新乔：《道德风险与政府的或然负债》，载于《财贸经济》2000 年第 11 期。

[90] 卿固、赵淑慧、曹枥元：《基于逐级多次模糊综合评价法构建地方政府债务预警模型——以 D 地方政府为例》，载于《农业技术经济》2011 年第 2 期。

[91] 萨尔瓦托雷·斯基亚沃－坎波、丹尼尔·托马西：《公共支出管理》（张通校译），中国财政经济出版社 2001 年版。

[92] 佘定华、汪会敏：《规范地方政府或有负债会计信息披露的几点建议》，载于《财务与会计》2011 年第 11 期。

[93] 沈沛龙、樊欢：《基于可流动性资产负债表的我国政府债务风险研究》，载于《经济研究》2012 年第 2 期。

[94] 宋良荣、侯世英：《我国地方政府性债务风险评价研究——基于资产负债视角》，载于《经济体制改革》2018 年第 3 期。

[95] 孙芳城、李松涛：《基于风险防范的地方政府债务会计体系研究》，载于《财政监督》2010 年第 20 期。

[96] 孙芳城、俞潇敏：《我国地方政府债务会计核算改进思考》，载

于《财会月刊》2012 年第 22 期。

[97] 孙静玉：《地方政府债务风险控制视角下的政府会计改革》，载于《商》2015 年第 29 期。

[98] 孙晓羽、支大林：《地方政府债务风险防范与监控》，载于《宏观经济管理》2014 年第 7 期。

[99] 孙玉栋、孟凡达：《PPP 项目管理、地方政府债务风险及化解》，载于《现代管理科学》2017 年第 5 期。

[100] 谭建立、范乐康：《我国地方政府债务之确认、计量及报告研究》，载于《会计之友》2016 年第 7 期。

[101] 汤林闽：《我国地方政府资产负债表：框架构建及规模估算》，载于《财政研究》2014 年第 7 期。

[102] 唐龙生：《略论政府或有债务》，载于《上海财税》2001 年第 2 期。

[103] 万子溪：《权责发生制下政府负债核算内容及披露方式浅析》，载于《财务与会计》2017 年第 12 期。

[104] 汪会敏：《地方政府或有负债会计信息披露体系研究》，湖南大学硕士学位论文，2012 年。

[105] 王芳、万恒：《PPP 模式下政府负债会计问题探讨》，载于《财务与会计》2016 年第 15 期。

[106] 王芳、万恒：《PPP 模式下政府负债会计问题探讨》，载于《财务与会计》2016 年第 15 期。

[107] 王桂花、许成安：《新型城镇化背景下地方政府债务风险动态管理研究》，载于《审计与经济研究》2014 年第 4 期。

[108] 王婕、孟凡达：《我国地方政府债务预算管理展望》，载于《现代管理科学》2018 年第 4 期。

[109] 王俊：《地方政府债务的风险成因、结构与预警实证》，载于《中国经济问题》2015 年第 2 期。

[110] 王庆成：《预算会计要揭示和披露隐性负债和或有负债信息》，载于《教育财会研究》2009 年第 20 期。

[111] 王卫蒙：《PPP 在化解我国地方政府性债务中的应用研究》，沈

阳师范大学硕士学位论文，2017 年。

[112] 王晓光、高淑东：《地方政府债务风险的预警评价与控制》，载于《当代经济研究》2005 年第 4 期。

[113] 王鑫、戚艳霞：《我国政府债务会计信息披露与改进建议——基于政府会计改革视角》，载于《财政研究》2015 年第 5 期。

[114] 王鑫、戚艳霞：《政府债务会计核算基础的反思与探索》，载于《财政研究》2012 年第 10 期。

[115] 王学凯、黄瑞玲：《基于 KMV 模型的地方政府性债务违约风险分析》，载于《上海经济研究》2015 年第 4 期。

[116] 王彦、王建英、赵西卜：《政府会计中构建二元结构会计要素的研究》，载于《会计研究》2009 年第 4 期。

[117] 王瑶：《公共债务会计问题研究》，厦门大学硕士学位论文，2007 年。

[118] 王雍君：《政府预算会计问题研究》，经济科学出版社 2004 年版。

[119] 王振宇、连家明、郭艳娇、陆成林：《我国地方政府性债务风险识别和预警体系研究——基于辽宁的样本数据》，载于《财贸经济》2013 年第 7 期。

[120] 吴健梅、竹志奇：《中国债务风险的内生因素分析》，载于《财政研究》2018 年第 2 期。

[121] 夏琛舸：《浅析政府或有债务问题》，载于《财经问题研究》2003 年第 6 期。

[122] 肖鹏：《基于防范财政风险视角的政府会计改革探讨》，载于《地方财政研究》2010 年第 22 期。

[123] 肖鹏、冉梦雅：《基于会计信息需求角度的政府综合财务报告框架构建》，载于《地方财政研究》2015 年第 9 期。

[124] 谢虹：《地方债务风险构成及预警评价模型构建初探》，载于《现代财经》2007 第 5 期。

[125] 谢诗芬：《公允价值：国际会计前沿问题研究》，湖南人民出版社 2004 年版。

［126］谢诗芬：《会计计量中的现值研究》，西南财经大学出版社2001年版。

［127］谢征、陈光焱：《我国地方债务风险指数预警模型之构建》，载于《现代财经》2012年第7期。

［128］邢俊英：《政府负债风险控制：影响政府会计改革的重要因素》，载于《会计研究》2006年第9期。

［129］许争、戚新：《地方政府性债务风险预警研究——基于东北地区某市的经验数据》，载于《科学决策》2013年第8期。

［130］闫胜利：《PPP模式：地方政府债务治理新选择》，载于《经济论坛》2014年第7期。

［131］阳志勇：《政府或有负债和金融风险》，载于《预测》，1999年第4期。

［132］杨亚军、刘勇：《我国地方政府性债务会计基础分析》，载于《财务与会计》2018年第11期。

［133］杨亚军、杨兴龙、孙芳城：《基于风险管理的地方政府债务会计系统构建》，载于《审计研究》2013年第3期。

［134］杨玉中、冯长根、吴立云：《基于可拓理论的煤矿安全预警模型研究》，载于《中国安全科学学报》2008年第18期。

［135］杨志安、宁宇之、汤旖璆：《我国财政风险预警系统构建与实证预测》，载于《地方财政研究》2014年第10期。

［136］易永英：《中央收紧地方债背后：疏堵结合　严防地方隐形债务扩张"变形计"》，载于《证券时报》2017年。

［137］应益华：《政府会计改革研究探析》，载于《财会研究》2011年第23期。

［138］曾刚：《地方政府债务增量终身问责能否抑制加杠杆冲动?》，http://www.sohu.com/a/158333825_123753，2017年。

［139］曾晓安：《用PPP模式化解地方政府债务的路径选择》，载于《中国财政》2014年第9期。

［140］张德刚、刘耀娜：《PPP项目政府主体会计核算探究》，载于《财会月刊》2016年第28期。

［141］张德勇：《谨防隐匿的地方债务风险》，载于《经济参考报》2016 年。

［142］张国生：《改进我国政府资产负债表的思考》，载于《财经论丛》2006 年第 3 期。

［143］张金贵、许逸岑：《地方政府债务风险预警研究》，载于《财会月刊》，载于 2016 年第 11 期。

［144］张琦：《政府会计权责发生制的适度引入：因素与建议》，载于《财务与会计》2006 年第 9 期。

［145］张琦、程晓佳：《政府财务会计与预算会计的适度分离与协调：一种适合我国的改革路径》，载于《会计研究》2008 年第 11 期。

［146］张琦、谭艳艳、王芳：《如何从会计视角看待 PPP 中政府支付义务》，https://mp. weixin. qq. com/s/dPTbLrRI07UtGrvfEEeShQ，2017 年。

［147］张琦、王森林：《我国政府会计研究的回顾与评价》，收录于《政府会计改革重大理论问题研讨会暨中国会计学会政府与非营利组织会计专业委员会 2010 年工作会议论文集》2010 年。

［148］张琦、张娟、吕敏康：《预算制度变迁、网络化环境与政府财务信息传导机制——基于商务部"三公经费"公开的案例研究》，载于《会计研究》2013 年第 12 期。

［149］张琦、张象至、程晓佳：《政府会计基础选择、利益相关者动机与制度环境的影响——来自中国的问卷数据检验》，载于《会计研究》2009 年第 7 期。

［150］张小锋：《基于 PCA 方法的哈尔滨市地方政府债务风险预警分析》，载于《商业研究》2018 年第 3 期。

［151］张勇：《PPP 模式与地方政府债务治理》，载于《价格理论与实践》2015 年第 36 期。

［152］张子荣：《我国地方政府债务风险研究——从资产负债表角度》，载于《财经理论与实践》2015 年第 1 期。

［153］章贵桥：《政府会计功能、国家善治与政治信任》，载于《会计研究》2008 年第 11 期。

［154］章志平：《中国地方政府债务风险灰色评估和预警》，载于《统

计与决策》2011 年第 15 期。

[155] 赵全厚：《健全地方政府债务风险的识别和预警机制》，载于《改革》2017 年第 12 期。

[156] 赵全厚、孙昊旸：《我国政府债务概念辨析》，载于《经济研究参考》2012 年第 10 期。

[157] 赵树宽、李婷婷：《应用 AHP 模糊评价法对地方政府债务风险的评价研究》，载于《社会科学辑刊》2014 年第 1 期。

[158] 赵西卜、王建英、王彦等：《政府会计信息有用性及需求情况调查报告》，载于《会计研究》2010 年第 9 期。

[159] 郑君君、赵贵玉：《基于信息熵与物元可拓法的风险投资动态决策研究》，载于《经济评论》2009 年第 3 期。

[160] 中华人民共和国财政部：《企业会计准则》，经济科学出版社 2006 年版。

[161] 钟辉勇、钟宁桦、朱小能：《城投债的担保可信吗？——来自债券评级和发行定价的证据》，载于《金融研究》2016 年第 4 期。

[162] 周卫华、杨周南、库甲辰：《二元结构体系下政府会计技术改进研究——基于事项会计理论的探讨》，载于《会计研究》2016 年第 2 期。

[163] 周小付、赵伟：《公私合作伙伴关系中政府性债务的审计困境与对策研究》，载于《审计研究》2015 年第 6 期。

[164] 朱军：《国外地方债务管理中的透明度要求：经验与政策启示》，载于《财政研究》2014 年第 11 期。

[165] 朱文蔚、陈勇：《我国地方政府性债务风险评估及预警研究》，载于《亚太经济》2015 年第 1 期。

[166] 宗文龙、袁淳：《政府视角下的 PPP 项目债务风险探析》，https://mp.weixin.qq.com/s/E6TXtkoArA9uUluBbmPBTQ，2017 年。

[167] Willett, A. H., *The economic theory of risk and insurance*, Commonwealth of Pennsylvania: University of Pennsylvania Press, 1951.

[168] Allen Schick, Budgeting for Fiscal Risk, http://www.worldbank.org, September, 1999.

[169] Allen, M., Rosenberg, C. B., Keller C et al, "A Balance Sheet

Approach to Financial Crisis", *Social Science Electronic Publishing*, Vol. 2, 2002, pp. 1 – 22.

[170] Asian Development Bank, Philippines: Management of Contingent Liabilities Arising from Public-Private Partnership Projects, https://www.adb.org/publications/phi-management-contingent-liabilities-arising-ppps, 2016.

[171] Bellanca, S., Vandernoot, J., "Analysis of Belgian Public Accounting and Its Compliance with International Public Sector Accounting Standards (IPSAS) 1, 6 and 22", *International Journal of Business and Management*, Vol. 8, 2013, P. 122.

[172] Brown, E. J., "Risk of Loss Occurring between Date of Contract to Sell Real Estate and Transfer of Legal Title", *California Law Review*, Vol. 22, 1934, pp. 427 – 432.

[173] Buiter, W. H., Corsetti, G., Roubini, N., "Excessive Deficits: Sense and Nonsense in the Treaty of Maastricht", *Economic Policy*, Vol. 8, 1993, pp. 58 – 100.

[174] Carlin, T., "Debating the impact of accrual accounting and reporting in the public sector", *Financial Accountability and Management*, Vol. 21, 2005, pp. 309 – 336.

[175] Cebotari, A., "Contingent Liabilities: Issues and Practice", *Social Science Electronic Publishing*, Vol. 8, 2008, pp. 1 – 60.

[176] Christiaens, J., Vanhee, C., Manes Rossi, F., et al., "The Effects of IPSAS on Reforming Governmental Financial Reporting: an International Comparison", *International Review of Administrative Sciences*, Vol. 81, 2013, pp. 158 – 177.

[177] Christiaens, J., "Converging New Public Management reforms and diverging accounting practices in Flemish local governments", *Financial Accountability and Management*, Vol. 17, 2001, pp. 153 – 170.

[178] Corbacho, A., Schwartz, G., *Public Investment and Public – Private Partnerships*, UK: Palgrave Macmillan Company, 2008, P. 17.

[179] Currie, E., "The potential role of government debt management

office in monitoring and managing contingent liabilities", *Sede De La Cepal En Santiago*, *Vol.* 80, 2010, pp. 949 – 963.

[180] Dunleavy, P. , Hood, C. , "From old public administration to New Public Management", *Public Money and Management*, Vol. 14, 1994, pp. 9 – 16.

[181] Easterly, W. , "When is fiscal adjustment an illusion?", *Economic Policy*, Vol. 14, 1999, pp. 55 – 86.

[182] FASB, Statement of Financial Accounting Concepts NO. 7: Using Cash Flow Information and Present Value in Accounting Measurements, http: // www. fasb. org, 2000.

[183] FASB, Statement of Financial Accounting Concepts NO. 7: Using Cash Flow Information and Present Value in Accounting Measurements, http: // www. fasb. org, 2000.

[184] FASB, Statement of Financial Accounting Standards No. 157: Fair Value Measurement, http: //www. fasb. org/, 2006.

[185] FRSB ICA, New Zealand International Accounting Standard 37: Contingent Liabilities and Contingent Assets, http: //www. treasury. govt. nz, 2004.

[186] Gert Paulsson, "Accrual Accounting in the Public Sector: Experiences From the Central Government in Sweden", *Financial Accountability & Management*, Vol. 22, 2006, pp. 47 – 62.

[187] Goldsmith, R. W. , Lipsey, R. E. , Mendelson, M. , "Studies in the National Balance Sheet of the United States", *Journal of Finance*, Vol. 20, 2015, pp. 84 – 85.

[188] Goldsmith, R. W. , "The National Balance Sheet of the United States: 1953 – 1980", *Review of Income & Wealth*, Vol. 4, 1982, pp. 322 – 386.

[189] Government Accounting Standards Board, Fact Sheet on the GASB's Research on Statement 34, http: //www. gasb. org/cs/ContentServer?c = Document_C&pagename = GASB% 2FDocument _C% 2FGASBDocumentPage&cid =

1176163449012, October 17, 2016.

[190] Government Accounting Standards Board, GASB in focus/Facts sheets, http://www.gasb.org/jsp/GASB/Page/GASBSectionPage&cid=1175804831196, 2017.

[191] Haldeda, N., Brahimi, F., Merkaj, E., "Local Government Borrowing Issues in Central and Eastern Europe, The case of Albania", *Euro Economica*, Vol. 1, 2013, pp. 43 –54.

[192] He, Y., Dai, A., Zhu, J. et al., "Risk assessment of urban network planning in China based on the matter-element model and extension analysis", *International Journal of Electrical Power & Energy Systems*, Vol. 33, 2011, pp. 775 –782.

[193] IFAC, IPSAS 19 – Provisions, Contingent Liabilities and Contingent Assets, http://www.ifac.org, 2007.

[194] IMF, Government Guarantees and Fiscal Risk, http://www.imf.org, 2005.

[195] Ingram, R. W., "Economic Incentives and the Choice of State Government Accounting Practices", *Journal of Accounting Research*, Vol. 22, 1984, pp. 126 –144.

[196] IPSASB, IPSAS 32—Service Concession Arrangements: Grantor, http://www.ifac.org/news-events/2011-10/ipsasb-approves-ipsas-32-service-concession-arrangements-grantor-and-annual-impr, 2011.

[197] Irwin, T., Dealing with Public Risk in Private Infrastructure, https://www.imf.org/external/np/seminars/eng/2006/rppia/pdf/irwin.pdf, 1997.

[198] Jiang, Y., "Selection of PPP Projects in China Based on Government Guarantees and Fiscal Risk Control", *International Journal of Financial Research*, Vol. 8, 2017, P. 99.

[199] Knight, F. H., "Ethics and the Economic Interpretation", *Quarterly Journal of Economics*, Vol. 36, 1922, pp. 454 –481.

[200] Kramer, R., Casciari, M., "Government Accounting Standards

Board (GASB) Statement No. 45 Makes Public Employers Revisit Retiree Health Insurance", *Urban Lawyer*, Vol. 37, 2005, pp. 427 – 448.

[201] Li, Y. H., Qin, Y. C., Dong, N., "A Study of the Establishment and Evaluation of the Local Government Balance Sheet", *Public Finance Research Journal*, Vol. 4, 2017, pp. 4 – 22.

[202] Lüder. K. G., "A Contingency Model of Governmental Accounting Innovations in the Political Administrative Environment", *Research in Governmental and Nonprofit Accounting*, Vol. 7, 1992, pp. 99 – 127.

[203] Mallin, C. A., Michelon, G., Raggi, D., "Monitoring Intensity and Stakeholders' Orientation: How Does Governace Affeet Social and Environmental Disclosure?", *Journal of Business Ethics*, 2013, 114 (1): 29 – 43.

[204] Manes Rossi, F., "Analysis of Solvency in Italian Local Governments: The Impact of Basel II", *The IUP Journal of Financial Risk Management*, Vol. 8, 2011, pp. 17 – 42.

[205] Martí, C., "Accrual Budgeting: Accounting Treatment of Key Public Sector Items and Implications for Fiscal Policy", *Public Budgeting & Finance*, Vol. 26, 2006, pp. 45 – 65.

[206] Musgrave, R. A., The Theory of Public Finance: A Study in Public Econorny. New York: McGraw – Hill, 1959.

[207] Oates, W. E., Fiscal Federalism. New York: Harcourt Brace Jovanovich, 1972.

[208] Pastor, L., Veronesi, P., "Uncertainty about Government Policy and Stock Prices", *Journal of Finance*, Vol. 67, 2012, pp. 1219 – 1264.

[209] Pina, V., Torres, L., Yetano, A., "Accrual Accounting in EU Local Governments: One Method, Several Approaches", *European Accounting Review*, Vol. 18, 2009, pp. 765 – 807.

[210] Polackova, H., "Contingent government liabilities: a hidden risk for fiscal stability", *Policy Research Working Paper*, 1989, pp. 2 – 3.

[211] Premchand, A., *Effective Government Accounting*, Washington, DC: International Monetary Fund, 1995.

[212] Raman, K. K., "Financial Reporting and Municipal Bond Ratings", *Journal of Accounting*, *Auditing and Finance*, Vol. 5, 1982, pp. 144 – 153.

[213] Rashed, M. A., Faisal, F., and Shikha, H. A., Fiscal Risk Management for Private Infrastructure Projects in SriLanka, https: //www. cbsl. gov. lk/sites/default/files/Fiscal_Risk_Management_full. pdf, 2012.

[214] Rashed, M. A., Faisal, F., "Contingent liability management for Public-Private Partnership projects in Bangladesh", *Government Guarantees*, 2013.

[215] Rowan Jones, Klaus Lüder, "The Federal Government of Germany's circumspection concerning accrual budgeting and accounting", Public Money & Management, Vol. 31, 2011, pp. 265 – 270.

[216] Schick, A., *A contemporary approach to public expenditure management*, Washington, DC: World Bank Institute, 1998, pp. 27 – 29.

[217] Schick, A., "Can national legislatures regain an effective voice in budget policy?", *OECD Journal on Budgeting*, Vol. 1, 2002, pp. 15 – 42.

[218] Scott, G. C., *Government Reform in New Zealand*, Washington, DC: International Monetary Fund, 1996.

[219] Suresh M. Sundaresan, Institutional and Analytical Framework for Measuring and Managing Government's Contingent Liabilities, http: //www. imf. org, September, 2005.

[220] Torres, L., "Trajectories in the modernization of public administration in European continental countries", *Australian Journal of Public Administration*, Vol. 63, 2004, pp. 99 – 112.

[221] William, R., Peitro, D., "Government size, public debt and real economic growth: a panel analysis", *Journal of Economic Studies*, Vol. 39, 2012, pp. 410 – 419.

[222] Williams, C. A., Heins, R. M., et al., *Risk Management and Insurance*, New York: Harper Collins College Publishers, 1965.

[223] Zhang, L., Wu, X., Ding, L. et al., "A Novel Model for Risk Assessment of Adjacent Buildings in Tunneling Environments", *Building*

and Environment, Vol. 65, 2013, pp. 185 - 194.

[224] Zimmerman, J. L., "The Municipal Accounting Maze: An Analysis of Political Incentives", *Journal of Accounting Research*, Vol. 15, 1977, pp. 107 - 144.

图书在版编目（CIP）数据

风险管理导向的地方政府债务会计及预警机制研究/
潘琰等著．—北京：经济科学出版社，2019.6
ISBN 978 - 7 - 5218 - 0591 - 8

Ⅰ.①风…　Ⅱ.①潘…　Ⅲ.①地方政府 - 债务管理 -
会计 - 研究 - 中国　Ⅳ.①F812.7

中国版本图书馆 CIP 数据核字（2019）第 112074 号

责任编辑：赵　蕾
责任校对：刘　昕
责任印制：李　鹏

风险管理导向的地方政府债务会计及预警机制研究
潘琰　等著
经济科学出版社出版、发行　新华书店经销
社址：北京市海淀区阜成路甲 28 号　邮编：100142
总编部电话：010 - 88191217　发行部电话：010 - 88191540
网址：www. esp. com. cn
电子邮件：esp@ esp. com. cn
天猫网店：经济科学出版社旗舰店
网址：http://jjkxcbs. tmall. com
北京季蜂印刷有限公司印装
710×1000　16 开　16.5 印张　250000 字
2019 年 7 月第 1 版　2019 年 7 月第 1 次印刷
ISBN 978 - 7 - 5218 - 0591 - 8　定价：63.00 元
（图书出现印装问题，本社负责调换。电话：010 - 88191510）
（版权所有　侵权必究　打击盗版　举报热线：010 - 88191661
QQ：2242791300　营销中心电话：010 - 88191537
电子邮箱：dbts@ esp. com. cn）